초자연적 경험의 신비

Shifting Shadows of Supernatural Experiences
by James Goll and Julia Loren

Copyright ⓒ 2007 by James Goll and Julia Loren
Published by Destiny Image
P.O. Box 310, Shippensburg, PA 17257-0310

Korean translation copyright ⓒ 2009 by Pure Nard
Damo Bldg 3F 289-4, Yangjae-dong, Seocho-gu, Seoul, Korea

The Korean edition is published by arrangement with Destiny Image.
All rights reserved.

본 저작물의 한국어판 저작권은 Destiny Image와의 독점 계약으로 한국어 판권은 '순전한 나드'가 소유합니다. 저작권자의 허락 없이 이 책의 일부 또는 전체를 무단 복제, 전재, 발췌하면 저작권법에 의해 처벌을 받습니다.

초자연적 경험의 신비

지은이 | 짐 골 & 줄리아 로렌
옮긴이 | 채슬기

초판발행 | 2009년 11월 6일

펴낸이 | 허 철
편집 | 이자영
디자인 | 이지현

펴낸곳 | 도서출판 순전한 나드
등록번호 | 제313-2003-00162
주소 | 서울 서초구 양재동 289-4 다모빌딩 3층
도서문의 | 02) 574-6702 / 010-6214-9129
　　　　　　Fax 02) 574-9704
홈페이지 | www.purenard.co.kr

ISBN 978-89-6237-052-2　03230

초자연적 경험의 신비

하나님 체험하기 매뉴얼

짐 골 & 줄리아 로렌 지음

채슬기 옮김

목 차

추천의 글　06
헌정사　08
서문　09
머리말　11

01　어린아이처럼 하나님의 나라 체험하기 _ 줄리아 로렌　15
02　여기, 의사 선생님, 제가 이상해졌나요 _ 줄리아 로렌　37
03　가장 평범한 체험과 그 목적 _ 짐 골　61
04　꿈의 매혹적인 색조 _ 짐 골　85
05　천사의 임무 _ 짐 골　111
06　내가 죽어 있나 살아 있나? _ 줄리아 로렌　137
07　초자연적 환상의 기이한 경험들 _ 짐 골　163
08　빔 작동! _ 줄리아 로렌　179
09　무아경, 속삭임과 중얼거림 그리고 예언 _ 줄리아 로렌　199
10　몸 안에서 아니면 밖에서 _ 줄리아 로렌　221
11　기적 _ 줄리아 로렌　245
12　장차 올 일의 형상 _ 줄리아 로렌　269
13　초자연적 경험의 근원 분별 _ 짐 골　285
14　예수님만 바라보기 _ 짐 골　301

인용 문헌　321

추천의 글

줄리아 로렌과 짐 골의 책 『초자연적 경험의 신비』는 이상한 혹은 기적과 같은 경험들을 들은 이들에게나, 혼란의 바다 가운데서 헤매는 이들에게 등대와 같은 빛을 비춰주고, 어둡고 혼란스러운 세상 가운데 마음과 생각이 쉼을 얻고 안정을 얻을 수 있게 해줄 것이다. 신비스러운 것들을 결코 다 이해할 수는 없을 것이다. 하나님의 뜻은 우리의 뜻보다 높으며 우리가 헤아릴 수 없을 때가 많다. 하지만 테스트와 적용을 위한 지침, 그리고 종류와 의미의 분류 목록을 포함한 줄리아와 짐의 연구서를 읽으면, 분별하는 감각을 균형 있게 배울 수 있다. 또한 위로가 되는 것은 그런 이들이 홀로가 아니며 제정신이 아닌 것도 아니라는 점이다. 그들이 만약 제정신이 아니라면 그렇게 제정신이 아닌 사람들은 너무도 많다! 내가 제안하고 싶은 것은 이것이다. 읽고 위안을 얻으시라. 우리가 이해할 수 없는 것을 경험하는 뒤에는 그분의 선하시고 거룩한 목적이 있으니 말이다.

존 로렌 샌드포드
엘리야 하우스 사역 공동 창설자

요즘에는 어디서나 가짜와 진짜, 모조와 진짜를 구별할 수 있기 위해서 분별력이 있어야만 한다. 본서는 영적인 경험의 많은 양상들의 미로를 지나, 참된 능력과 지속되는 열매가 넘치는 성령의 참된 것으로 당신을 안내해 줄 것이다. 이 책을 영감 있는 매뉴얼로 추천하는 바이다.

엘리자벳 엘비스
인크리스 인터내셔널 회장

『Mighty Prayer Warrior』(능력 있는 기도 용사)의 저자

견고한 성경적 이해와 함께 풍성한 모험의 세계를 다루면서 본서는 하나님과의 초자연적인 삶 가운데로 기초를 놓아주고 인도해줄 것이다. 이 신나는 책을 읽어가는 동안 당신의 믿음은 용솟음칠 것이다.

바바라 J. 요더
쉐키나(Shekinah) 크리스천 교회(미시건 주 앤 아버 시) 담임목사

하나님은 그분의 능력 안에서 행하고 그분의 영광을 증거할 세대를 준비시키고 계신다. 전세계적으로 하나님의 성도들은 이 나팔 소리를 듣고 있고, 이 땅에 하나님의 나라가 더욱 효과적으로 확장되기 위하여, 영의 영역에 대한 이해에 목말라 하고 있다. 짐 골과 줄리아 로렌은 본서를 통해, 우리가 거짓 영들과 뉴에이지 철학에 빠지지 않으면서 어떻게 천상의 영역 가운데 걸어갈 수 있는지를 밝혀주는 놀라운 일을 했다. 이 책의 내용은 가볍지 않다! 그저 몇 개의 초자연적인 얘기들을 기록한 쉽게 읽을 수 있는 책이 아니다. 초자연적인 경험의 신비는 우리로 하여금 생각하도록 만들 것이며, 나만의 안전지대를 벗어나 더 깊은 영적인 경험을 향하여 간절해지게 할 것이다. 이 책은 바로, 예수님과의 영적인 동행에 큰 변화를 원하는 사람을 위한 것이다.

크리스 밸러턴
벧엘 초자연적 사역 학교 설립자
『왕의 자녀의 초자연적인 삶』
『Basic Training for Prophetic Ministry』(예언 사역의 기본 훈련)
『Developing a Supernatural Lifestyle』(초자연적 라이프스타일 개발)의 저자

헌 정 사

앞으로 일어날 선택받은 다음 세대를 위하여 길을 닦으신 유명 및 무명의 영적 개척자들과 선구자분들께 이 책을 바칩니다. 참으로 그분들의 헌신으로 말미암아 이 다음 세대는 귀한 기초를 갖게 되었습니다. 우리를 앞서가신 그분들의 믿음과 헌신, 희생에 대하여 주님께 감사를 드립니다. 이 책을 그분들께 헌정합니다.

여러분께 하나님의 축복이 임하시기를!

줄리아 로렌, 짐 W. 골 박사

서 문

예수님이 말씀하시기를, 역경의 비바람이 온 집안에 닥칠 것이라 하셨다. 문제는 비바람이 과연 칠 것인지가 아니라, 언제 칠 것이냐이다! 그렇다면 내 집을 어떻게 세우는지에 따라 비바람을 견딜 수 있을지가 결정될 것이다. 우리가 집을 지을 때 조심해야 한다고 말씀하신 분은 바로 예수님이다.

영적인 경험들이 넘쳐나고 점점 늘어가는 이 시대에, 우리는 하나님의 말씀과 교회 역사 위에 튼튼한 기초를 닦은 신자가 되어야만 한다. 그리고 그리스도의 지체 안에서 참으로 다른 이들과 연결되어야 한다. 하지만 두려워하지 말라! 삼위 하나님이 계시기 때문이다. 사실 성령 하나님은 당신의 교사, 인도자, 위로자, 은사를 주시는 분이 되실 것이고, 진정한 생명의 근원으로 인도해 주실 것이다!

초자연적 경험의 신비를 읽으며 책장을 넘기는 분들마다 도전을 받고, 성장하며, 기초가 튼튼해지고, 인도하심을 받기를 줄리아 로렌과 내가 바라는 바이다. 그렇다, 어떤 분들에게 이 책의 내용은 자신의 안전지대 밖의 이야기일 수 있다. 또 어떤 분들에게는 설령 그럴지라도 더욱 식욕을 돋우고 더욱 사모하게 되는 마음을 갖게 할 수도 있을 것이다. 우리는 다양한 사고의 학교에서부터 사실들을 모아 함께 정리해 보았다. 하지만 궁극적으로 우리의 목표는 당신이 그리스도 예수 그분께로 향하게 하는 것이고, 그분은 당신을 우리 하나님 아버지께로 향하게 만드실 것이다.

본서는 줄리아 로렌의 빛나는 경력과 더불어, 내가 지난 세월 동안 예언의 강 가운데서 배운 것들이 함께 어우러진, 정말 생생한 경험으로 가득한 성경적 보고서로서, 이 책을 읽는 독자들은 예수님과의 사랑에 더욱 빠지게 될 것이다. 당신의 삶에 그분의 빛이 비추어 유일하게 보이는 그림자는 우리 영혼의 친구이자 애인 되신 주 예수 그리스도의 것만 되도록 하자.

그분의 사랑에 흠뻑 젖은 이, **짐 골 박사**
인카운터 네트워크의 공동설립자
『선견자』(The Seer)
『꿈의 언어』(Dream Language)
『잃어버린 중보기도의 기술』(The Lost Art of Intercession)의 저자

머 리 말

우리 손을 부드럽게 감싸시는 하나님의 손가락을 찾아 우리는 어린아이처럼 손을 뻗는다. 그분의 터치 한 번만으로 우리 마음에는 황홀한 그분의 사랑이 가득해진다. 하나님은 환상이나 꿈 또는 조용히 깨어 있는 시간을 통해 그분 자신을 우리에게 나타내시고, 그런 경험은 예수 그리스도를 알게 하는 선물이 되며, 우리는 그분과의 사랑에 더욱 깊어지고 하늘과 땅에 거하시는 그분의 영적 왕국의 실재를 절실히 깨닫게 된다.

그분의 절묘한 임재로 터치될 때면, 순수한 사랑이 어떤 느낌인지 알게 된다. 그분의 임재로 가득한 폭포와 같은 그 사랑에 압도되어 신비롭게 앉아 있는 자신을 발견하게 되면, 당신은 다른 사람이 되어 일어서지 않을 수 없게 될 것이다. 그러고는 그 신비로운 사랑에 사로잡히게 된다. 당신 안의 어떤 것이 그분을 더 알고자 하는 갈망함을 깨운다.

여느 관계에서처럼 하나님과의 관계에서도 우리는 성장할수록 자신의 필요와 요구에 집중하기보다는 그분이 보시는 것을 보게 되고 그분이 느끼시는 것을 느끼게 된다. 우리가 받는 그분을 아는 은사는 우리 가운데 계신 그분의 임재를 다른 이들에게 증거하는 선물이 된다. 하나님께서 사람들에 대해서 조금씩 보여주시거나, 아니면 본인과 다른 이들 그리고 세상에 장차 올 일에 대한 환상을 보여주실 때 우리는 하나님의 마음에 있는 것들에 대해서 신경을 쓰게 되고 보여주신 것들에 대해서 기도한다. 하나님은 우리가 그분과 함께 있으라고 부르신다. 우리가 더 그분과 함께 있을수록 그분이 거하시는 영역을 우리는 더욱 경험하게 된다. 왜냐하면 하나님은 우리를 그분이 거하시는 천상의 영역으로 들어올리기를 간절히 원하시고 우리에게 다른 시각을 주기 원하시기 때문이다.

당신은 그분의 자녀이다. 그분은 당신이 받게 될 하나님 나라의 유산을 보여주시기를 기뻐하신다. 그룹, 스랍과 같은 영적 존재들이나 하나님의 초자연적 왕국의 천사들은 사실, 우리 오감의 영역을 넘어선 그 나라, 천국이 그야말로 실제이며, 하나님만이 모든 것의 주이심을 보여주시기 위한 맛보기일 뿐이다. 그분의 권능은 우리의 이해를 초월한 것이다.

이 생에서 우리가 겪는 많은 영적 경험은 우리가 예수 그리스도를 더욱 알고 그분의 긍휼과 사랑의 깊이를 알아 잃어버린 자를 구원하고 병든 자를 치료하고 싶은 마음이 들게끔 하기 위하여 허락해 주신 것이다. 그분은 우리가 얼마나 연약한지 아시고 우리를 부드럽게 다루신다. 하나님과의 만남의 형식으로 우리에게 다가오셔서 우리가 오해하고 잘못 알고 있는 예수님에 대한 이미지를 고쳐주시고, 영광 가운데 그분을 보여주신다. 그때 우리의 상처는 치유되고 마침내 어디로 갈지를 알게 된다. 그 하나님과의 만남은 예수님을 아는 은사를 풀어내 주고 그분과의 관계를 더욱 깊이 맺게 해준다.

모든 참된 영적 경험은 오직 두 가지 이유를 위해 주어진다고 나는 확신한다. 하나는 우리 각자에게 예수 그리스도가 누구이신지 더 계시해 주시기 위함이고, 또 하나는 믿음을 더욱 부어주시기 위함이다. 이 두 가지 이유로 말미암아, 우리에게 그리고 우리를 통해 그분의 임재와 권능이 나타난다. 그리스도의 환상을 보거나 천사와 얘기를 하는 등, 혹은 천상의 존재들의 신기한 장면에 도취되거나, 천국의 모습을 살짝 본다든가, 어디선가 음악 소리를 듣거나 성령님에 의해서 이곳저곳으로 옮김을 당하게 되는 등의 경험을 할 때, 그 경험의 근거가 되는 목적이나 하나님보다는 그 경험에만 사로잡히기가 얼마나 쉬운지 발견하게 된다.

하나님의 사랑과 성경적 예에 비추어 보아, 많은 영적 경험들이 우리에게 주어진 것은 우리가 더욱 믿음과 이해를 얻고 그분의 권능을 증거하기 원하시기 때문이다. 환상이나 꿈, 방문, 텔레포테이션(teleportation, 공간 이동) 등은 고린도전서 12장에 기록된 성령의 은사(지혜의 말씀, 지식의 말씀, 병 고치는 능력, 기적을 행하는 능력, 예언, 영분별, 방언, 방언통역)를 둘러싼 같은 내용의 것들일 뿐이다. 하나님이 우리에게 그런 은사를 주기 원하시는 것은 우리 자신만을 위해서가 아니고 우리가 다른 사람들에게도 나눠주어 그들도 예수님의 모습을 알게 되고 구원에 이르게 되기를 원하시기 때문이다. 이 선물들을 싸고 있는 반짝거리는 포장지에 눈이 멀게 되면 영적인 경험들 속에 있는 진정한 의미는 아무 소용이 없게 되고 만다. 하나님께서 우리에게 보여주시는 것들로 어떻게 해야 할지 알려면 영적인 성숙함이 필요하다. 또한 어떤 경험이 하나님으로부터 왔는지 아닌지 분별하는 성숙함도 있어야 한다.

본서에서는 초자연적인 경험을 통해 하나님을 만난 그리스도인들이 흔히 묻는 세 가지 질문에 답하는 것을 중점으로 하여 내용을 다루었다.

1. 흔히 있는 영적 경험의 종류에는 어떤 것들이 있는가?
2. 어떤 경험이 성령님께로부터 왔는지 아니면 다른 데서 왔는지 어떻게 알 수 있는가? 예를 들면 자기 자신의 상상력이 아니라는 것을 어떻게 아는가? 자신의 생각에서나 심리적 혹은 감정의 상태에서 나온 것들은 어떤 것들이 있는가? 혹은 마귀의 영역에서 나온 것들은 어떤 것이 있는가?
3. 이런 경험을 갖고 어떻게 해야 하는가?

우리와 함께 이 여행을 하며 기억하시라. 하나님 아버지는 당신에게 그분의 나라를 주시기를 기뻐하신다는 것! 우리가 겪은 것들 중에는 여러분이 직접 경험한 것들도 있을 것이다.

1장

어린아이처럼 하나님의 나라 체험하기

줄리아 로렌

국제적으로 알려진 치유 전도자 마헤쉬 차브다를 만난 때를 나는 결코 잊을 수 없다. 나는 그때 그의 사역에 대해서 기사를 쓰려고 연구차 사우스 캐롤라이나에서 그가 시무하는 교회에서 열린 컨퍼런스에 참석하고 있었다. 열댓 명을 위해서 기도를 하고 난 후 그는 강대상 가장자리에 걸터앉아 이마의 땀을 닦다가, 머리를 기울여 나를 보더니, "이쪽으로 와서, 날 안아주련?" 하는 것이었다. 옛날 까만 설교자 양복에, 덩치가 큰 은발의 땀내 나는 아저씨였다. 더군다나 사람을 보면 정확히 그 속을 꿰뚫는 예언 능력이 있었기에 나는 정말 그 아저씨를 포옹하고 싶은 마음이 전혀 없었다. 그리고 딱히 '안아줘야 할' 순간처럼 느껴지지도 않았기에, 이상한 부탁을 하시네 하는 생각이 들었다. 하지만 나는 그의 부탁에 응했다.

내가 그분께 기대자, 나는 갑자기 '나니아'로 빠져들어, 마치 내 세 살 된 조카가 자기 아빠를 순진하게 껴안고 머리를 아빠 어깨에 기댄 채, 세상 염려를 잊으며, 완전히 아빠의 품에서 안전감을 느끼는 듯한 느낌이었다. 내가 하고 싶은 것이라고는 내 작은 손을 들어 마헤쉬 아저씨의 얼굴 위에 있는 반짝이들을 만지고 싶은 것뿐이었다. 그분의 얼굴에 묻은 금가루가 빛에 비추어 반짝이고 있었다. 그리고 나서 아저씨는 부드럽게 나를 떼어 놓았고, 나는 할 말을 잃은 채, '돌처럼' 굳어버린 느낌이었다. 그분을 통해 나타난 하나님의 임재하심이 나를 압도했다. 마헤쉬 아저씨 앞에서 나는 완전히 지각을 잃었다. 의식의 변용 상태에 있었기에, 정상적인 대화를 할 수가 없었다.

며칠 후에 나는 그 포옹이 내가 경험한 가장 심오한 초자연적 경험 중 하나였음을 깨닫게 되었다. 내 마음속 깊이 무언가를 치유했는데, 그것은 신뢰, 천진난만, 호기심과 관련되었다. 어른이 되면서 언젠가 잃어버렸던 믿음을 붙잡는 어린아이와 같은 능력이 회복된 것이었다. 그 포옹은 또한 마헤쉬 차브다, 그분의 마음을 어렴풋이 볼 수 있게 해주었다. 그것은 아무리 긴 인터뷰를 해도 알 수 없었을 것이었다. 이분은 정신적으로나 신체적으로 심한 장애가 있는 아동들을 위해 수년간 사역하면서 사랑하기를 배웠다. 아이들을 붙잡고 자신의 터치를 통해 하나님의 사랑을 그들에게 부어달라고 요청한다. 그리고 그는 우리의 모든 영적 장애의 영역에도 오직 사랑만이 치유의 기적을 일으킬 수 있다는 것을 알았다. 하나님과의 단 한 번 짧은 만남만으로 모든 것이 바뀔 수 있는 것이다.

만약 예수님이 당신에게 다가와 "이리와 안아주련?" 했다면 어떻겠는가? 예수님을 꼭 껴안을 수 있는가? 그것을 상상이라도 할 수 있는가? 아니면 천진난만하게 신뢰하고 궁금해 하는 감각을 이성적 성인이 되어가는 자갈길에다 잃어버려서 이제는 영적으로 장애인이 되어버렸는가?

C. S. 루이스의 『나니아 연대기』(The Chronicles of Narnia)는 아이들

보다도 어른들에게 더, 하나님의 성품과 본질을 잘 계시해 주었다. 루이스의 시리즈는 이 세상의 옷장 속으로 들어갔다가 나니아라는 기이한 세상으로 곧장 빠져 들어간, 네 아이의 눈을 통해 영의 세계를 경험하면서 독자들로 하여금 하나님의 나라로 '더욱 깊이, 더욱 높이' 갈 수 있도록 해주었다.

　이 책들을 통해 하나님 나라의 깊은 진리와 기적들은 지혜롭고 학식이 많은 이들에게가 아니라 오히려 아이들에게 드러났다(마 11:25). 다시 말하자면, 우리 모두의 속에 숨겨진 그 아이에게(주름살과 고통, 재정적 책임, 관계 문제 밑에 있는), 또 다른 그 왕국으로 빠져 들어가기 원하는 그 아이에게 말이다.

　루이스의 책을 읽고 나서도, 우리는 여전히 일상생활에서 벗어나 천상 나라의 그 신기한 영역으로 들어갈 길을 생각하곤 한다. 하지만 어떻게 하면 갈 수 있을까? 마태복음 18장 2-4절에서는 아이와 같이 예수님께 오는 자가 하나님의 깊은 것들 안으로 들어갈 수 있다고 한다. 매일의 삶 속에서 작용하는 기적들을 보면서, 그 가운데 천국의 영역을 보는 눈이 열려 있고, 그 영이 예수님이 누구이시고 이 삶이 모두 무엇을 위한 것인지에 대한 더 깊은 진리를 받아들일 준비가 되어 있으며, 환상을 보고 기뻐하며 믿음이 커가는 아이와 같이 말이다.

> 예수께서 한 어린아이를 불러 그들 가운데 세우시고 이르시되 진실로 너희에게 이르노니 너희가 돌이켜 어린아이들과 같이 되지 아니하면 결단코 천국에 들어가지 못하리라 그러므로 누구든지 이 어린아이와 같이 자기를 낮추는 사람이 천국에서 큰 자니라(마 18:2-4)

　아이들은 결과를 논하지 않고 지시를 받는다. 길을 건널 때는 보호자의 손을 잡고, 그저 바싹 달라붙으려고 품 안으로 뛰어들며, 어른들의 변명을 선수 치면서 자기가 보고 듣는 것에 대해 자유롭게 말한다. 또 어린 심령은 신선한 경험에 활짝 열려 있기 때문에 하나님의 나라에 쉽게 들어간다. 날마다 새로운 모험으로 가득하다. 닥치는 모험마다 더 보고 싶고, 듣고 싶고, 만지고 싶어서 수천 번을 "왜?"라고 물어보면서, 눈앞에 펼쳐지는 인생의 신비에 대한 호기심과 경이로움을 소화시켜 내려고 애쓴다.

아이들은 자연 세상만 이해하려고 하지 않고, 영적으로도 살아 있다. 하늘을 보면 누가 별을 만들었는지 궁금해 한다. 아기들의 입에서 뜻밖의 지혜가 나와, 어른들은 전혀 알 수 없었던 그 진리에 즉시 발걸음을 멈추기도 한다. 그들은 어른들도 모르는 사이에 예언 및 계시적인 말을 하며 사람을 놀라게 하는 비정규 예언자들이다.

어떤 아이들은 천사들과 이야기를 하고, 침대에서 방방 뛰면서 예수님과 얘기를 한다. 또 꼭 잠긴 어른의 마음을 여는 '지식의 말'을 정확히 받으며, 어른이 그리스도를 영접하게 만드는 데 그 말을 쓰기도 한다. 그들은 단체로 천국에 갔다 오기도 하고, 하나님의 임재로 아주 강력한 터치를 받고 와서는 다른 이들에게 하나님의 권능을 전해준다. 하나님은 언제나 이런 경험을 주도하시며, 아이들이 영적인 경험을 하게 하시는 데는 반드시 목적이 있으시다.

당신이 이 아이들의 이야기들을 읽을 때, 그 천진무구함으로 당신의 마음이 부드러워지고, 그들이 그렇게 쉽게 하나님 나라를 경험했던 것처럼 당신도 그 나라를 경험하고자 하는 갈망함이 깨어나도록 하라. 예수님, 천사, 꿈, 환상을 보고 만나는 일에 그저 마음을 열고 즐길 수 있기만 하면 된다. 아이들의 순수한 경험과 그들의 더 깊은 복음의 진리에 대한 경험적 지식으로 말미암아, 당신은 하나님 나라와 하나님의 뜻을 더욱 알고 싶어 하게 될 것이다.

아이들의 영적 시야

많은 사람들은 자신의 어린 시절을 돌아볼 때, 일련의 영적인 각성이 있었던 때를 기억한다. 주일학교 선생님이 안아준 것을 통해 하나님의 사랑으로 불타는 마음이 생겼다든가 아니면 어떤 환상을 보고 부흥을 경험했는데, 애가 상상력도 풍부하다는 식으로 무시당하게 되는 일도 있을 수 있다. 그런 다음에 다시, 어떤 아이들은 보이지 않는 하나님의 손이 그들의 삶에 일하고 계시다는 사실을 아무도 부인할 수 없을 정도로, 하나님의 만남이나 방문을 경험한다.

성경에 보면 아이들이 하나님을 만나는 장면이 나온다. 첫째는 사무엘이다. 이 어린 유대 소년은 제사장들 사이에서 컸지만 아직 주님을 직접적으로는 모를 때였다. 그런데 밤에 누가 자기 이름을 부르는 소리가 들렸다(삼상 3장 참조). 이 음성이 전한 메시지를 사무엘은 대제사장에게 말해야만 했다. 이것은 또한 이 어린 소년의 삶에 예언의 은사를 형성해 주었다. 또 예수님이 열두 살이 되기 전 언젠가 심오한 만남을 경험하며, 하나님의 아들로서 목수의 일이 아니라 하나님 아버지의 사업이 주된 목적인 것을 깨닫게 되었다(눅 2:41-50 참조). 우리는 예수님이 어떻게 그런 계시를 받았는지, 꿈에서인지 환상으로인지, 메신저로 온 천사를 통해서인지 모르지만, 태어난 후 열두 살 때 예루살렘을 방문하기 전 그 사이에 뭔가 놀라운 일이 그에게 일어났음을 알 수 있다.

그 이후로 역사 가운데 많은 아이들(기독교 가정에서 태어났거나 전혀 종교적 배경이 없는 무신론자 가정에서 태어났거나)이 예수님의 환상을 받거나 어떤 모양으로든지 하나님을 만나며 놀라운 은사나 부르심을 받았다. 이런 경험을 통해, 그들은 자신이 어떤 목적을 위해 태어났는지 깨닫게 되고, 하나님이 그들의 이름을 아시며, 하나님이야말로 이 세상에서 가장 큰 사랑이시자,

공급자이시며 고통스러운 삶의 경험을 끊어내실 수 있는 치유자이심을 깨닫게 된다.

1400년경에 살았던 프랑스의 어린 농부 소녀 잔 다르크는 14세에 처음으로 환상을 경험했다.[1] 가톨릭교에서 성인으로 알려진 두 여인과 함께 천사장 미가엘이 나타났다고 그녀는 말했다. 그들이 전해준 메시지를 듣고 힘든 역사 가운데 있던 프랑스 왕국을 구하고자 하는 마음으로 불타게 되었고 프랑스 군대가 승리할 수 있다는 믿음을 불어넣어 주었다. 그녀는 찰스 왕 7세의 군대 전략가가 되어 조국을 구하는 국민의 영웅이 되었다. 그녀가 받은 하늘의 영감을 통해 권력을 얻은 자들은 자기들의 위치를 굳히고자, 그녀가 19세였을 당시 화형에 처했다.

최근, 아이다호 주의 샌드포인트 시 출신의 신동 아키아나 크라매릭은 4세 때, 예수님의 환상을 처음 보고 나서, 실물화가로서의 소명을 받았다.[2] 그리고 십대가 거의 되어갈 무렵에는, 그 재능을 통해 세계적인 큰 명성을 얻게 되었다. 어느 날 아침 아키아나가 창밖으로 하늘을 내다보고 있었다. 그녀의 얼굴은 빛나고 눈은 반짝였다. 뭘 하고 있냐고 물으면 그녀는 단순히 대답하기를, "하나님하고 또 같이 있었어요. 하나님은 제가 계속해서 기도하라고 하셨어요. 하나님이 어디 사시는지 저에게 보여주셨어요. 투명한 층계를 제가 올라가고 있었는데 밑에는 큰 파도가 있었고, 하나님께로 다가서고 있는데, 그분의 몸은 깨끗하고 강한 빛이었어요. 가장 인상적이었던 것은 그분의 손이었는데 어마어마하게 큰 거예요! 그 손에는 뼈도 없고 혈관도 없고 피부도 없고 피도 없었고 다만 지도와 사건들뿐이었어요. 그 다음에는 종이가 아니라 강렬한 빛처럼 보이는 두루마리에 쓰인 수천수만 개나 되는 지혜의 말을 저에게 외우라고 말씀하셨어요. 그리고 몇 초 후, 어떻게 된 거였는지 저는 가득 차게 되었어요. 이제부터는 그림을 그리기 위해 아침에 일어날 거예요. 보여주신 것을 언젠가는 그릴 수 있었으면 해요." 요사이 그녀는 새벽 5시에 기상하고 일주일에 5, 6일을 아침마다 하루 세 시간씩 그림을 그리거나 글을 쓴다.

알려지지 않은 아이들도 계속적으로 예수님이나 천국에 대한 환상을 경험한다. 어떤 아이들은 자신이나 가족이 어려운 시기를 겪을 때 이런 일을 경험한다. 루이지애나의 한 어머니는 어떤 크리스천 동료(이 동료가 친구인 나에게 나중에 이 이야기를 해줌)에게 비밀을 털어놓았다. 자기의 아홉 살 된 아들이 영적인 경험을 하는 것 같다고 하면서, 아이가 천사들이나 예수님까지도 본다고 얘기한다는 것이었다. 하루는 아들 방에 들어갔는데 아이가 침대 위에서 방방 뛰면서 눈에 안 보이는 어떤 손님에게 신이 나서 얘기하고 있었다. 아이는 깔깔대며 엄마에게 "저 예수님하고 얘기하고 있어요" 하는 것이었다. 놀란 엄마에게 아이는 곧 엄마가 한 아이를 더 갖게 될 것이라고 했다. 몇 주 후 엄마는 자기가 정말 임신한 것을 알게 되었다. 이 아이의 예견으로 이 엄마는 그녀의 생에서 힘들었던 일들을 잘 대처할 수 있게 되었다. 양쪽 부모가 다 신자가 아니었지만 그들은 아들의 이렇게 계속되는 특별한 천상과의 만남과 미래를 예견하는 은사를 받아들이게 되었다.

이제는 고속 인터넷으로 얻는 수많은 정보와 많은 은사주의 컨퍼런스를 통해, 사람들은 하나님을 만나는 아이들이 늘어가고 있음을 얘기하고 있다. 아이들이 천국에 갔다 온다든가, 천사들과 뛰놀거나 이야기를 하고, 자기 방에서 천사를 본다든가 하는 일 말이다. 텍사스에서 목회를 하고 있는 루카스 쉐라덴 목사는 자신의 교회의 아이들에 대한 이야기들을 자세히 해주었다. 이 교회는 우리를 둘러싸고 있는 초자연적인 세계를 보는 것에 열려 있는 것 같았다. 이 이야기들은 전 세계 다른 곳에서 아이들이 보고 경험하는 얘기들과 공통된 주제가 있다.

금요일 밤 우리 교회에서 드리는 '하나님이 거하시는 곳'이라는 예배 때였다. 한 어린아이가 5세(만 4세) 아동부에 자기 엄마와 같이 있었는데 이렇게 말했다. "엄마 천사들 보러 가자!" 그는 엄마의 손을 끌고 본당으로 가더니 여기저기 가리키기 시작했다. "저기 있다! 저기 있다!"

그 엄마는 지혜롭게 답했다. "엄마는 천사가 안 보이는데 그렇다고 천사가 없는 것이 아니니까, 엄마한테 천사들을 다 보여주련?" 아이는 본단 전체에 있던 '청록 빛깔 천사들'을 모두 가리키기 시작했다. 그러고는 엄마 손을 끌고 주차장에 있는 천사들도 가리키기 시작했다.

나는 청록, 혹은 터키색이 중보의 색이라는 얘기를 들은 적이 있었는데, 마침 그날 저녁, 그 '하나님이 거하시는 곳' 예배에서는 중보자들에게 큰 기름부으심이 있었다.

우리 회중 가운데 또 한 아이가 다른 날 내게 와서는 내가 강단에 서있는데 내 주변이 온통 반짝반짝 하더라는 것이었다. 그 아이는 아홉 살이었는데 나는 하나님이 아이들의 눈을 여셔서 초자연적인 영역을 볼 수 있게 하신다고 믿는다.[3]

아동 그룹 전체에 나타난 초자연적 경험

하나님은 아이들 각각에게만 나타나시는 것이 아니라 아이들 그룹에 단체로 나타나신 예도 역사 가운데 있다. 이 역사적 부흥 기간에 아이들은 언제나 더 큰 하나님의 임재를 느끼고 그분의 뜻과 사랑을 깨달았다. 때로 아이들은 어른들을 부흥으로 이끌기도 했고 하나님과의 만남으로 말미암아 사회의 여러 가지 영역에 개혁을 일으키는 길을 내기도 했다.

영국 제도

존 웨슬리와 조나단 에드워드는 1700년대의 두 위대한 설교가이자 개혁가였다. 이들은 본인들의 모임에서 아이들 가운데 일어난 놀라운 일들을 목격하고 정기적으로 글을 썼다. 아이들이 트랜스(trance, 입신)에 빠지거나 천국과 지옥의 환상을 보거나 잃어버린 이들을 위하여 통곡하고 신음하며 깊은 중보에 들어가는 것 등이다. 어떤 경우는 4, 5세 된 어린아이가 몇 시간, 혹은 몇 날 며칠을 주님 앞에 통곡하거나 혹은 기뻐하는 모습도 있었다. 이 두 리더 모두 관찰한 바로는 하나님을 만난 아이들이 하나님을 만난 어른들보다 경험도 훨씬 더 깊고 주님과의 교제도 더 지속적으로 갖는 것을 발견했다.

데이빗 월터스는 1700년대에 일어난 역사적 부흥에 대해서 썼다. 그때는 아동기가 일찍 끝나는 시대였다. 아이들은 어릴 때 죽는 경우가 많았고 아주 어릴 때부터 어른들처럼 일터로 나갔다. 그는 아주 어린아이들의 믿음에 대해서 요한 웨슬리의 일기에서 다음과 같은 글을 발췌했다.[4]

1771년 1월 27일

죽기 전 몇 시간 동안 하나님을 찬양하고 기뻐하며 보내고 간 조앤 터너의 유해를 오늘 묻었다. 네 살 반 된 그 아이는 성령으로 충만하여 믿음이 가득한 가운데 죽었다.[4]

아이들이나 십대들이나 다 같이 웨슬리의 가르침에 큰 영향을 받았다.

1759년 8월 6일 - 에버튼에서

16세 엘리스 밀러는 트랜스에 빠졌었다. 나는 곧장 내려가서 그 소녀가 의자에 앉아 있는 것을 보았다. 아이는 눈길이 위에 꽂힌 채 눈을 뜨고 벽에 기대어 있었다. 아이의 얼굴은 경외함과 사랑이 기가 막히게 조화를 이룬 표정이었고, 어느새 고요한 눈물이 뺨에 흘러내렸다. 나는 이렇게 물었다. "어디 갔다 왔니?"

"주님과 같이 있었어요. 천국인지 아니면 이 땅에서인지는 모르겠는데, 전 영광 중에 있었어요!"

"그런데 왜 울었니?"

"제 문제 때문에 운 게 아니에요. 세상을 보니까 눈물이 나서. 거의 지옥의 경계선에 있는 것을 봤거든요."[5]

웨슬리에 따르면 그가 설교하는 동안 하나님을 만나는 아이들의 경험으로 그 지역의 아이들이 영향을 받고 부흥의 불길로 타올랐다는 것이다.

1784년 6월 8일 - 스톡톤온티

세상에 이런 일은 참 새롭지 않은가? 하나님은 아이들 가운데 그분의 일을 시작하신다. 콘웰, 멘체스터, 입워스에도 이런 일이 있었다. 이 불꽃은 나이든 사람들에게도 퍼지고 있다. 마침내 그들 모두가, 가장 작은 자부터 가장 큰 자까지, 그분을 알고 찬양할 때까지 말이다.[6]

중국

1920년대 중국에서 기독교 선교사 부부가 돌보던 40명의 고아들이 큰 성령의 부으심을 경험했다. H. A. 베이커의 『베일 너머의 환상』(Visions Beyond the Veil)은 선교지에서 이 중국 고아들의 이야기를 기록하고 있다. 7세에서 19세까지의 소년들을 위하여 아둘람 구조 선교회(Adullam Rescue Mission)라는 이름으로 사역을 했다. 어떤 아이들은 길거리에서 살다가 생존을 위해서는 어떤 일이라도 하는 힘든 삶을 겪기도 했었다. 이 아이들이 하나님의 권능 아래 마룻바닥에 쓰러졌을 때, 자기들의 죄가 얼마나 큰지 깨달았고 구해달라고 울부짖는 일이 일어났다. 성령 안에 있으면서 이들은 예수님을 만나고 그분의 사랑을 느끼고는 거기에 압도되었다. 또 이들은 천국을 이 현실세계처럼 생생하게 보기도 했다. 천사들을 보고 그들과 얘기를 했다. 그리고 천국의 공원에서 놀기도 했다. 천국의 나무에서 열매를 따기도 했고 그것을 이 땅에 있는 베이커 부부에게 가져오려 하기도 했다. 그런데 그들이 환상 경험 밖으로 나왔을 때, 옷 속에 넣어두었던 그 과일이 없어서 놀라기도 했다. 천국에 있는 어떤 것들은 때가 되지 않으면 이 땅에서 물질화될 수 없었다.

아이들은 특별한 트랜스와 같은 상태로 들어갔다. 처음에는 자기 주변에 있는 것들에 대해서 완전히 감각을 잃고, 영으로 보이는 것에 사로잡히는 것이었다. 나중에 이 아이들은 이 땅에서 걷고 말하는 것처럼, 서로에게 자기가 보이는 것과 듣는 것을 설명하면서, 천국의 환상으로 들어갈 수 있었다. 성령께서 이렇게 방문하시던 기간 동안, 성경에 대한 지식이 거의 없던 아이들에게 그리스도의 진리와 그분의 구원, 이 땅과 천국에서의 미래에 대한 놀라운 계시가 펼쳐졌다.

여러 사람에게 동시에 환상이 나타나는 경우가 많았고, 아주 여러 명이 한꺼번에 보는 경우가 대부분이었다. 심지어는 7세 된 매우 어린아이들도 환상을 받았다. 환상은 이들이 성령의 권능 아래 있을 때 왔는데, 그것은 꿈과 같은 것이 아니었다. 그것은 아주 생생했다. 많은 경우가 환상을 보고 나면 아이들은 자기들이 환상에서 본 내용들이 성경에 있는지 묻곤 했다.[7]

그들은 그리스도께서 십자가에 못박히신 것과 부활하신 것, 승천하시기 전에 모습을 나타내셨던 것과, 다른 성경의 진리들 중 천국과 지옥의 자세한 내용들을 환상으로 보았다. 마귀를 보고 성령의 권능으로 내쫓는 일은 다반사였고, 천사들과 이야기를 하는 일도 흔했다. 그 결과, 아이들은 다른 사람들에게 다가가고자 하는 사랑에 못 이겨, 그 도시의 잃어버린 자들을 전도하는 일에 놀라운 열매를 거두었다.

왜 하나님은 아이들을 천국과 지옥의 환상 속으로 데려가셨을까? 특히 마귀들을 볼 수 있는 지옥에는 왜 데려가셨을까? 다른 문화 가운데 있던 아이들, 특히 거리에 버려진 아이들이나 고아들은 수많은 악한 현실 속에 노출되어 있었다. 그들이 정의의 개념과 그 환상들을 이해하기 위해서뿐 아니라, 중국 기독교 역사에 다가오는 중요한 시점에서 그들의 소명을 완수하고 앞으로 닥칠 세월에 살아남을 수 있는 어떤 강한 환상의 경험이 필요했던 것이다. H. A. 베이커의 손자 롤랜드 베이커 선교사는 나중에 몇몇 생존한 고아들을 성인이 되어 상봉한 이후, 그 당시 하나님의 놀라운 부으심과 임재 그리고 예수님의 계시로 말미암아 그 소년들은 마오쩌뚱 정권 아래, 지하 교회의 초기 리더 및 순교자들로 준비되었었다는 것을 깨닫게 되었다. 그들은 엄청난 핍박과 죽음 앞에서도 중국 땅에 기독교가 사라지지 않도록 지킨 것이다.

인도네시아

멜 태리(Mel Tari)의 『급하고 강한 바람처럼』(Like a Mighty Wind)에서는 1960년대 인도네시아에서 있었던 부흥을 묘사하는데, 7세, 11세 된 아이들이 날마다 기도하러 모이며 때로는 전 세계를 위해 울기도 하는 모습들을 기록하고 있다. 사람들에게 손을 얹고 기도하면 많은 치유가 일어나기도 했다. 그리고 어른들의 삶에 있는 비밀에 대하여 지식의 말씀을 받았다. 천국이 이들의 작은 땅 구역 가운데로 들어와, 다른 마을에 사역하러 가는 길에 천사들과 걸으며 이야기하는 일들도 있었다.

어느 토요일 오후 2시경, 한 팀의 어린이들이 근처의 마을로 걷기 시작했다. 근처라 함은 정글을 통과하여 8킬로미터에서 24킬로미터 떨어진 곳까지 가는 것이었다. 이것은 매주 있는 일이었다. 아무 어른도 함께 가지 않았다. 나는 그들에게 무섭지 않더냐고 물어본 적이 있다.

"왜 우리가 무서워해야 되요, 멜 형제님?" 그들은 되물었다. "우리 앞에 천사가 항상 함께 가고 있어요. 그리고 한 천사는 바로 우리 오른쪽에 있고 하나는 바로 왼쪽에 있고 하나는 우리 뒤에 있어요. 우리는 천사들만 따라가면 되거든요. 천사들이 우리를 안전하게 지켜주고 있어요."[8]

아이들에게 임하시는 성령의 부으심을 어른들이 보면서 때로는 어른들 자신이 하나님 나라와 깊이 만나는 경험을 갖기도 했다. 어른들이 마치 어린아이처럼 자신을 낮출 때 말이다. 하지만 어떤 어른들은 아이들을 조롱하고 핍박하기도 했다.

하루는 아이들에게 아주 유난히도 힘든 날이었다. 그들이 기도하고 있을 때 주님이 말씀하시기를 "오늘 너희에게 놀라운 일을 보여주겠다"고 하셨다.

"그게 뭔데요?" 하고 아이들은 물었다.

"너희가 아름답게 노래를 하면, 너희가 노래한 목소리를 다시 들려주어 어떤 소리를 너희가 내는지 들려줄게."

물론 이 당시 아이들에게는 녹음기라는 것이 없었다. 그래서 아이들은 노래를 했다. 이들은 주님께 아름다운 찬양을 했다. 찬양이 끝나자 주님은 이렇게 말씀하셨다. "자, 이제 다 끝났으면 너희 찬양 소리를 들려주마." 그들이 다 조용해지자 갑자기 음악 소리가 대기를 가득 채웠다. "어, 저거 내 목소리다" 하고 한 아이가 말했다. 또 다른 아이도 그렇게 외쳤다. 또 다른 아이들도 자기들의 목소리를 알아들으며 서로 놀라게 되었다.[9]

북미

최근 성령님은 미국과 캐나다의 소그룹들 가운데 있는 아이들과 십대들의 마음에도 불을 지피기 시작하셨다. 그들의 열정은 산을 움직일 만한 어린 아이와 같은 신앙을 사람들에게 불붙이고 하나님의 영향력을 주변에 미치기 시작했다.

1988-1989년, 미주리 주 그랜드뷰 시의 도미니언 기독교 학교의 6학년 아이들에게 하나님의 움직이심이 지속적으로 나타나, 다른 많은 학생들에게 퍼졌다. 1920년대 그 중국의 고아들에게 방문하셨을 때처럼, 이 아이들은 천국에서 서로 만나는 경험, 천사의 방문, 환상, 몸 밖에서의 경험 등을 했고 예수님의 사랑과 그분의 천국 영역에 대한 새로운 깨달음을 얻게 되었다.

이 학교는 캔자스 시 펠로우십이라는 큰 교회와 연계되어 있었는데 이 교회는 그런 일들이 일어날 수 있다고 믿는 정도가 아니라 영적인 경험들을 환영하는 교회였다. 이 당시 나는 애너하임 빈야드 크리스천 펠로우십 교회의 전임목사였던 존 윔버와 동행하는 사역팀원으로 캔자스 시에 갔었다. 우리는 그 아이들을 위하여 학교에서 특별한 사역 시간을 가졌고 하나님의 권능에 많은 아이들이 사로잡히는 것을 보았다. 아이들은 쓰러지기도 하고, 예수님이나 천국의 환상들을 보기도 했다.

그날 저녁 늦게 두 명의 아이가 내가 묵고 있던 집에 찾아왔다. 나는 그들이 본 것들과 느낀 것들에 대해서 물었다. 4세 된 여자아이가 이렇게 말했다. "영화에서처럼 천사를 봤어요. 그러고는 잠에 빠졌어요."

"천사들이 어떻게 생겼니?"

"이렇게요" 하면서 아이는 작은 손가락을 앞에 대고 흔들더니 팔을 넓게

펴고 높이 올리면서, 마치 천사가 날갯짓을 하며 내 앞에서 날아가는 시늉을 했다.

나는 아이 키로 낮추어 무릎을 꿇고는 이렇게 물었다. "그래서 어떤 느낌이었니?"

아이는 답할 말을 찾기가 어려워 약간 힘겨운 듯 고개를 갸우뚱했다. 그러더니 잠시 생각한 후 손을 뻗어 내 이마를 만졌다. "이랬어요" 하는데 가장 섬세하고 달콤한, 그 부드러운 하나님 사랑의 임재가 내 머리를 타고 몸 전체에 흘러내렸다. 내 몸은 마치 유유히 떠다니는 가벼운 깃털처럼 느껴졌다. 하나님이 정말 모두를 얼마나 사랑하시고 온유하신지 보여주시기 위해 아이들에게 이런 경험을 하게 해주시는구나 하고 나는 느낄 수 있었다. 그리고 생각을 해보니, 그 아이가 내 이마를 만졌을 때의 그 느낌은, 몇 년 후 내가 마헤쉬 목사님을 껴안았을 때 '나니아'로 빠져든 느낌과 똑같았다. 어린아이처럼 하나님의 나라를 경험하는 데 내 마음이 활짝 열린 그때 말이다.

사람들을 터치하는 아이들

아이들이 하나님의 터치나, 마음을 치유해 주는 환상을 경험하거나 혹은 천국 및 천사들과 만나곤 할 때, 남들을 향해 다가가는 어린아이와 같은 믿음이 더욱 늘어나면서, 다치고 잃어버린 자들을 치유하는 예수 그리스도의 사랑과 권능을 표현하게 된다.

글로벌 어린이 운동(Global Children's Movement)의 제니퍼 톨레도(Jennifer Toledo)와 같은 순회 사역자나 교회에 상주하는 유년, 중고등부 사역자들은 잃어버렸거나 학대받고 상처받고 굶주리던 타국의 아이들이 자기 지역 및 나라에서 변화되는 놀라운 간증들을 알리고 있다. 다음 내용은 그녀의 웹사이트에 나온 얘기다.[10]

성경은 우리가 다시 태어나야(거듭나야) 하고 또 어린아이들과 같이 되어야 천국에 들어갈 수 있다고 가르친다. 어린아이들은 하나님 나라를 받아들일 만큼 겸손하며 따라서 사회를 바꿀 만큼 능력이 있다. 우리 아이들은 팀이 되어 여행을 하면서 다른 도시에서 사역을 한다. … 이 아이들은 어떻게 설교하고 예배하며 중보하는지 또 어떻게 병들고 눌린 자를 사역하고 예언하는지 훈련받는다. 이들은 참으로 순결과 단순함으로 살아가기에, 어른들에게는 몇 시간 걸리는 일들을 겨우 몇 분 만에 할 수가 있다.

리차드는 케냐 북부에 위치한 터카나 족 출신의 10세 소년으로, 선교사님 댁을 찾아 길을 나섰다. 리차드와 다른 아이들이 그리스도 안에서 자기들이 누구인지 알고 좀 더 자신감을 갖게 되었을 때, 우리는 그들을 병원으로 데려가서 배운 것을 사용하도록 했다. 제일 처음에 우리가 이 아이들을 병원으로 데려갔을 때, 리차드는 뽑힌 열두 명 중 하나였다. 그룹의 리더로서 나는 이 사역을 내가 인도하지 않고, 아이들로 하여금 하나님의 음성을 듣고 본인들이 알아서 하도록 했다. 우리가 첫 병동에 들어서자마자 아이들은 눈에 보이는 장면으로 약간 부담을 갖는 듯했다. 미비한 시설만 겨우 되어 있는 작은 방에 백 명 남짓 꽉 차 있었다. 대부분의 환자들은 심각하게 아프거나 죽어가고 있었다. 아이들이 방에 들어설 때, 방에 있는 사람들이 전부 아이들을 쳐다보았다. 아이들은 긴장해서 나를 쳐다보았고 어떻게 해야 좋을지 우물쭈물했다. 나는 무릎을 꿇고, 두려워하지 말라고 하면서 예수님께 어떻게 해야 할지 물어보라고 했다.

잠시 후, 어린 리차드가 내 팔을 잡아당기더니 내 귀에 속삭였다. "제가 노래를 불러야 될 것 같아요." 나는 미소를 지으며 리차드를 다른 아이들 앞에 세웠다. 그는 방을 둘러보았고 모두들 리차드를 바라보고 조용해졌다. 그는 눈을 감고 마음을 주님께로 향하더니 찬송을 했다. "주께 드리네(I Surrender All)." 그가 찬양할 때, 천국을 향하여 손을 들면서 얼굴에는 눈물이 흐르기 시작했다. 그것은 내가 들어본 것 중 가장 순수하고 아름다운 찬양이었다. 그가 찬양하기 시작할 때 하나님의 임재가 임하더니 놀랍게도 방안을 가득 채웠다. 방 전체 사람들은 성령이 주시는 마음으로 울기 시작했다. 그가 노래를 마칠 때는 하나님의 임재가 너무나 강해서 더 이상 다른 사역을 할 필요가 없었다. 방에 있는 사람이 모두가 구원받기 위해 부르짖었고 리차드가 찬양하는 예수님을 알고 싶어 했다. 그의 단순한 순종과 순수한 찬양 때문에 사람들이 변한 것이다. 리차드는 마을을 변화시키는 데 큰 역할을 감당하게 된 것이었다.

아이처럼 오라

아이들은 호기심이 많다. 아이에게 만약 호기심이 없어진다면 좀 걱정되는 상태이다. 다른 이들과 어울리면서 매일 새로운 것을 경험하고 싶어 하지 않고 혼자 구석에 앉아 있다면 그것은 정상이 아니다. 어른이 영적 호기심을 잃어도 그런 증상이 나타나는데, 자기만의 구석으로 가 새로운 것이라곤 다 싫고, 매일의 신선함을 경험하는 데 실패하는 것이다. 그렇게 되면 영성이 거의 다 죽었다고도 볼 수 있다.

아이의 마음은 신선한 계시와 새로운 이해, 더하는 경험에 모두 열려 있다. 또 매일 삶에서 찾아오는 것들을 받아들일 준비가 되어 있다.

우리가 아이의 겸손한 마음과 신나는 태도를 잃어버리고 하나님과 생의 모든 것에 전문가가 되면, 자기계발은 없어지고 더 이상 성장하지 않게 된다. 우리가 더 성숙할수록 더 어린아이와 같이 되어서 하나님 나라의 것들을 받아들일 수 있어야 한다. 하나님만 의지하는 삶이 변하여 이제부터는 내가 할 수 있다는 식으로 되고, 이제 알 것은 다 안다고 생각하고, 이제는 '다 커서' 스스로 할 수 있다고 생각하면 하나님과 함께 하는 경이감과 하나님을 의존하는 자세와 그분 앞에서의 순수함은 잃어버린 셈이다.

하나님께서 다음번 보여주실 계시를 받을 준비가 된 사람은 누구인가? 어린아이이다. 새로운 것들을 발견하기 위해 신이 나있고 갈망해하는 어린아이, 모든 좋은 것들은 하나님 아버지께로부터 온다는 것을 아는 아이 말이다.

하나님의 나라를 어린아이처럼 받아들이는 것은 신뢰를 의미한다. 하나님 아버지가 가짜 성령님을 나에게 주시지 않을 것이라는 신뢰이다. 그분이 빵 대신 돌을 주시지 않을 것이라는 신뢰, 그분이 임재 안에서 우리에게 감격스러움이 아닌 더럽혀진 느낌을 주시지 않을 것이라는 신뢰, 그분이 우리에게 혼돈스러운 가짜 환상의 경험을 주시는 분이 아니라는 신뢰, 나의 그 사랑하시는 하나님 아버지가 참으로 그 광활한 우주에서 작은 나에게 말씀해 주실 것이라는 자신감이다. 그 다음에 필요한 것은 무엇이 하나님의 것이고 무엇은 아닌지 분별할 수 있도록 해주는 기준들이고, 하나님 아버지께서 나에게 보여주신 것이 무슨 의미인지 아는 것이다.

당신은 그 호기심과 함께 얼마나 멀리까지 모험할 준비가 되어 있는가? 하나님 나라의 임재와 권능에 대해서 더 배우고, 하나님께로부터 더 받을 수 있는 위치에 있으라. 어린아이처럼 오라. 그리고 이것을 알라. 하나님은 당신에게 하나님 나라를 주시기를 기뻐하신다는 점이다(눅 12:32 참조). 지금 자신의 마음에 있는 것들을 살펴보시라. 그리고 하나님 나라를 나누자.

주석

1. http://en.wikipedi.org/wiki/Joan_of_Arc#Childhood.
2. 이 어린 예술가의 생활은 기사나 텔레비전으로 상세히 보도된 바 있다.
3. 텍사스 주 스태포드 시의 Abiding Life Christian Fellowship 교회(웹사이트: www.arcf.cc)의 Lucas Sherraden 목사와의 인터뷰에 근거함.
4. David Walters, *Children Aflame* (Macon, GA: Good News Fellowship Ministries, 1995), 24. 웹사이트: www.goodnews.netministries.org.
5. Walters, *Children Aflame*, 15-16.
6. Walters, *Children Aflame*, 31.
7. H.A. Baker, *Visions Beyond the Veil* (Kent, England: Sovereign World, 2000), 29.
8. Mel Tari, *Like a Mighty Wind* (Green Forest, AK: New Leaf Press, 1978), 52; newleafpress.net.
9. Tari, Mel. *Like a Mighty Wind*, 54.
10. http://globalchildrensmovement.com/.

2장

여기, 의사 선생님, 제가 이상해졌나요?

줄리아 로렌

    1980년대 중반, 하나님은 내가 살고 있던 작은 해변가 아파트에 들어오셔서, 소파 앞의 작은 탁자에 발을 올려놓으시고는, 예기치 않던 반가운 손님으로 몇 달을 계셨다. 내가 그분을 보지는 못했지만 그분의 임재가 함께 하심을 느꼈다. 그분의 뚜렷한 임재는 상상조차 할 수 없는 친밀한 만남을 자아냈기 때문에, 수년 동안이나 나는 그 사실에 대해서 얘기할 수 없었다. 그것은 너무나 개인적이었기 때문이다. 너무나 고귀했다. 하나님의 폭포수와 같은 사랑이 하루아침에 내 마음을 부수기 시작했다. 이것은 내가 그분이 그렇게 가까이 오시는 것을 가장 받을 자격이 없을 만한 날에 일어났다. 그날은 내가 하나님에 대해서 별로 관심이 없던 날이었다. 사실 나는 너무 따분한 나머지 하나님을 찾았을 뿐이었다! 하지만 그분은 나를 사랑하신다는 것을 보여주시기로 하셨다. 그래서 권능으로 나타나셔서 그분의 사랑으로 나를 완전히 기진맥진하게 하셨고 나와 함께 얘기하러 움직이셨으며, 나를 치유하시고 가르치시며, 꿈과 환상을 통해 다른 사람들에 대한 정확한 계시를 부어주셨다.

얼마 후, 나는 이렇게 하나님이 나와 함께 거하시는 느낌이 정상이 아니라고 생각하기 시작했다. '사람이 조병 환자가 아니고서야 이렇게 약간 도취된 느낌으로 걸어다니지는 않겠지. 환자가 아니고서야 그럴 수 있을까? 정신 병자나 음성을 듣고 영적 존재들을 보는 거야. 사람이 어디 미혹된 것이 아니고서야, 이렇게 하나님이 안으로 주변으로 모든 곳에 다 임해 계시다고 느끼며, 그분의 사랑과 평강, 안전감에 압도당한 느낌으로 살지 않지.' 결국 인생은 힘들고 늘 걱정할 일이 있다. 우리는 영적 공상에 빠지지 않기 위해서, 현실에 머물러 인생의 어려운 위기들에 대처해야만 한다. 그 당시 내가 전문 상담가가 아니었음에도 불구하고, 미친 사람들은 성(sex)이나 종교에 고착하는 경향이 있다는 것을 알았다. 당시에는 종교, 즉 예수님과 함께 하는 것이 내 마음의 주된 초점인 것 같았다.

여전히 나는 내가 하는 일에도 집중할 수 있었고 그 전 해에 했던 사업을 통해 짧은 몇 달 동안 돈을 더 많이 벌기도 했다. 나는 하나님의 임재 가운데 기상할 수 있었고 밖에 나가기도 하며, 무언가 사러 가서도 사람들과 정상적인 대화를 할 수 있었다. 내가 좀 다르다는 것을 눈치챈 사람들이 몇 마디 던지기는 했지만 별로 심각한 말이 아니었다. 어떤 사람은 내 얼굴빛이 빛나는 것 같다고 말해주었다. 또 어떤 사람은 내가 너무나 평온해 보인다고 하면서 어떤 도사님을 모시냐고 했다. 어떤 때는 교회에 있을 때, 전혀 낯선 사람들이 대담하게 다가와서는 자기들에게 해줄 예언의 말이 있냐고 했다. 내가 교회에서 얘기를 한 적이라고는 주중 기도 모임 때밖에 없었는데도 말이다. 확실히 사람들은 내가 좀 다르다고 눈치채고 있었다.

잠시 후 나는 이 기간이 얼마나 오래갈까 궁금했고 사람들이 신기하게 쳐다보는 것들에 대해서 조금씩 이상하게 느끼기 시작했다. 내가 이상해진 건지 아니면 이게 진짜 하나님인지?

내가 미친 건지 아닌지 스스로 의아해 하고 있을 무렵 말미에, 나는 환상, 꿈, 예수님의 방문에 대해서 말하는 가톨릭 신비주의 계통의 서적들을 발견했다. 그것들은 나를 구해주었다. 과거에 다른 사람들도 나와 비슷하게 하나님을 만난 일들이 있었음을 깨달은 것이다. 마침 그 당시 캔자스 시 펠로우십 교회(Kensas City Fellowship)의 마이크 비클(Mike Bickle:역주-캔자스의 International House of Prayer의 설립자) 목사님이 우리 교회(캘리포니아의 Anaheim Vineyard Christian Fellowship)에 와서 강의를 했는데, 그 내용은 천사에 대한 것뿐 아니라 성령님의 방문이나, 환상, 꿈 등을 경험하는 사람들에 대해서였다. 그 강의를 듣고 내가 정상이란 것을 깨달았다.

나는 주님을 영접하고 성령세례를 받은 후, 영적인 경험을 많이 했음에도 불구하고, 모든 그리스도인들이 하나님의 이러한 영적 영역을 자연스럽게 경험하는지 항상 의아했었다. 초자연적인 하나님의 왕국은 모든 신자들에게 초자연적으로 임하는가? 성경적 예 말고도 다른 사람들의 간증을 통해서 내가 경험했던 것이 참으로 하나님으로부터 온 것이고 나 혼자만 겪은 것이 아니며, 초자연적인 영역은 우리가 지구라고 부르는 이성의 땅과 마찬가지로 우리에게 자연스런 것이 되어야 한다는 것을 깨달았을 때, 큰 안도의 한숨을 쉬게 되었다.

하지만 내가 이런 내 경험을 분석하곤 하자, 하나님의 임재는 점차로 떠나갔다. 그 계절은 마감되었다. 그와 동시에, 천국이 지구의 자그마한 나라는 존재를 건드리면서 나는 한없이 하나님의 터치를 받았고 영적인 영역에 눈을 뜨게 되었다. 그리고 이 땅에서도 이성을 초월하는 믿음으로 그분과 함께 거할 수 있음을 깨닫게 되었다.

　이 계시의 계절은 내 삶에 거대한 위기를 만들었다. 나는 내가 경험했던 것들에 대해서 계속해서 궁금해 하지 않을 수 없었다. 그리고 왜 하나님의 권능이 교회에서는 그렇게 약한 것처럼 보이는지 의아하지 않을 수 없었다. 우리 교회와 존 윔버 목사님은 하나님의 임재와 권능을 보이며 기사와 이적을 행하는 것으로 유명했다. 그래서 치유와 기적이 일어나는 것을 많이 보았었다. 나도 사람들을 위해서 기도하면 놀라운 결과가 일어나는 경우가 많았다. 하지만 정서적으로 심하게 상처를 받았거나 영적으로 심각한 장애가 있는 이들이 크게 변하는 경우는 별로 없었다. 나는 또한 그렇게 짧은 기간 동안 벌어지는 다양한 천계의 만남과, 지속되는 초자연적 경험으로 당황하기도 했다. 그래서 나는 석사과정을 조금 공부해 보기로 하고, 한 기독교 대학의 상담심리 석사과정을 시작했다. 내 마음속에 일어나는 일련의 질문들을 해결해 보고자 말이다.

　몇 년 동안 몇 천 달러를 들여서 엄청난 양의 공부를 하고 난 후, 내가 내린 결론은 우리가 꿈이나 환상으로 혹은 다른 세계의 계시적 만남으로 하나님을 경험한다고 해서 바보는 아니라는 것이었다. 모든 사람이 하나님의 치유와 기적, 계시를 받아들일 수 있는 똑같은 능력이 있다. 우리가 하나님과 계속 연결되어 있거나 하나님이 어떤 초자연적인 방식으로 우리를 만지실 때, 우리는 지극히 정상이다. 사실 예수님과 가장 잘 연결되어 있는 사람들이야말로 이 지구상에서 가장 정신적으로 영적으로 건강한 사람들이다. 하지만 여전히 우리는 어떤 것들에 대해서 의아해 한다.

정신병, 조증, 신비주의

1990년대에 들어서면서 전 세계의 교회들이 하나님의 임재를 경험하기 시작했고, 크신 하나님의 임재가 사람들의 작은 몸에서 만나면서 다양한 증상들을 경험하게 되었다. 사람들은 인형처럼 흔들리기도 하고, 트랜스(입신)로 바닥에 쓰러지고, 그리스도의 환상을 보면서 정서적으로나 영적으로 치유가 일어나기도 하고, 어떤 이들은 춤을 추기도 하며, 빙빙 돌거나 거꾸로 서는 등의 일이 일어났다. 그 결과 많은 신자들이 많은 기름부으심과 계시를 받고 거리와 이웃으로 나가 사람들을 치유하는 일도 증가했다. 얼마 후, 그 기간 동안 하나님의 임재로 터치된 많은 이들의 열정이 줄어들면서, 논쟁이 늘어나기 시작했다.

이게 다 하나님이 하신 일인가? 아니면 하나님의 임재가 사람들 안에 있는 그들의 생각이나 마음, 영혼의 상태를 이상한 형태로 단순히 반영하여 육체적으로 나타났을 뿐인가, 아니면 정신병으로 증상이 드러났을 뿐인가? 답은 셋 다 맞다는 것이다. 하나님께서 사람들에게 깊이 사역하시기도 하고, 사람들의 마음 상태나 생각이 기괴한 방식으로 표현되기도 하며, 정신과 영혼이 갈등할 때 어떤 경우는 정신적 질병이 겉으로 드러나기도 한다.

그때 나는 시애틀에서 도시 사역을 하며 교회 개척을 돕고 있었다. 어떤 그룹 가운데 부흥의 불길이 타오르는 것을 나는 지켜보았다. 내가 아는 두 명의 심리학자 친구가 있었는데, 그들은 정말 이 기회를 단단히 붙잡으려고 했다. 그들은 처음으로 그렇게 하나님이 움직이시는 것을 경험한 것이었다. 그리고 그런 경험으로 말미암아 그들은 심리학을 제쳐두고 놀랍게 하나님의 임재 가운데로 들어가는 놀라운 일이 일어났다. 나는 그때 대학원을 졸업한 지 얼마 안 되었을 때였는데, 내가 직접 참여하기보다는 남들을 지켜보거나 사역하면서 약간 한 발치 뒤에서 관찰하는 시기였다. 그 전에 하나님의 움직이심을 경험한 나는 그들이 겪는 것이 어떻게 다른지 보고 싶었고, 우리 가운데 흐르는 성령의 강에 가끔 발만 적시는 정도로 있었다. 그들은 결국 그 기간 동안 청년들을 이끄는 리더가 되었다.

하루는 그 동료 중 하나가 어떤 젊은 여인의 이야기를 듣고는 내게 왔다. 그 여인은 하나님의 환상에 사로잡혀 만나는 사람들마다 예수님에 대해서 얘기한다는 것이었다. 그녀는 밤새 기도하며 시간을 보내고, 환상과 지식의 말씀을 받는다고 했다. 하나님은 그녀에게 어떤 시간에 어떤 장소로 가서 어떤 사람에게 복음을 증거하라고 말씀하신다는 것이었다. 그녀가 말 그대로 그 지시를 따를 때 놀라운 만남이 일어났다. 그녀가 본 환상은 정확한 사실임이 입증되곤 했다. 지식의 말씀을 들은 대로 당사자들에게 전했을 때 놀라운 결과들이 일어났다. 그녀의 이러한 증거를 통해 주님을 만나는 사람들이 몇 명 생겼다. 완전히 하나님이 하시는 일 같았다.

그런데 나는 얘기를 한참 듣다가 몇 가지가 의아하여 질문을 했다. 그녀가 얼마나 오랫동안 잠을 자지 않았는지? 그녀가 혼자서 위험한 곳에 가지 않았는지? 사람들에게 얘기도 않고 그저 혼자 휙 그런 곳으로 가지는 않았는지? 다른 사람과 대화를 하면서 상대방의 얘기를 끊지 않고 들을 수 있으면서 정상적이고 긴 대화가 가능한지? 그러고는 맨 마지막으로 중요한 질문을 했다. 정신병은 청년기에 처음 발견되는 경우가 많고, 주로 스트레스가 쌓이는 생활을 하다보면 뇌의 화학물질이 바뀌면서 유전적 질병 소질을 자극하는 경우에서 많이 생긴다는 것을 나는 알고 있었다. 그래서 그녀에게 조증 증상이 발현된 적이 있는지 아니면 이런 적이 처음인지를 물었다.

이 대화 후, 그 리더였던 심리학자들은 그녀를 가까이서 잘 지켜보았다. 며칠이 안 되어 그녀는 병원에 입원했고, 조증 증세가 너무 심해져 회복되는 데 시간이 꽤 오래 걸렸다.

우리의 몸과 뇌는 약하기 때문에, 부흥(renewal)으로 말미암아 우리가 쉴 새 없이 정상적이고 생산적으로 움직이게 되면, 뇌에서 나오는 화학물질과 몸에 스트레스를 받는다. 가족 중에 누군가가 정신병력이 있는 경우는 특히, 스트레스를 받을 때 그런 영향을 받을 수 있다. 이 여인의 경우, 조증 증상 발현 시기에, 하나님으로부터 정확한 계시를 받았지만 그녀의 뇌에 일어난 화학 작용은 그녀의 환경과 삶에 움직이시는 진짜 하나님의 임재로 인한 스트레스로 선을 넘어선 것이다. 내가 마지막으로 그녀를 본 것은, 성경 학교에 입학해 있을 때였고, 훨씬 더 건강해 보였으며, 정상적인 대화를 할 수 있는 상태로서, 매우 안정적이고 하나님을 섬기고 있었다.

우리 사회에는 정신적으로 질병이 있거나 귀신이 들린 사람들이 있는데, 그들이라고 해서 놀랍게 하나님을 경험할 수 없는 것은 아니다. 사실 그들이야말로 영적으로 많이 열려 있는 경우가 많기 때문에, 하나님의 인자한 사랑과 권능의 임재를 더욱 경험할 수가 있다.

1990년대 부흥의 기간 동안, 우리 도시에서는 교회들 간에 모여서 찬양이나 예배를 드리고 혹은 예언 사역을 하는 경우가 많았다. 그때 나는 많은 집회에 참석하고, 예언 사역을 하는 특권을 누리게 되었다. 시애틀의 성누가 감독 교회(St. Luke's Episcopal Chruch)에서 열린 집회 때, 확실히 정신적으로 문제가 심각한 젊은 청년을 만나게 되었다. 그는 정신분열증으로 진단 받았었다. 교회 집회에 참석할 때면, 그의 증상은 더 악화되지 않고 머릿속에서 누가 말하던 소리가 멈추는 것이었다. 하지만 교회 밖으로 나와 얘기를 하면 그 불안 증세가 재발했다. 그 음성은 문 밖에서 기다리고 있었다. 그래서 많은 기도를 했지만 그가 완전히 치유되었는지는 확실하지 않다.

어느 때고, 어떤 사람이 조증이나 정신분열증, 망상 장애를 겪는다면, 그런 경우는 그에게 영적인 경험을 받는 능력을 늘려준 것이 결국 하나님이 아니셨다는 것이 밝혀진다. 오히려 그것은 몸 안에서 화학작용이 일어난 경우이거나 어떤 마귀적인 것으로서 자신의 한계를 넘었기 때문에 나온 결과이다. 마귀가 괴롭히는 것과 뇌의 화학작용은 백지장 차이로, 당사자의 반응으로 다소 조정이 가능하다. 몸과 정신, 영혼은 서로 분리하기가 어렵고 하나를 치유한다고 해서 다른 것이 자동으로 치유되는 것도 아니다. 한 가지 분명한 것은 우리가 연약한 존재라는 것이다. 망상(delusions) 및 환각(hallucinations)은 확실한 영적 경험과 매우 다르기 때문에 쉽게 구별될 수 있다. 정신분열증이나 조증, 망상, 환각과 같은 것들은 며칠 혹은 몇 주 동안 지속되는 증상으로 오래 계속되는 경향이 있다. 환상이나 꿈, 트랜스를 경험하는 사람은 하나님의 임재나 다른 진짜 영적 경험으로 들어가고, 개인적이며, 시간적으로 제한된-몇 초나 몇 분, 혹은 몇 시간일 뿐 한 번에 몇 주씩은 아니다-만남을 갖는 경향이 있다. 그들은 또한 자기 자신이나 받은 계시의 중요성을 강조하면서 본 환상이 얼마나 대단한지에 초점을 맞추지 않고 예수님을 예배하고 영화롭게 하는 데 집중할 것이다. 자신의 위대함을 증명해줄 유명한 사람들의 이름을 거론하거나 하나님의 심판에 대해서 '예언'하면서 자기 삶에 있던 거절감에 반응하는 식으로 나오지 않고 오히려 하나님의 은혜와 자비에 초점을 맞출 것이다. 편집증, 과대망상, 부정적인 것들은 하나님으로부터 온 진짜 영적 경험이 아니다. 환상의 상태는 계속적이지 않고 가끔 있을 뿐이다. 계속되는 것은 환각에 속한다.

누가 어떤 영적인 경험을 하고 있을 때, 그것이 하나님께로부터 온 것인지 아니면 본인이 정신적인 질병을 앓기 때문인지 어떻게 알 수 있을까? 진짜 하나님의 것을 본 사람은 보고 난 후에도 본 것에 대해서 명확하게 설명을 할 수가 있다. 정신적 문제를 겪고 있는 사람은 자기가 본 것이나 경험한 것에 대해서 거의 설명을 할 수가 없다. 그들은 말을 하고 싶어 하지 않거나 혹은 이상한 말을 하고, 행동을 부산하게 하면서, 그 경험은 하나님께서 주시지 않았음을 바로 보여주는 경우가 많다. 하나님께서 주신 영적 경험을 한 사람은 나중에도 정상적으로 기능하며, 일상생활을 하는 데 문제가 없다. 자신이 보거나 경험한 것에 따라 영적인 위기에 사로잡히거나 압도되기도 하지만, 정상적으로는 기능할 수 있는 것이다.

예수님의 극적인 계시나 임박한 재난의 환상 등을 보면서 후에 감정적으로 완전히 지쳐버려서 며칠 혹은 한두 주를 제대로 기능하기가 힘든 경우가 많이 있다. 우리가 중보기도를 할 때처럼 말이다. 하지만 그것은 후의 결과일 뿐이지 지속적인 경험이 아니다. 그 사람의 삶을 완전히 지배하는 지속적인 경험은 대개 하나님이 아니다. 오히려 그것은 정신분열증, 조증, 망상증, 환각증 등 정신적 질병의 초기 증상일 수 있다.

하지만 항상 예외는 있다. 수사나 수녀, 신비주의자, 예언자와 같이 하나님을 추구하는 데만 전적으로 매달리는 이들은 보통 가정주부나 학생, 직장인들보다 계시나 하나님의 임재와 같은 만남을 더 오랫동안 지속적으로 경험하는 경향이 있다. 에스겔 3장 15절에서 선지자는 7일 동안 트랜스 가운데 앉아 있었다. 그 이후 다른 사람들도 그런 적이 있다.

존 크라우더(John Crowder)의 책 『The New Mystics』(새로운 신비주의자들)는 이상하고 놀라운 신비주의자들이나 기적을 일으키는 사역자들의 생에 대해서 자세히 기록하고 있다. 그들은 독특한 성격으로 말미암아 종교 사회에서 존경을 받거나 아니면 따돌림을 당한다. 가장 이상한 부류가 사막의 교부들이다. 이들은 동방(중동) 사회 출신으로 자신의 출신 사회와 관계를 맺는 대신, 기도와 친밀함을 추구하며 철저히 혼자 사는 급진파 수사 및 은자들이다. 이들의 예언적 지혜와 기적은 중동 전체에 알려져 있고, 이들의 지혜를 구하려고 정치나 교회 지도자들이 사막으로 긴 여행을 찾아 떠나는 일들이 있곤 했다.

크라우더는 성 시므온 스타일라이츠(St. Simeon Stylites)의 이야기를 자세히 하는데, 이 사람은 일주일에 한 끼만 먹으면서 36년 동안 돌기둥 위에서 산 사람이다. 또 하나는 아봇 시시오스(Abbot Sisios)인데, 이 사람은 하늘로 들림받곤 해서, 기도할 때 손을 내리지 않으면 하늘로 올려가서 다시 내려오지 못할까봐 두려워하기도 했다. 어떤 사막 교부는 어떤 강의 한쪽에서 다른 쪽으로 갑자기 옮겨지기도 했다. 어떤 사람은 동료 은자에게 얘기하고 있는 동안 손가락을 뻗었는데 즉시로 그 손가락이 불길과 같이 타오르는 것이었다. 크라우더는 현대에도 기도와 금식에 헌신하는 현대 신비주의자가 있고 이들의 사역에는 치유 및 기사, 이적들이 나타난다고 기록하고 있다.

두뇌 연구

영적인 경험이나 하나님의 실재에 대한 회의주의자들은 언제나 생물학적 혹은 이성적인 설명을 찾으려 한다. 우리 뇌 속에 하나님이나 영적인 경험들을 제조해낼 수 있는 부분이 있는가? 그렇지 않다. 하지만 사람들은 계속해서 두뇌 연구를 통해 뇌의 활동에 대한 흥미로운 사실들을 발견하려 한다. 연구가들은 뇌가 하나님을 제조한다며 그것을 증명하려 애쓰지만, 기독교 세계관을 확실히 믿는 우리들은 하나님이 우리 뇌를 만드셨고, 하나님을 향한 갈망이 창조 이후 우리 속에 심겨졌으며 그래서 우리는 영적인 경험을 할 수 있다는 것을 안다. 다음은 「워싱턴 포스트」지에 난 기사로, 현재 두뇌 연구와 결론에 대해서 요약하고 있다.

강력한 두뇌 화상진찰(imaging) 기술을 통해서 연구원들은 신비주의자들이 열반(nirvana)이라고 부르고 기독교인들이 은혜의 상태라고 설명하는 부분에 대해서 탐구하고 있다. 과학자들은 영적인 것이 자연적인 네트워크과 신경전달물질, 두뇌 화학작용으로 설명될 수 있을 것인지 묻고 있다.

우주와 하나가 되는 초월적인 느낌은 어떻게 생기는 것일까? 자아의식과 신체적 정위력(현재의 환경, 시간의 흐름 속에서 자연을 바르게 인식하는 능력)을 조정하는 두뇌의 정수리엽(lobe) 기능이 떨어져서 그럴 수도 있다. 어떻게 종교가 사랑이나 긍휼함의 신성한 느낌을 불러일으키는 것일까? 어쩌면 묵상 기간 중 집중도가 강해지면서 정수리엽이 변화되어 그럴 수도 있다. 왜 많은 사람들은 종교가 자기 삶을 바꾸었다는 심오한 느낌을 갖는 것일까? 어쩌면 영적인 활동들이 측두골엽을 움직여서 개인적인 의미를 갖는 경험들을 강렬하게 하기 때문일 것이다. "두뇌는 영적인 경험과 종교적인 경험을 하게끔 만들어졌다"고 앤드류 뉴버그는 말한다. 그는 『Why God Won't Go Away』(왜 하나님은 영원히 없어지지 않을 것인가)라는 책을 쓴 과학자이다. "두뇌에 중요한 변화가 있지 않는 한, 종교와 영적인 것들은 그곳에 아주 오랫동안 있게 될 것이다. 두뇌는 그런 경험을 하도록 배열되었고 그래서 그렇게 많은 사람들이 하나님을 믿는 것이다."[1]

하나님은 우리 뇌를 만드셨다. 그래서 하나님 자신과 그분의 나라를 우리에게 나타내시고 싶거나, 우리의 감정을 그분에게 연결시키고 싶으실 때, 두뇌의 어디를 건드리면 되는지 아신다. 하지만 우리 두뇌는 영적인 경험을 하도록 배열된 단순한 회백질 덩어리가 아니다. 우리가 유전적으로 어떤 병에 (정신적이든 신체적이든) 걸릴 가능성이 있다고 해서 꼭 그 병에 걸리는 법은 아닌 것처럼, 질병이 생기는 데는 환경적 요소가 필요하다. 마찬가지로 긍정적인 경험과 건강을 유지하는 데도 환경적 요소가 필요하다. 우리의 자유의지는 우리가 꿈꿀 수 있는 그 이상을 경험도록 길을 열어준다.

우리의 모든 종교적 경험을 신경과학이나 두뇌 화학물질로 설명할 수는 없다. 우리 두뇌의 영역들이 활동적으로 반응한다고 해서 우리가 태어나기 전부터 구체적인 경험이나 활동이 우리 안에 사전 프로그램화되었거나 부호화되었다고 말할 수는 없다.

또 어떤 글에는 그러한 연구 자료(주로, 하나님과의 '연합' 혹은 깊은 친밀감을 포함하는 영적 경험에 대한)가 갖고 있는 취약점을 보여주는데, 두뇌의 어떤 부분인지 정확히 집어낼 수가 없다는 점이다. 그 경험에 관련된 감정만이 두뇌 스캔에 기억되거나 반영될 수 있는 것이다. 측두엽 간질이나 어떠한 종류의 두뇌 손상도 겪지 않은 건강한 피실험자를 연구해 보면, 신비한 꿈이나 환상, 하나님 임재의 느낌을 경험하는 사람들이 단순히 두뇌가 손상되어서 그런 것이라는 가설의 타당성을 반박해 준다.

보르가르(Beauregard) 박사와 그의 박사과정 학생인 빈센트 파켓은 일곱 명의 카멜파(Carmelite) 수녀들 두피에 전극을 붙이고 두뇌의 전기 활동을 기록했다. 그들의 목표는 유니오 미스티카(Unio Mystica-기독교에서 말하는 하나님과의 신비적 연합)가 일어날 때 두뇌가 어떻게 변하는지 그 과정을 밝히는 것이었다. 그 수녀들은(연구원들은 전부 15명을 구하기 원함) 또한 가장 강력한 두뇌 화상진찰 도구인 양전자 방출 단층촬영과 자기공명 화상진찰을 사용하여 두뇌 스캔을 받을 예정이었다.

보르가르 박사는 사실 신경적 '하나님 센터'가 있다는 것을 믿지 않는다. 오히려 그의 초기 데이터에서 말하는 내용은 유니오 미스티카 경험에는 그와 관련된 특정 두뇌 영역의 네트워크가 있다는 것이며, 여기에는 자아의 공간적 개념 설명 및 감정 처리와 관련된 것들이 포함된다. 하지만 이것은 논박하기 어려운 또 다른 비판을 낳는다. 그것은 그가 실제로 신비적 경험은 전혀 측정하지 않고 단지 강력한 감정만을 측정했다는 점이다.

우리가 몸과 영, 혼을 완전히 나눌 수는 없지만, 그렇다고 해서 사람의 영이 뇌 안에 있는 것 같지는 않다. 건전한 환경 속에서 믿음이 커갈 때, 우리 영은 성장한다. 우리의 뇌는 그리스도의 생각을 담기로 되어 있다. 그분이 천국과 땅에서 보고 느끼고 경험하는 모든 것을 말이다. 하지만 우리의 뇌가 하나님을 만들어내는 것은 아니다.[2]

그리스도의 창조적 마음

나는 우리 자신의 생각에서가 아니라, 그리스도의 창조적인 마음에서 영적 경험들이 일어난다고 믿는다. 우리에 대한, 우리를 향하신 하나님의 생각에서 나온 것이다.

창세기 1장은 태초에 하나님께서 무(無)에서 세상을 창조했다고 말해준다. 땅은 혼돈 덩어리였고 하나님이 그 덩어리 위를 운행하시며 빛과 어두움을 나누어 놓으셨다. 어두움에서 빛을 분리하신 일이 하나님의 첫 번째 작업이었다! 우리도 그런 혼돈된 덩어리에 불과하지만 우리가 하나님으로 하여금 우리 위를 운행하시도록 할 때, 우리는 그분의 임재 안으로 들어가면서 어두움이 빛으로부터 분리해 나가는 것이다.

C. S. 루이스가 『나니아 연대기』에서 쓰듯이, 하나님은 "말씀으로 세상이 존재하게 하시며" 땅과 하늘, 바다와 육상 생물을 계속해서 만드셨다. 하나님은 첫 번째 사람인 아담을 만드시고 하나님이 창조하신 식물과 동물들에게 이름을 지어주는 작업을 하도록 시키신다. 세상이 처음 생겼을 때 하나님은 인간이 함께 창조하는 특권을 갖게 해주신 것이다. 우리는 하나님께서 우리에게 경험하고 보도록 허락하시는 것들에 대해서 여전히 우리의 상상력을 이용해 의미를 부여하도록 초대를 받은 셈이다.

하나님은 상상력이 매우 많으시다. 온갖 색깔과 기괴한 열대어만 봐도 그렇다. 네온 색깔 점박이나 줄무늬의 물고기, 또 산호도 깰 수 있는 거대한 부리나 입술을 가진 물고기를 본 적이 있는가? 산악 호수 근처에 있는 아주 작은 꽃을 본 적이 있는가? 어떤 것들은 너무 작아서 거의 눈에 보이지도 않는다. 어쩌면 그런 꽃은 하나님만을 위해서 존재하는지도 모른다. 하나님은 그것을 아신다. 사실, 하나님은 자신의 피조물을 아주 기뻐하시고 아주 작은 세밀한 것들까지도 그분께 기쁨이 된다.

하나님은 창의적이실 뿐 아니라, 잠언 30장 4절에 따르면 그분은 시간과 공간, 물질세계를 초월하신다. 하나님 말고 누가 하늘을 왔다갔다 할 수 있는가? 누가 바람을 손에 쥐고 대양을 옷자락에 휘감을 수 있는가? 예수님은 어떤가? 예수님 말고 누가 물리학의 법칙을 초월하고 물 위를 걷겠는가?

하나님은 우리를 그분의 상상력으로 창조하셨을 때 우리에게도 상상력을 주셨다. 우리는 뭔가 이 세상에 이미 존재하는 것으로만 만들어낼 수가 있다. 하지만 하나님은 무에서, 그분의 상상으로 물질을 창조하셨다. 하나님은 우리 상상력이 만들어낸 것이 아니다. 우리가 그분의 작품인 것이다. 그분은 우리가 이해할 수 있는 방식으로 각자에게 다가오신다. 천국의 보석들, 하나님 보좌 주변의 밝은 빛, 하얀 가운을 입은 천사들의 전형적인 모습들은 성경에 기록된 것과 맞을 뿐 아니라 많은 이들의 경험으로 증명되고 있다.

하나님은 적어도 처음에는 우리가 놀라서 두렵지 않을 것들로 천국의 신비한 것들을 나타내시고 우리의 상상력을 통해 우리에게 오신다. 우리의 상상력과 믿음이 하나님과의 만남을 받아들일 때, 그 결과 일어나는 계시의 경험으로 말미암아, 하늘과 땅 전체를 둘러싼 하나님이 사시는 우주의 기이한 현실을 보는 우리의 능력은 늘어날 것이다. 천상에 있는 피조물의 신기한 모습과 우리가 지각으로 느낄 수 있는 영광을 생각해 보면, 천국의 현실을 다 상상하기란 불가능하다는 것을 알 수 있다. 우리가 그것을 한꺼번에 다 봤다가는 다시는 못 일어날 것이다.

하지만 하나님은 우리를 위해서 자리를 준비하실 만큼, 작은 나와 당신을 귀하게 여기신다. 하나님은 아직도 창조하고 계신다. 처음 땅은 이미 완성됐다. 이제 하나님은 계시록 21장에 언급된 도시, 새 예루살렘을 만들 참이시다. 그 도시의 문들은 거대한 진주로 만들어졌다. 그 도시에는 벽마다 번쩍거리는 보석들이 박혀 있고 길은 금으로 되어 있다. 천국에 광산이 있는지 생각

2장 여기, 의사 선생님, 제가 이상해졌나요? 51

해본 적이 있는가? 그 광산에는 누가 일하고 있을까? 그런 거대한 진주를 만들어낼 만한 조개는 어떤 바다에서 나는 것일까?

나는 현대 교회가 뭔가를 하는 것만 지나치게 가르치는 경향이 있어서, 예수님을 묵상한다는 의미가 무엇인지는 많이 잊고 있다고 생각한다. 뭔가를 함으로써 그분과 같아지는 것을 너무 강조한 나머지, 존재함으로써 그분과 같이 보는 것을 잃어버린 것 같다. 뭔가를 위해 그분께 간구하는 것이 아니라 그분이 모든 것을 만드시고, 만드신 모든 것을(당신을 포함해서) 부르시는 것을 보는 것 말이다. 색깔, 냄새, 자신의 모습, 이 모두가 독특하다. 심지어 우리의 지문까지도 말이다. 하나님이 당신을 창조하셨다면, 당신을 재창조하기는 힘드실까? 세상 속에서 낀 먼지를 털어내시고 당신을 밝게 만드실 수 없을까? 하나님은 피조물을 즐기라고 당신을 초청하시고 그 창조에 참여하라고 부르신다. 그분의 생각 속으로 들어가서, 그분의 마음 깊이 들어가서 그분이 보는 것을 보는 것이다.

고린도전서 2장 16절은 이렇다. "누가 주의 마음을 알아서 주를 가르치겠느냐? 그러나 우리가 그리스도의 마음을 가졌느니라." 우리 안에 그리스도의 마음을 개발하는 데는 믿음이 따른다. 그리스도의 생각에 우리 생각을 복종시키는 것이다. 우리가 하늘과 땅, 하나님 나라의 모든 것들을 경험하기로 초대받은 것과, 그분과 함께 "하늘에 앉아 있다"는 사실에 동의하는 것이다.

국제적으로 잘 알려진 목사이자 교사인 빌 존슨은 그리스도의 마음을 우리가 어떻게 알 수 있는지에 대해서 다음과 같이 말한다. 그것은 믿음을 통해서이다.

믿음이 사람의 마음에 생기는 것은 성령을 통해서이다. 믿음은 지적인 것도 아니고 지적인 것에 반하는 것도 아니다. 그것은 지성을 초월한 것이다. 성경은 사람이 생각으로 믿는 것이라고 말하지 않는다! 믿음을 통해서 사람은 하나님의 생각(mind)에 동의할 수 있게 된다. 우리가 생각을 하나님 생각에 복종시킬 때, 믿음과 새로운 마음을 얻게 된다.[3]

하나님의 나라에 참여하기 위해서는 창조적인 그리스도의 마음을 알아야 한다. 믿음을 통해서 우리가 부활하신 그리스도를 영적으로 만나고 천상 영역을 경험하는 것이 가능함을 믿을 뿐 아니라, 이미 많은 사람들이 그런 경험을 했고 우리도 가능하다는 것이다. 그리스도의 마음을 아는 유일한 방법은 그분의 임재 가운데 거하는 것이다.

그분의 임재 – 이성을 초월한 영역

하나님의 생각이 우리 속으로 파고들어 오면서, 눈에 보이는 기적을(꿈이나 환상, 천사가 보이는 것, 다양한 기사나 기적) 경험한다는 것은 참으로 놀랍다. 하지만 우리의 영적 DNA는 놀라운 기사와 기적(예수 그리스도의 뚜렷한 임재 가운데 그분의 사랑과 평화, 기쁨으로 압도되는 것)을 경험하기를 갈망하도록 만들어졌다. 그것은 사랑하는 이에게 키스를 받았을 때, 황홀해지고 기뻐서 춤을 출 것같이 되는 것과 같은 것이다. 다시 올 그분의 나라와 그리스도를 향한 열정을 불타오르게 하는 것은 다른 어떤 영적 경험보다도 바로 이러한 기사와 기적이다.

교회가 그리스도의 뚜렷한 임재를 경험할 때, 권능이 드러나게 된다. 의심과 불신앙으로 흔들리는 어둔 마음은 하나님의 키스로 완전히 없어져버린다. 그 만남의 자연스런 부산물로 치유와 축사가 일어난다(본서에 기록된 사건과 같은 일들). 그분의 임재는 천국을 계시하는 분위기를 자아내고, 우리에게 개인적인 소명을 주며, 진로를 알게 하거나, 앞으로 올 일들의 환상, 천국의 영역을 계시하는 천사의 방문이나 경험을 준다. 우리가 그분의 임재와 영적 경험을 자아내시는 그분의 창조적 마음을 환영할 때, 우리는 그분을 만날 수 있고 그분의 뜻, 진리, 생명을 알 수 있다.

그렇게 오감으로 느낄 수 있는 친밀한 만남을 경험한 사람이 하나님의 살아계심을 부인하거나 하나님은 사랑이시라는 사실을 부인할 수는 없다. 그분의 임재가 더욱 완전히 나타날 때, 아무도 어두움 가운데 잃어버린 채로 있을 수 없고 초자연적인 기적에만 정신이 팔릴 수도 없다. 그 모든 기적들을 다 에워싸는 가장 위대한 기적, 바로 예수를 볼 때, 그들은 사랑으로 타올라 하나님을 예배하는 얼굴로 바뀌게 된다. 그리고 예배 중, 그들은 하나님의 예측 불가능함 가운데로 들어간다. 아니면 빌 존슨 목사가 말하는 것처럼 이성을 초월한 영역으로 들어가게 된다.

신약 용어에서 하나님의 임재에 집중된 사람이 된다는 것은 기꺼이 이성을 초월하여 살겠다는 뜻이다. 어리석게나 충동적으로가 아니다. 그렇다면 그것은 진짜 믿음을 흉내낸 것밖에 안 된다. 이성을 초월한 영역은 하나님께 순종하는 세계이다. 순종은 믿음의 표현이고 믿음은 하나님의 영역으로 들어가는 티켓이다. 신기하게도 그분의 임재에 집중하면 우리가 바람같이 되는데, 바람은 성령의 본성이기도 하다(요 3:8). 그분의 본성은 강력하고 의로우시지만, 그분의 뜻은 통제당할 수

없다. 그분은 예측불가능하다.[4]

우리가 그리스도의 창조적인 마음을 알고 표현하는 사람이 될 때, 그분의 임재에 기꺼이 집중하고 거기에서 사는 사람이 된다. 그곳은 이성을 초월한 땅이다.

하나님이 보여주신 것으로 무엇을 할 것인가?

모든 참된 영적 경험을 주시는 이유는 두 가지라고 본다. 하나는 예수 그리스도가 당신에게 정말 누구인지를 계시해 주시기 위함이고 또 하나는 당신을 통해 다른 사람들에게 그분의 임재와 능력을 나타내시기 위함이다.

아주 오래전에 내가 경험했던 그 방문 기간 동안, 작은 거실에서 그리스도의 뚜렷한 임재 가운데 사로잡혀, 꿈과 환상, 긴 시간의 기도를 통해서 받았던 대부분의 계시는 전부 나에 대한 것이었다. 그분은 내 마음속에 있는 고통의 골짜기를 보여주셨고 더 깊은 이슈들을 가지고 나에게 말씀하셨다. 그래서 내가 과거를 이제 놓아버리고 미래를 붙잡을 수 있도록 하셨다. 그분은 죄의 잡초들을 뽑아내시고 부드럽게 물으셨다. "이제 그런 것 필요 없지?" 습관적인 생각이나 행동이 되어버린 죄 된 반응과 같은 그런 잡초들을 깨닫고는 이제 포기할 수 있었다. 하나님의 임재에 거하며 예배를 통해 하나님께 집중하는 시간이자, 몇 개월 동안 거의 완전히 나에게 집중된 치유와 정결의 시간이었다.

나는 또한 다른 사람들에게 관련된 많은 꿈과 환상도 받았다. 각각의 계시에 대해서 내가 어떻게 해야 되는지 기도했을 때, 때로 하나님은 그저 중보하라고 하셨다. 어떤 때는 그 사람에게 전화를 걸어서 그 꿈이나 환상에 대해서 얘기하고 싶게도 하셨다. 한번은 친구의 어린 딸아이가 교회의 큰 주차장에서 주차된 차들 사이에서 급히 튀어나와 빨리 달려가는 차에 치는 꿈을 꾸었다. 그 친구가 하나님은 우리에게 말씀하신다는 것을 믿었기에, 자유로이 그녀에게 전화를 해서 내 꿈 이야기를 해주었다. 그녀는 그 주에 특히 딸아이가 다치지 않도록 조심을 했다. 그런데 그 주, 교회 주차장에서 서 있을 때, 딸이 친구를 발견하고는 친구에게 인사를 하려고 엄마 손을 놓고 급히 달려나갔다. 엄마는 재빨리 손을 뻗어 딸을 잡았는데 그때 마침 차가 지나간 것이다. 엄마가 조금만 늦었더라도 아이는 칠 뻔했던 것이다!

일주일에 한 번, 나는 교회에 있는 중보기도 모임에 참석했다. 그 모임 전에 나는 내가 받은 꿈과 환상을 놓고 기도하면서 너무나 많은 시간을 보냈기 때문에, 특별한 기름부으심이 내 기도 가운데 들어왔다. 그것들은 '기도의 영'에 권능을 입은 예언 기도가 되었다. 그 모임 때 내가 크게 기도하는 것을 들은 이들은 내가 하는 기도가 그들에게 어떻게 영향을 미쳤는지에 대해서 나중에 내게 말해주었다. 나로부터 그저 흘러나온 하나님의 임재가 내 주변의 어두워진 영혼과 메마른 가슴들을 적시고, 어떤 이들은 교훈을 받고 어떤 이들은 격려를 받는 것이었다. 이 계시의 계절 동안, 내 위에 임한 기도의 영으로 말미암은 은혜는 다른 사람들에게도 선물(은사)이 되었다.

다른 이들을 위한 선물(은사) 꾸러미 열기

실제 선물보다는 번쩍거리는 선물 포장지에 눈이 어두워질 때, 그분에 대한 계시와 그분이 계획한 계시, 영적 경험의 목적 등이 흐지부지되고 만다. 어떤 이들은 너무나 인정받고 싶고 소속감을 갖고 싶어서, 방금 받은 번쩍거리는 선물 포장지에 대해 얘기하며 정신없이 돌아다니기도 한다. 꿈이든 환상, 영적 만남 등으로 너무나 흥분한 나머지 이들은 누구든 얘기를 들어주기만 하면 붙잡고 "이봐! 내가 받은 것 좀 봐! 무슨 뜻인지는 모르겠지만 신기하지 않니?" 하고 이야기한다.

하나님이 당신에게 주시는 영적 경험은 무슨 의미인지 반드시 이해해야 한다. 계시의 중요성을 평가하고 그 계시로 어떻게 할 것인지 알아야 한다. 계시를 사모하고 포장지도 고려하되 그 속에 있는 것을 더 깊이 잘 살펴보아야 한다.

영적인 예와 하나님의 사랑에 비추어 연구해볼 때, 많은 계시적 경험들은 당신이 하나님의 권능을 드러내기 원하신다는 것을 깨닫게 해주고 믿음을 주시려고 겪게 하시는 경우가 많다. 즉, 환상이나 꿈, 방문이나 텔레포테이션(공간 이동)은 고린도전서 13장에 열거된 성령의 은사를 둘러싼 포장일 뿐이다. 그 성령의 은사들이란, 지혜의 말, 지식의 말, 믿음, 치유의 은사, 기적을 행하는 것, 예언, 영을 분별하는 것, 방언, 방언을 해석하는 것들이다. 이것들은 하나님이 당신에게 주시기 원하시는 선물인데, 먼저는 당신 자신을 위해서이며 다음에는 다른 사람들에게 주시기 위함이다. 그래서 그들도 예수님의 모습을 알게 되고 구원 안으로 들어갈 수 있게끔 하려는 것이다.

하나님이 영적 경험을 주시는 것이 아니라, 계시적 경험들을 통해 영적 은사들을 주신다고 말해야 성경적이라고 본다. 하나님은 꿈이나 환상을 통해 지혜의 말씀을 나타내시고, 하나님 권능의 증거 및 행하심을 통해 당신에게 그 말씀을 풀어놓을 전략을 주셔서, 다른 사람들의 삶 가운데 하나님 나라를 확장시키신다. 그것이 그리스도의 창조적인 마음으로 일하는 것이고 하나님과 함께 동역하도록 당신을 초대하시는 것이다.

그러므로 그리스도의 창조적인 마음으로 들어가며 그분의 계시적 세계를 탐험하기 시작하라. 그 땅은 이성을 초월한 땅이다. 다음 장들을 읽으면서 다양한 영적 경험들을 접할 때, 하나님과의 만남을 추구하게 되고, 그것이 결코 바보짓이 아님을 깨닫기 바란다. 사실, 왕 중의 왕이신 하나님의 친밀한 임재를 추구하는 사이 당신도 비정규 예언자가 되었다는 것을 발견하게 될 것이다.

주 석

1. 워싱턴 포스트지 2001년 6월 17일자, "Tracing the Synapss of Our Spirituality: Researchers Examine Relationship Between Brain and Religion," Shankar Vedantam
2. 이코노미스트 http://www.economist.com/displayStory.cfm?story_ID=2478148, 2004년 3월 4일자. "A Mystical Union."
3. *When Heaven Invades Earth*(Shippensburg, PA: Destiny Image Publishers, 2003), Bill Johnson, 46-47
4. *When Heaven Invades Earth*, Bil Johnson, 82.
5. 롬 8:26

3장

가장 평범한 체험과 그 목적

짐 골

흔하지 않던 일들이 점점 더 일상적인 일이 되어가고 있다. 그렇다면 지난 역사 가운데 혹은 지금, 가장 흔하게 일어나는 영적인 경험은 어떤 것들일까? 한 번에 한 걸음씩 그 광대한 공간으로 들어가는 문을 열도록 하겠다. 이 장에서 우리는 특별히 환상과 꿈이 얼마나 다양하게 표현되는지 훑어보고, 내가 영적 인지, 사진 환상, 파노라마 환상, 단순 꿈, 청각 메시지가 담긴 경험이라고 부르는 것들에 대해서 다뤄보도록 하겠다. 하지만 본론으로 들어가기 전에 이와 같은 예언적 은사들의 목적을 먼저 살펴보기로 하자. 이 전채(appetizer)는 여러분의 식욕을 더욱 돋게 할 것이다.

와! 이것은 겨우 시작일 뿐이다! 트랜스(trance, 입신)나 기타 등등에 대해서 다음 장부터 먹을 메인 코스로 들어갈 때까지 조금만 기다리시라. 나는 여기서 가끔 교회 역사에서 인용을 하기도 하고, 현대에 일어났던 일들도 추가하면서 하나님의 말씀 안에서 기초를 놓은 후에 이 내용을 다룰 것이다. 결국, 기억할 것은 하나님이 이전에 하신 일을 지금도 여전히 하고 계신다는 점이다! 자, 준비가 되셨는가? 그럼 우리 가도록 하자!

자, 잡을 수 있으면 나를 한번 잡아 봐!

내가 한번은 밤새 내내 지속된 것 같은 매우 강렬한 꿈을 꾼 적이 있다. 하얀 가운을 입은 남자에 대한 꿈이었는데 처음에는 천사처럼 보였으나 나중에 알고 보니 그분은 주님이셨다. 내가 처음에 그분을 봤을 때, 그분은 멀리 서서 나를 보고 계셨다. 그러더니 돌아서시고는 얼만큼 멀리로 달아나시더니 멈춰 서서, 나를 부추기는 식으로 나를 돌아보셨다. 마치 "자, 잡을 수 있으면 나를 한번 잡아봐"라고 말씀하시는 것 같았다. 나는 그분을 쫓아갔다. 하지만 막 잡을라 치면 다시 휙 날아가시는 것이었다. 우리 사이에 약간의 거리가 생기면 다시 멈추시고는 나를 보시고 그분의 팔로 나에게 다시 잡아보라는 시늉을 하셨다. 다시 한 번 그분을 쫓아갔고 다시 그분은 내가 막 붙잡기 전에 달아나셨다. 이 장면은 여러 번 반복되어 연출되었다. 그분도 뛰시고 나도 뛰었다. 내가 거의 붙잡을 때까지 가만 계셨다가는 잡기 직전에 또 뛰셨다. 꿈 전체는 아마도 5분 남짓 되었을 것이다. 하지만 꿈을 깼을 때는 몇 시간 동안이나 그 꿈을 꾼 느낌이었다.

그 꿈에는 말이 전혀 없었다. 오직 뛰고 멈추고 쫓고 하는 사이클만 계속되었다. 이 계시적 경험은 어떤 의미였을까? 왜 주님은 계속 도망가시다가 멈추시고는 나를 따라오게 하셨을까? 이 꿈에는 주님이 그분을 추구하는 데 있어서 뜨겁고 열정적으로 따르기를 얼마나 원하시는지 보여주시는 교훈이 있었다.

그분은 우리 모두에게 이렇게 말씀하신다. "날 따라와봐, 날 잡아봐, 내가 있는 이쪽으로 와봐." 그렇게 우리 식욕을 돋우시고는 그분을 추구하고자 하는 우리의 열정을 더하기 위해 더 멀리로 움직이신다. 그분은 마치 이렇게 말씀하시는 것 같다. "네가 알아야 할 것은, 너에게 줄 것이 아직도 많이 있다는 것이야. 아주아주 많이. 내가 먼저 가서 그것을 준비해 놓을게. 나를 따라오너라."

나를 향한 이 특별한 계시적 경험에는 두 가지 목적이 있었다. 첫째는 주님을 향한 더 갈망함과 더 많은 식욕을 내 안에 돋우시려 함이었고, 둘째는 마태복음 5장 6절 "의에 주리고 목마른 자는 복이 있나니 그들이 배부를 것임이요"의 간단한 진리를 보여주시기 위함이었다. 이 꿈은 주님께서 그분의 백성들 안에 그분을 깊이 열망하고 사모하는 마음을 어떻게 만드시는지 보여주시는 도구였다. 그 식욕은 한번 생기면 결코 만족될 수가 없다. 얻게 되면 될수록 더 많이 원하게 된다. 참으로 하나님의 임재에 대한 게걸스러운 식욕이 생기는 것이야말로 모든 참된 예언적 계시의 경험의 궁극적 목적이 된다.

계시 예언적 은혜의 열 가지 목적

앞에서 말한 바와 같이, 성경의 예를 통하여, 하나님께 우리를 더욱 가까이 끌어주는 궁극적인 목적을 도와주는 하나님의 계시적 은혜가 갖는 열 가지 보충 목적을 살펴보도록 하자.

1. 하나님의 목적을 드러내기 위해 사용되는 꿈과 환상

창세기 28장 10-15절에는 '야곱의 사다리' 사건이 나온다. 야곱은 격분한 형 에서가 두려워 그를 피해 집을 나와 밤에 잠을 청하려고 들판 어딘가에 자리를 잡았다. 바윗돌을 베게 삼아 야곱은 잠들었는데, 천국과 땅을 이어주는 사다리에 천사들이 왔다갔다 하는 것이다. 사다리 위에는 주님이 보였고 주님은 다음과 같은 놀라운 약속을 해주셨다.

> 나는 여호와니 너의 조부 아브라함의 하나님이요 이삭의 하나님이라 네가 누워 있는 땅을 내가 너와 네 자손에게 주리니 네 자손이 땅의 티끌같이 되어 네가 서쪽과 동쪽과 북쪽과 남쪽으로 퍼져 나갈지며 땅의 모든 족속이 너와 네 자손으로 말미암아 복을 받으리라 내가 너와 함께 있어 네가 어디로 가든지 너를 지키며 너를 이끌어 이 땅으로 돌아오게 할지라 내가 네게 허락한 것을 다 이루기까지 너를 떠나지 아니하리라 하신지라(창 28:13-15)

야곱에게 해주신 하나님의 약속은 야곱의 할아버지와 아버지였던 아브라함과 이삭에게 주셨던 약속을 다시금 확인해 주시는 것이었다. 그들의 후손들이 큰 나라를 이루고 가나안 땅을 점령하며 그 땅을 유산으로 받으리라는 내용이었다.

이 꿈은 야곱에게 즉시로 심오한 영향을 미쳤다. 깨자마자 야곱은 두려움과 경외감에 차서 이렇게 말했다. "여호와께서 과연 여기 계시거늘 내가 알지 못하였도다 이에 두려워하여 이르되 두렵도다 이 곳이여 이것은 다름 아닌 하나님의 집이요 이는 하늘의 문이로다 하고"(창 28:16-17). 베게로 썼던 바위로 하나님을 만났다는 기념석을 삼아 거기에 기름을 붓고 주님을 경배했다. 야곱은 하나님께서 자신을 보호해 주시고 공급해 주시면 주님을 섬기겠다고 맹세했다. 야곱이 하룻밤 사이에 완전히 변화되지는 않았지만 그 꿈 한 번으로 야곱('속이는 자'라는 의미)이 이스라엘('하나님의 왕자'라는 의미)로 바뀌는 계기가 되었다.

2. 특히 주요 전환점에서 초자연적 만남은 방향을 제시해 준다

마태복음 1장에서 요셉의 딜레마를 한번 생각해 보라. 마리아와 약혼을 했는데, 마리아가 임신을 하게 된 것을 안 요셉은 그녀를 사람들의 웃음거리가 되지 않도록 하기 위해 조용히 이혼할 계획을 세운다. 천사가 꿈에 요셉을 방문해서 상황을 설명해 주고 어떻게 해야 할지 가르쳐줄 때까지는 그럴 생각이었다. "이 일을 생각할 때에 주의 사자가 현몽하여 이르되 다윗의 자손 요셉아 네 아내 마리아 데려오기를 무서워하지 말라 그에게 잉태된 자는 성령으로 된 것이라 아들을 낳으리니 이름을 예수라 하라 이는 그가 자기 백성을 그들의 죄에서 구원할 자이심이라 하니라"(마 1:20-21). 요셉은 이 계시적 경험으로 어떻게 해야 할지 방향을 알게 되고 올바른 결정을 할 수 있게 된다.

사도행전 16장 9절에서 사도 바울은 어떤 사람이 나타나 마케도니아로 오라고 부탁하는 환상을 받는다. 이 경험으로 말미암아 최초 유럽 전도 여행이 시작된다. 바울이 이 환상을 보기 전에는 동료들과 함께 아시아와 비두니아로 복음을 전하려 했으나 매번 성령께서 그쪽으로 가지 못하게 하셨다. 그들은 바울의 마케도니아 환상 때문에 어디로 가야 할지 정확히 알게 된 것이다.

3. 계시적 경험은 경고를 해준다

마태복음 2장 12절에서 동방박사들은 꿈에서 헤롯 왕에게 돌아가 보고하지 말라는 경고를 받는다. 그래서 그들은 다른 경로로 고향 땅을 가게 된다. 그 바로 다음 구절에 보면 천사가 요셉에게도 경고를 해서 요셉은 격분한 헤롯의 잔악한 살인 행위를 피해 마리아와 예수님을 데리고 이집트로 도망을 간다. 헤롯이 죽고 난 얼마 후, 요셉은 또 꿈을 꾸고 이제 고향 땅으로 돌아가도 안전하다는 것을 알게 된다.

사도행전 22장 17-21절에서 바울은 예루살렘에서 기도하는 동안 어떻게 트랜스(비몽사몽간에)에 빠지게 되었으며, 주님께서 환상으로 주님에 대하여 증거하는 바울을 받아들이지 않는 유대인들 때문에 도망가야 한다고 경고해 주신 것을 설명한다. 하나님의 백성에 대한 하나님의 계획에는 견고히 서야 할 때가 있고 도망가야 할 때가 있다. 이 경우에 바울은 도망가야 할 때였다. 바울이 21절에서 말한 바와 같이, 주님이 해주신 이 경고로 말미암아 이방인들에게 복음을 전하는 첫 번째 자극제가 되었다.

4. 꿈과 환상은 지시를 해준다
욥기 33장 14-18절에서는 이렇게 말한다.

하나님은 한 번 말씀하시고 다시 말씀하시되 사람은 관심이 없도다 사람이 침상에서 졸며 깊이 잠들 때에나 꿈에나 밤에 환상을 볼 때에 그가 사람의 귀를 여시고 경고로써 두렵게 하시니 이는 사람에게 그의 행실을 버리게 하려 하심이며 사람의 교만을 막으려 하심이라 그는 사람의 혼을 구덩이에 빠지지 않게 하시며 그 생명을 칼에 맞아 멸망하지 않게 하시느니라

하나님은 한 번, 두 번, 수없이 말씀하시고 또 꿈과 환상을 포함한 다양한 방식으로 말씀하셔서 사람들의 귀를 여시고 그분의 지시사항을 분명히 하신다. 주님의 은혜롭고 구속적인 목적은 사람들을 의의 지식으로 이끌어, 악

한 길에서 돌아와 지옥에 가지 않게 하려는 것이다.

수년간 전 세계의 크리스천들은 하나님께서 무슬림들을 방문해 주시도록 기도해 왔다. 일반적으로 무슬림들은 꿈의 능력을 잘 믿는다. 얼마 전, 예수전도단의 국제 리더가 알제리(주로 무슬림이 많이 사는 국가)에서 보고하기로는 만여 명의 무슬림이 하룻밤 사이에 똑같은 꿈을 꾸었다는 것이다. 예수님이 그들의 꿈에 나타나신 것이었다. 그 초자연적 만남의 결과로 이 무슬림들은 그리스도를 주로 믿는 믿음을 갖게 되었다.

때로 하나님은 사람들이 어두움과 과오에서 벗어나 진리와 빛으로 돌아서도록 꿈과 환상을 주신다. 지옥에서 그들의 영혼을 건지는 것이 그분의 목적이다. 에스겔 33장 11절은 이렇게 말한다. "너는 그들에게 말하라 주 여호와의 말씀이니라 나의 삶을 두고 맹세하노니 나는 악인이 죽는 것을 기뻐하지 아니하고 악인이 그의 길에서 돌이켜 떠나사는 것을 기뻐하노라 이스라엘 족속아 돌이키고 돌이키라 너희 악한 길에서 떠나라 어찌 죽고자 하느냐 하셨다 하라." "하나님은 모든 사람이 구원을 받으며 진리를 아는 데에 이르기를 원하시느니라"(딤전 2:4). 마지막 시대에 하나님이 원하시는 큰 목적 중의 하나는 계시적 은혜를 통해 사람들의 영혼에 확신을 주고자 하는 것이다.

5. 하나님은 계시의 영으로 우리를 특별하게 다루실 수 있다

예언은 딱딱하게 굳어진 우리의 전통 등의 '껍질'을 꿰뚫고 우리의 영혼에 파고들 수 있다. 우리 전통이나 신학, 혹은 교리적 배경이 어떠하든지 하나님이 예언적 표현을 통해 우리를 사로잡고자 하시면 하실 수 있다.

하나님은 솔로몬 왕을 꿈으로 특별히 다루셨다. 열왕기상 3장 5절을 보라. "기브온에서 밤에 여호와께서 솔로몬의 꿈에 나타나시니라 하나님이 이르시되 내가 네게 무엇을 줄꼬 너는 구하라." 하나님이 당신에게 오셔서 이렇게 물으신다면 뭐라고 답하겠는가? 솔로몬은 선택할 수 있는 그 많은 것들 중에서 자기 백성을 잘 다스릴 수 있는 지혜를 구했다. 하나님은 솔로몬의 이렇게 이기적이지 않은 요청에 기뻐하시고 지혜뿐만 아니라 역사 가운데 전무후무한 부와 명예까지 주셨다.

이 사건에서 하나님이 꿈으로 솔로몬과 소통하신 것이 중요하다고 본다. "주님이 솔로몬에게 나타나셨다"라고 하는 것을 보라. 여기서 나타난 주님은 디오파니(theophany), 즉 하나님의 3위 중 2위인 그리스도가 성육하시기 전의 모습인가? 그것은 아무도 모른다. 솔로몬이 이해한 것은 적어도 꿈에서 자기가 하나님과 대화를 나누었다는 것이다.

6. 예언적 활동은 미래를 예언한다

성경에는 미래의 사건을 예언하는 예언의 예가 많이 나와 있다. 다니엘 2장에서 바빌론 왕은 바빌로니아 제국이 없어지고 미래에 어떤 왕국이 서게 되는 꿈을 꾼다. 왕 자신이나, 그 제국의 어떤 지혜자도 그 꿈을 해석할 수 없었으나 다니엘이 성령의 도우심으로 해석을 할 수 있게 된다. 바빌로니아 제국 다음으로 메데 페르시아가 오고, 그 다음에 그리스, 로마가 온다. 사람이 세운 이 제국들이 무너진 후에는 하나님의 왕국이 올 터인데, 그것은 영원하리라는 내용이었다.

누가복음에는 제사장 스가랴가 성전에서 당번으로 섬기다가 천사를 본 환상에 대해 나온다. 그 천사는 스가랴에게 아이를 못 낳던 아내 엘리사벳이 아들을 낳을 터인데 그 이름을 요한으로 하라고 지시한다. 아홉 달 후, 엘리사벳이 아들을 낳았고, 그는 장성하여 세례 요한이 되었다. 예수님께서 말씀한 바로는, 요한이 이 땅에 있었던 선지자 중 가장 위대한 자라고 하셨다.

수년 전 우리 장남 저스틴이 태어난 지 겨우 1주밖에 안 되었을 때, 주님은 새벽 2시에 나를 깨우셔서 조용하고 부드러운 음성으로 이렇게 말씀하셨다. "네가 깜짝 놀랄 만한 것을 보여줄게." 나는 일어나서 거실로 가서 소파에 앉았다. 나의 맞은편 저쪽에는 우리 집 피아노가 있었다. 그 피아노를 응시하고 있는데, 눈이 영적 영역으로 열리더니 한 어린 소녀가 피아노 의자에 앉아 있는 환상이 보이는 것이었다. 그 아이는 긴 밤색 머리가 허리까지 찰랑찰랑했고 얼굴은 아이보리 빛이었다. 그 짧은 순간에도 나는 그 아이의 성격을 느낄 수 있었다.

성령의 음성이 이렇게 말했다. "너에게 네 딸을 소개해 주마. 이 아이의 이름은 그레이스 앤 엘리자벳이야. 성품은 온화하고 민감하단다. 네가 아이 때문에 많이 배울 게다." 이 환상은 내 아내와 내가 앞으로 낳게 될 딸에 대해서 준비되도록 해주었다고 믿는다. 거의 3년 후, 그레이스 앤은 태어났다. 이 아이의 긴 밤색 머리, 아이보리 얼굴빛, 민감하고 온화한 성품은 내가 그때 환상에서 본 어린 소녀의 이미지와 딱 맞아떨어졌다.

지금 그 딸은 아름답게 성장하여 하나님과 열방을 사랑하는 대학생이 되었다. 나는 그 환상을 지금도 기억하지만 그보다 더 소중한 것은 그 환상이 성취되는 것을 볼 때이다. 그래서 초자연적인 경험이 있는 것이다. 본 환상들이 성취되기 때문이다!

7. 예언적 은사는 용기를 준다

바울은 다니는 도시마다 복음을 위하여 고통과 핍박을 당한 후 고린도에서 사역을 하고 있었다. 고린도에서는 어떤 일이 앞에 놓여 있었을까? 바울도 우리와 다를 바 없이, 약한 육체를 가진 사람이다. 그가 정말 바닥까지 내려갔을 때, 자신의 모든 희생과 온갖 일들이 참으로 열매를 맺을 것인지 의아해했을 것임에 틀림없다. 바울이 그렇게 격려가 필요했을 때, 주님은 다음과 같이 용기를 주신다.

> 밤에 주께서 환상 가운데 바울에게 말씀하시되 두려워하지 말며 침묵하지 말고 말하라 내가 너와 함께 있으매 어떤 사람도 너를 대적하여 해롭게 할 자가 없을 것이니 이는 이 성 중에 내 백성이 많음이라 하시더라 일 년 육 개월을 머물며 그들 가운데서 하나님의 말씀을 가르치니라(행 18:9-11)

바울은 혼자서 몇 달 동안 여러 지역을 다니면서, 사나운 반대와 적대감을 무릅쓰면서 충성스럽게 노고했다. 고린도에 있을 때 주님이 "내 백성이 이 도시에 많다"고 했을 때 얼마나 그 마음에 힘이 났을까? 그렇게 마음이 같은 신자들과 함께, 바울은 일하고 예배하며 교제할 수 있었다. 이전과 같이 복음을 전하러 다른 도시로 다니지 않고, 그 도시에 1년 반 동안 머물면서 핍박 없이 하나님의 말씀을 가르칠 수 있었다. 이 기간은 바울에게 쉼이 되어서 힘을 회복할 수 있었고 주님의 일을 계속할 수 있는 용기를 얻었다.

몇 년 후, 바울은 황실 죄수의 몸으로 로마에 끌려가 황제 앞에서 재판을 받게 되었다. 배를 타고 가는 길에 두 주간 심한 폭풍을 만나게 되었다. 그 배에는 다른 죄수들과, 선원들, 그리고 죄수들을 지키는 로마 파견군이 타고 있었다. 거의 모든 사람들이 희망을 잃고 있었을 때 바울은 모두에게 다음과 같이 말한다.

내가 너희를 권하노니 이제는 안심하라 너희 중 아무도 생명에는 아무런 손상이 없겠고 오직 배뿐이리라 내가 속한바 곧 내가 섬기는 하나님의 사자가 어제 밤에 내 곁에 서서 말하되 바울아 두려워하지 말라 네가 가이사 앞에 서야 하겠고 또 하나님께서 너와 함께 항해하는 자를 다 네게 주셨다 하였으니 그러므로 여러분이여 안심하라 나는 내게 말씀하신 그대로 되리라고 하나님을 믿노라 그런즉 우리가 반드시 한 섬에 걸리리라 하더라(행 27:22-26)

배를 탔던 모든 사람들은 바울의 말에 격려를 받고 희망을 얻는다. 결국에는 천사가 바울에게 예언한 대로 결론이 난다. 배는 암초에 걸려 파도에 산산조각이 나지만, 승선자 모두가 무사히 바닷가까지 갈 수 있게 되었다. 그래서 그들은 말타 섬에 도착하여 석 달을 보낸다.

8. 하나님은 주로 꿈과 환상을 통해 예언자들과 말씀하신다

민수기 12장 6절에서 하나님은 "이르시되 내 말을 들으라 너희 중에 선지자가 있으면 나 여호와가 환상으로 나를 그에게 알리기도 하고 꿈으로 그와 말하기도 하거니와"라고 말씀하신다. 요는, 예언자들이나 예언적 사역에 관련된 이들은 꿈과 환상을 받고 일을 한다. 특히 환상으로 예언을 받는 예언자들의 경우가 더욱 그렇다.

나는 몇 년 전, 나의 아내 미쉘 앤과 함께 밥 존스를 만난 적이 있다. 그는 지금 사우스 캐롤라이나에 살지만 그 당시는 미국의 중부에 살고 있던, 이야기 속에만 나올 것 같은 예언자였다. 밥은 그런 계시적 영역 속에 사는 것 같았다. 그의 오랜 사역 기간 동안 가장 흔하게 생기는 일은, 누가 사역을 받으러 밥의 집에 찾아오기 전에 주님이 환상이나 꿈 혹은 다른 예언의 방법으로 미리 그들이 올 것이라고 보여주시는 것이었다. 그의 많은 꿈과 환상의 중요성을 수년간 지켜보는 일은 참으로 놀라운 일이 아닐 수 없었다.

9. 계시적 은혜는 우리를 예배로 가까이 이끈다

기드온의 기사를 기억하시는가? 하나님은 기드온을 사사로 일으키셔서 미디안 군대로부터 계속 공격받는 이스라엘을 구하게 만드셨다. 기드온은 양털을 가지고 정말 하나님이 말씀하신 것인지 확인한 후, 전쟁에 나가서 3만2천의 군대를 모은다. 그것을 주님은 3백 명으로 줄이신다. 그 후 나팔, 횃불, 항아리를 가지고, 기드온과 그의 군대는 미디안 진영을 둘러싼다. 그 전쟁이 있기 전날 밤, 기드온은 더욱 용기가 필요했다. 그래서 주님은 적의 진영으로 숨어들어가 보라고 지시하신다. 그래서 적의 진영으로 들어가 미디안 병사들이 하는 얘기를 엿듣게 된다.

> 기드온이 그곳에 이른즉 어떤 사람이 그의 친구에게 꿈을 말하여 이르기를 보라 내가 한 꿈을 꾸었는데 꿈에 보리떡 한 덩어리가 미디안 진영으로 굴러들어와 한 장막에 이르러 그것을 쳐서 무너뜨려 위쪽으로 엎으니 그 장막이 쓰러지더라 그의 친구가 대답하여 이르되 이는 다른 것이 아니라 이스라엘 사람 요아스의 아들 기드온의 칼이라 하나님이 미디안과 그 모든 진영을 그의 손에 넘겨주셨느니라 하더라 기드온이 그 꿈과 해몽하는 말을 듣고 경배하며 이스라엘 진영으로 돌아와 이르되 일어나라 여호와께서 미디안과 그 모든 진영을 너희 손에 넘겨주셨느니라 하고(삿 7:13-15)

이방인이던 미디안 사람의 입에서 나온 하나님의 계획을 듣자 기드온은 이제 확신에 차게 된다. 그는 승리할 수 있다는 자신감에 차서 자기 진영으로 돌아온다. 진영에 돌아오기 전에 기드온이 한 일을 보라. 엎드려 예배하는 것이었다. 겸손하고 헌신하는 마음으로 기드온은 계시해 주시고 승리케 하시는 하나님을 인정하고 높였다.

기드온의 계시적 경험에는 여러 가지 목적이 있다. 첫째, 그것은 약속을 보여준다. 하나님이 미디안 인들을 기드온의 손에 넘겨주리라는 약속이다. 둘째, 미래를 예측해 준다. 기드온과 그 군대가 승리하리라는 예언이었다. 셋째, 기드온이 하나님의 명령을 따를 수 있는 용기를 준다.

넷째, 기드온이 영감을 받아 주님을 예배한다. 이것이 우리 삶에 부어지는 모든 계시적 은혜의 결과가 되어야 한다. 모든 계시와 예언으로 말미암아 우리는 예배하게 된다. 하나님은 말씀하실 때마다, 놀라우리만치 그 사람에게 딱 맞는 방식으로 하신다. 하나님은 과거의 상징을 가지고 우리에게 말씀하신다. 그분은 우리의 장단점을 아시고 우리가 실패했던 것도 아시고 우리의 목적지도 아신다. 그런 중에 주님은 오셔서 우리에게 그분의 권능으로 힘을 주시고 그분의 계시로 우리의 눈을 밝혀 주시며, 우리의 갈 길을 되새기게 해주시며 격려해 주신다. 그러면 우리는 겸손히 엎드려 기쁜 찬양과 예배를 드리며 화답하게 된다.

10. 예언적 만남은 새로운 서광을 비춰주고 새로운 시각을 준다

하나님의 예언적 계시의 은혜는 과거의 사건이나 우리가 현재 깨달아야 할 점이나 심지어는 미래의 사건들에 대해서도 우리의 눈을 밝혀줄 수 있다. 엘리사가 그 종과 함께 아람 군사들에게 둘러싸였을 때를 기억하는가? 하나님께서 종의 눈을 여시니, 타오르는 전차와 천사들이 보이면서 상황을 보는 시각은 180도로 달라졌다. 그 종에게 부으신 하나님의 계시적 은혜로 말미암아(엘리사의 기도 결과로) 자신의 환경을 완전히 새롭게 바라보게 된 것이다.

치유하시는 꿈에서는, 주님이 뭔가 우리의 과거에서 부정적이거나 아픈 상처들을 끄집어내실 수도 있다. 이때도 새로운 빛 혹은 관점을 던져주시는 것이다. 그래서 우리에게 구속적인 재해석을 할 수 있도록 해주시고 그 결과 과거의 어떤 사건이 더 이상 고통의 요인으로 남지 않게 된다. 신선한 빛이 옛 어두움을 내쫓는다. 새로운 빛이 나타날 때는 결코 전쟁이 없다. 하나님의 빛이 언제나 승리하기 마련이다!

초자연적 환상의 기본 단계

환상은 어떻게 '일어나는가?'

나 같은 경우는, 내가 마음의 사진(mental picture)이라고 부르는 것들로 시작된다. 1972년 내가 성령으로 충만해진 후, 나는 빛이 '확 터지는 것' 같은 일들이 시작되었다. 마음의 이미지나 사진들이 1초 혹은 그 미만으로 탁탁 터지는 것이었다. 그 당시에는 그것들이 진짜 믿을 만한 '환상' 이었는지 나는 몰랐다. 그것을 무엇이라고 불러야 할지도 몰랐다. 그 당시에는 본서의 주제는 말할 것도 없고, 환상이라는 주제에 대해서조차 어떤 글이나 강의도 거의 없었고, 컨퍼런스, 세미나 등도 전무했다. 서서히 성장하는 가운데 나는 점차로 이 마음의 '스냅사진'들이 성령님으로부터 온 시각적 통찰이라는 것을 알게 되었다. 내가 점점 성장하고 환상 영역에 성숙해질수록, 이 이미지들은 더욱 입증되었다.

마음의 '스냅사진'은 환상이 어떻게 일어날 수 있는지를 설명하는 좋은 방법이다. 즉석 카메라가 어떻게 작동하는지를 생각해 보라. 셔터가 열리면 빛이 렌즈 안으로 들어와 렌즈 앞에 있는 이미지를 필름에 남긴다. 필름은 '즉석에서' 인화되어 이미지를 바로 보고 분석할 수 있게 된다. 환상에서는 주님으로부터 온 '빛'이 우리의 영적 눈인 '렌즈'로 들어와 이미지를 우리의 마음과 생각의 '필름'에 남긴다. 그 이미지가 '인화되면서' 우리는 그것이 무슨 뜻인지 더 잘 알게 된다. 대부분의 환상은 본래 내적인 것이다. 이미지는 우리의 기억에 깊이 배어들고, 우리는 그것을 꺼내서 보고, 우리가 필요할 때 언제든지 연구할 수 있게 된다.

환상이 어떻게 일어나는지 아는 또 다른 방법은 그리스도 안의 우리 각 신자들을 집이나 성전으로 생각하는 것이다. 고린도전서 6장 19절에서는 우리 몸을 성령의 전이라고 말한다. 그리스도인으로서 우리는 우리 안에 사시는 성령의 권능으로 예수님을 갖고 있다. 그분은 우리의 '집'에 거하신다. 집에는 대개 창문이 있어서 빛이 집 안으로 들어오게 된다. 우리의 눈에는 영혼의 창문이 있다. 우리 집에 사시는 예수님은 가끔 그분의 창밖을 내다보시고는 그분이 보시는 것을 우리에게 나누신다. 그것이 환상이 일어나는 때이다. 예수님이 창밖을 보실 때 보시는 것을 우리가 보는 것이다.

큰 프로젝터 화면 위에 쏜 것 같은 어떠한 그림을, 내적으로 보든 외적으로 보든, 그것은 중요한 것이 아니다. 가장 중요한 것은 그분이 보시는 것을 우리에게 보여주시는 하나님의 의도에 민감해야 한다는 것이다. 그저 예수님의 눈을 통해서 보는 것이 중요하다. 그분은 자신이 보시는 것을 당신에게 나누고 싶어 하신다.

초자연적 환상은 성경에도 많이 기록되어 있다. 성경에는 적어도 열두 개의 다른 형태 혹은 수준의 초자연적 환상 경험이 나와 있다. 그러면 이제 이 중에서 다섯 개를 단순한 것부터 깊은 단계까지 차례로, 간단히 살펴보자.

1. 영적 인지

나는 내 아버지에게서 본 것을 말하고 너희는 너희 아비에게서 들은 것을 행하느니라(요 8:38)

초자연적 환상에서 가장 기본이 되는 수준은, 영적 인지가 엄밀하게 '보는 것'을 포함하느냐 포함하지 않느냐이다. 인지는 보는 것으로만 제한되지 않는다. 영적 인지는 아는 것, 인상(impression)의 영역이다. 이러한 환상 타입에서는 머리에는 전혀 이미지가 떠오르지 않는데 영으로는 뭔가 '볼' 수 있다. 성령님은 우리에게 감동(unction), 더 익숙한 단어를 쓰자면, 기름부으심을 통해 일들을 보여주신다. 하지만 그것들을 우리는 사진처럼은 설명할 수 없을 수 있다. 종종 이러한 육감, 예감, 혹은 '직감'은 우리 내적 자아의 인지 때문인데, 이것은 성령님이 슬쩍 알려주실 때 일어난다.

예수님은 믿음으로 사셨고 언제나 하나님 아버지를 기쁘게 하셨다(요 8:29 참조). 예수님은 하나님 아버지가 하시는 것을 분별하시고 따라 행하셨다. "나는 내 아버지에게서 본 것을 말하고"(요 8:38). 그분은 또한 모든 사람들의 가장 깊은 속마음을 알고 계셨다. "예수는 그의 몸을 그들에게 의탁하지 아니하셨으니 이는 친히 모든 사람을 아심이요 또 사람에 대하여 누구의 증언도 받으실 필요가 없었으니 이는 그가 친히 사람의 속에 있는 것을 아셨음이니라"(요 2:24-25).

이것은 마치, 예수님께서 그분이 이 땅에서 사시던 동안에 머리에는 항상 시각화되지 않은 것들까지도 그분의 영적인 눈을 통해서 인지하신 경우와 같다. 이러한 영적 인지는 지식이나 지혜의 말, 영의 분별, 믿음의 은사, 혹은 예언의 은사가 작동되면서 일어날 수 있다. 대개는 영적인 환상의 더 높은 단계로 갈수록, 영적인 시야의 차원도 더 높게 일어난다. 나도 여러분과 마찬가지로, "하나님 아버지가 하시는 것을 보고 하시는" 예수님의 본을 따르고 싶다.

2. 사진 환상

이르시되 내 말을 들으라 너희 중에 선지자가 있으면 나 여호와가 환상으로 나를 그에게 알리기도 하고 꿈으로 그와 말하기도 하거니와(민 12:6)

사진 환상에서는 사진과 같은 이미지가 나타날 수 있다. 이것들은 성령의 시각적 도구이다! 상징들이 포함될 수도 있고 그렇지 않을 수도 있다. 종종, 계시적 은사는 우리가 내면의 시각으로 볼 때 사진 같은 환상의 형태로 온다. 하지만 사진 같은 환상은 주제 위에 이중으로 겹쳐진 사진으로 올 수도 있다. 즉, 한 번에 두 가지가 보일 수가 있다. 주된 장면은 자연현상 그대로의 모습이고, 그 위나 그 주변에 사진 환상이 나타나는 것이다. 가령 나는 사람들의 이마에 성경구절이 쓰인 환상을 보는 경우가 종종 있다.

이것은 그 사람이 현재 혹은 미래의 상황 등 고민하는 것에 대해서 주님께서 약을 주시는 것처럼 보여주시는 유용한 도구이다. 그러면 나는 그 구절을 펴서 그들에게 읽어준다. 이런 수준의 환상은 내부 및 외부 영역을 모두 커버한다.

또 다른 예로, 아픈 사람을 위해서 기도할 때, 몸의 장기 기능이나 뼈, 혹은 다른 신체 일부가 마음에 '보일' 수 있다. 이것은 무엇을 위해서 기도해야 할지 보여주고, 그 사람에게 사역을 시작하면서 어떻게 대화를 시작해야 할지 보여준다. 사진 환상은 그리스도인이 어떤 누군가를 위해 기도하기 시작할 때 성령께서 '스냅사진'을 보여주시면서 나타나는 형태이다. 이런 경우는 "주님이 제게 …를 보여주시는데요"라거나 "…가 보이는데요" 혹은 "이 그림이 본인에게 어떤 것을 의미합니까?"라고 말할 수 있을 것이다. 이것은 영적 인지에서와 달리 영으로만 아는 것이 아니라 우리의 마음에 뚜렷한 사진처럼 사진 환상이 나타날 때 생기는 것이다.

몇 년 전, 내가 미드웨스트에서 목회할 때, 염증이 난 위장의 모습을 '본' 적이 있다. 그래서 그것을 강단에서 언급했으나, 그 병으로 고생한다고 하는 사람은 아무도 앞으로 나오지 않았다. 그런데 그 환상이 떠나지를 않는 것이었다. 조금 지난 후, 어떤 여자 분이 그때 유아방에서 아이들을 돌보고 있던 자기 딸을 데리러 지하실로 내려가는 것이었다. 그리고 젊은 그 딸이 올라와서는 뒷문으로 본당 예배에 들어왔다. 그러자 나는 속에서 '알게' 되었다. 바로 이 사람이구나 하고. 그 딸은 위궤양 직전의 위장염으로 고생을 하고 있었다. 그녀가 앞으로 나왔을 때 성령께서 임하시며 주님께서 그날 밤에 완전히 치료를 해주셨다!

이것은 모두 주님께서 보여주신 위장의 순간적인 사진 환상 덕분에 일어난 일이다. 보통 이런 환상들은 그렇게 쓰이곤 한다.

3. 파노라마 환상

내가 여러 선지자에게 말하였고 이상을 많이 보였으며 선지자들을 통하여 비유를 베풀었노라(호 12:10)

파노라마 환상은 사진 환상을 마음에 스냅사진 형태로 보는 것이 아니라 움직이는 형태로 볼 때를 말한다. 이 '비디오(활동사진)'는 몇 초간 지속될 수도 있고 영의 영역에서 들리는 말이 있을 수도 있다.

파노라마는 연속되는 장면의 느낌을 주면서 눈앞에 펼쳐진다. 사도행전 9장 10-16절은 두 개의 파노라마 환상을 기록한다. 첫째로, 아나니아는 자신이 어딘가로 가서 사울(나중에 바울로 불림)에게 안수하고, 그가 시력을 회복하는 환상을 받는다. 둘째 환상은 사울이 본 것이다. 이때 사울은 앞을 볼 수 없는 상태였다. "그가 아나니아 하는 사람이 들어와서 자기에게 안수하여 다시 보게 하는 것을 보았느니라"(행 9:12). 양쪽에 모두 쓰인 헬라어 '환상'이란 단어는 '호라마'(horama)로 영어에서 같은 어원을 가진 단어는 '파노라마'이다. 이것은 파노라마식의 영화에 종종 쓰이는 용어라는 것이 재미있다. 아나니아와 사울은 앞으로 일어날 일에 대해서 '비디오(활동사진)'를 본 셈이다.

내가 치유 전도자 마헤쉬 차브다에게서 기도를 받은 후 열방에 부르심을 받은 때를 기억한다. 바닥에 누워서 쉬고 있을 때였는데, 눈앞에 열방의 목록이 기록된 두루마리가 보였다. 그것은 세 번 보였다(아무래도 내가 사진을 확실히 봐야만 했던 것 같다!) 수년 동안 나는 내 눈 앞에 '기록되었던' 그 열방들을 다니며 사역하게 되었다. 그것은 20년이 걸렸으나, 하나님은 그 영광스러운 아침에 내게 주신 그 환상을 이루시는 데 너무나 신실하셨다.

4. 단순한 꿈(수면 환상)

바벨론 벨사살 왕 원년에 다니엘이 그의 침상에서 꿈을 꾸며 머릿속으로 환상을 받고 그 꿈을 기록하며 그 일의 대략을 진술하니라(단 7:1)

우리는 앞에서 꿈과 꿈의 언어에 대해 살펴봤는데, 이제 서로 비교하며 간단히 살펴보자. 꿈은 우리가 자면서 성령께로부터 받는 환상적 계시이다. 초자연적 꿈은 어떠한 잠의 단계에서도 일어날 수 있다. 가볍게 쉬는 단계, 정규 수면, 깊은 수면, 혹은 트랜스(몽환, 혼수) 상태에서도 일어난다. 모든 계시적 은사는 하나 혹은 둘 이상이 겹쳐서, 꿈으로 나타날 수 있다. 상징이 나올 수도 있고 그렇지 않을 수도 있다. 어떤 특별한 상황에서는, 전체 시나리오가 꿈에 나타날 수도 있다.

욥기서는 우리에게 이렇게 말한다.

> 하나님은 한 번 말씀하시고 다시 말씀하시되 사람은 관심이 없도다 사람이 침상에서 졸며 깊이 잠들 때에나 꿈에나 밤에 환상을 볼 때에 그가 사람의 귀를 여시고 경고로써 두렵게 하시니(욥 33:14-16)

하나님은 우리에게 말씀하시기를 원하시지만 낮에는 하나님이 낄 참이 거의 없는 때가 많다. 하지만 우리가 잠잘 때는 우리 영혼이 좀 더 쉬는 모드에 있고 그분께 좀더 받는 경향이 있다. 그러면 하나님은 우리 귀를 여시고 다양한 단계로 지시하실 수 있다.

우리는 하나님의 고집에 감사해야 한다! 결국 낮에 그렇게도 우리에게 얘기를 하시려는데 우리가 듣지 않으면 포기하지 않으시고 우리가 잠들 때까지 기다리셨다가 그 '비밀 서비스'(그분의 계시적 은사)를 발동하신다. 하나님은 밤에 조용히 오셔서 **"내가 할 말이 있는데"** 하고 말씀하신다. 초자연적 꿈은 그렇게 일어난다.

꿈꾸는 이들의 삶에도 밀물과 썰물이 있다. 이 글을 쓰는 요새 같은 경우는 하루에도 꿈을 여러 번 꾸는 증가 단계에 있지만, 어떤 때는 마치 강물이 '다 말라 버린 것' 같은 때도 있다. 아시는 분은 아실 것이다.

그러나 우리가 저녁에 어떤 특별한 음식을 먹고 잔다고 해서 꿈이 나타나는 것은 아니다. 이렇게 꿈을 꾸는 것은 하나님이 우리를 사랑하시기 때문이다. 하나님은 우리가 그분과 함께 보기를 원하신다. 그분은 우리가 보고 듣기 원하는 것보다 더 많은 것을 보고 듣기 원하신다. 앞문으로 들어오기가 힘드시면 뒷문으로 들어오실 것이다. 그것이 꿈이다. (꿈이란 주제에 대해서는 아내 미쉘 앤과 공저한 『꿈의 언어』(Dream Language)라는 책이 있다.)

5. 가청 메시지

하늘로부터 소리가 있어 말씀하시되 이는 내 사랑하는 아들이요 내 기뻐하는 자라 하시니라(마 3:17)

종종 환상에는 환상 장면과 함께 메시지를 말해 주는 음성이 딸려온다. 가끔은 메시지가 환상 그림과 따로 선포되기도 한다. 영적 영역에서 청각 메시지는 사람이 말씀을 얘기하거나 아니면 어떤 물체가 소리를 내는 것이다. 우리는 우리 내면의 귀나 아니면 실제 귀로 들을 수 있는 밖에서 오는 소리로 그런 메시지를 인식할 수 있다.

우리가 내적으로 듣는 음성이나 소리는 참으로 주님으로부터 오는 메시지일 수 있다. 또한 밖에서 오는 소리는 우리의 귀나 자연적 생각을 넘어선 위에서 오는 메시지로 초자연적 가청(audible) 메시지라고 한다. 주님으로부터 온 가청 메시지는 여러 가지로 온다. 성령님, 예수님, 하나님 아버지, 여러 영역의 주님의 천사들, 그분께서 사용하시는 수많은 다른 소리들이다.

우리에게 익숙하지 않은 가청 음성은 의심이나 혼동, 심지어는 두려움까지 불러일으킬 수 있다. 속이고 유혹하는 영은 대개 뭔가 숨길 것이 있는 것처럼 이상하게 행동하는 것들이다. '오컬트(occult-점성술)'란 단어는 '감춰진'이라는 뜻이다. 원수는 숨으려고 하지만 우리는 예수님의 보혈로 사탄과 그 무리들을 씻어낼 수 있다. 하나님으로부터 온 것인지를 알려면 영을 시험해 보면 된다.

하나님은 의심과 혼돈, 두려움을 조장하시는 분이 아니다. 하나님께서 그분의 천사를 통해서 우리에게 메시지를 주실 때는, 우리가 그분의 거룩하심과 위엄, 투명함을 느낄 수 있어야 한다. 왜냐하면 거기에는 아무것도 숨길 것이 없기 때문이다. 하나님의 영은 시험받기를 두려워하지 않으신다. 우리는 영을 시험함으로써 하나님을 화나게 할까봐 두려워해서는 안 된다. 오히려 하나님은 우리가 그렇게 할 때 존귀함을 받으시는 것이다. 왜냐하면 그분의 말씀으로 그렇게 말씀하셨기 때문이다(요일 4:1-3 참조).

2001년 9월 11일 그 악명의 아침, 성령님의 음성이 들을 수 있는 밖에서 오는 소리로 내게 들려왔다. "사냥꾼들이 지금 막 풀렸다!" 이 말은 내 기도 생활 가운데 익숙했던 단어였다. 그것은 유대인들을 향한 하나님의 마음을 전하는 내용이었다. 그리고 나는 텔레비전을 꼭 켜봐야 될 것 같은 긴박감을 느꼈다. 아니나 다를까, 수백만 명과 같이 나는 세계 무역센터가 테러리스트들에 의해 파괴되는 장면을 보게 되었다. 성령님은 "사냥꾼들이 지금 막 풀렸다!"라고 내게 경고해 주시며 우리 시대의 사건들에 대하여 해석해 주셨다. 참으로 우리는 공포와, 적그리스도, 반유대주의가 증가하는 시대에 살고 있다.

성경에는 가청 음성으로 하나님께서 사람에게 말씀하시는 예가 가득하다.

- 하나님은 예수님이 세례 받으실 때 하늘에서 말씀하신다.-마 3:17
- 하나님은 베드로, 야고보, 요한에게 변화산 위에서 말씀하신다.-눅 9:28-36
- 천사가 빌립에게 말한다.-행 8:26
- 예수님이 다메섹 도상에서 사울에게 말씀하신다.-행 9:3-7
- 성령님이 예언자, 교사, 기타 신자들에게 안디옥에서 말씀하신다.-행 13:1-3

우리는 주님으로부터 가청 음성으로 들을 수 있는 가능성을 배제하거나 무서워해서는 안 된다. 마음을 놓아도 된다! 예수님은 그분의 양들이 그분의 음성을 안다고 말씀하셨다(요 10:14 참조). 그분은 위대한 교사이시다. 참으로 온 역사 가운데 가장 위대한 교사이시다. 그분은 유일한 스승이시다. 그분의 음성을 듣는 것을 우리보다도 그분께서 더욱 원하신다.

아직 더 있나요, 주님?

아직 더 있나요, 주님? 이런 책에서 아직 할 말이 더 있냐고 물을 때가 아니다. 지금까지는 식욕을 돋우는 전채였을 뿐이고, 이제 본 코스로 들어가서 메인 메뉴를 맛볼 차례이다. 우리는 하나님의 잔칫상에 앉아 있는 셈이다. 성령님의 은사, 선물은 오늘을 위한 것이고 하나님은 이 땅에 살아계시며 건재하시다.

그래서 전에 가보지 않은 곳으로 가보려면 계속 책을 읽으며, 나와 함께 영적 경험의 참과 거짓을 탐구해 보도록 하자. 기억할 것은 항상 이런 질문을 하라는 것이다. "이 경험이 나로 하여금 예수님께로 가까이 가게 하는가?" 그렇다면 계속 전진하라. 이제 꿈의 다양함과 종류들을 배워보도록 하자.

4장

꿈의 매혹적인 색조

짐 골

이제 여러분은 성령님의 또 다른 강력한 가르침과 계시, 전달(impartation)을 받을 준비가 되어 있는가? 다들 '네' '아멘' 하시는 것 같다. 뭔가 영적으로 정말 배가 고파야 배울 수가 있다. 그러면 '장전을 하고 발사' 해 보도록 하자. 본론으로 들어가 보자. 꿈의 세계로 깊이 들어가 보자. 이것은 정말 광대한 주제이다. 하지만 풍덩 들어가, 주님께서 우리를 위해 쌓아두신 것들을 살펴보도록 하자.

꿈: 사랑의 살아 있는 언어

꿈은 우리가 말하는 언어나, 입는 옷이나 먹는 음식처럼 아주 다양하다. 꿈은 하나님의 창조적인 마음을 의사소통하기 위한 표현 방식이다. 주님께서 들판의 가지각색 꽃을 예술적으로 색칠하신 것처럼 꿈도 우리 각 사람에게 맞게 만드신 것이다.

꿈은 무엇으로 만들어질까? 그것은 우리에게 포장해서 주시는 영적 은사(선물)일까? 계시적 꿈은 당연히 예언의 영적 은사에 해당한다. 하지만 그것은 너무나 광범위해서 딱 하나의 은사로만 한정되기는 어렵다. 꿈은 영분별 은사의 전달(impartation)로 일어날 수도 있다. 무지개의 각 색깔이 서로 겹치면서 구별이 잘 가지 않는 것처럼, 꿈도 확실히 영적 은사의 독특하고 창조적인 표현이다. 영적 은사들 간에 이것은 이것이고 저것은 저것이라고 구획지어 주는 뚜렷한 선은 없다. 지혜의 말씀은 지식의 말씀과 섞일 수 있다. 믿음의 은사는 기적을 행하는 은사와 많이 겹친다. 마찬가지로 꿈도 여러 매혹적인 색조로 짜인 영적 은사이다.

꿈의 언어는 죽은 언어가 아니라, 역동적이고 살아 있는 사랑의 언어이다. 계시적 전달과 다른 꿈의 주된 차이는 우리가 꿈을 받을 때는 잠재의식 상태이고 나중에 의식적 생각으로 그것을 깨닫게 된다는 점이다. 계시의 신성한 성격 때문에 우리는 깨닫기 위해서 성령님을 의지해야만 한다. 예수님은 이렇게 말씀하셨다. "그러나 진리의 성령이 오시면 그가 너희를 모든 진리 가운데로 인도하시리니 그가 스스로 말하지 않고 오직 들은 것을 말하며 장래 일을 너희에게 알리시리라"(요 16:13).

창조주로서 하나님은 어마어마하게 다양한 분이시다. 그분은 다양성을 좋아하신다. 너무나 놀랍게 다양한 자연세계를 보면 그분의 창의성이 얼마나 다채로운지 잘 알 수 있다. 이 다양성은 영적인 세계에서도 마찬가지이다. 그래서 바울은 이렇게 썼다.

은사는 여러 가지나 성령은 같고 직분은 여러 가지나 주는 같으며 또 사역은 여러 가지나 모든 것을 모든 사람 가운데서 이루시는 하나님은 같으니 각 사람에게 성령을 나타내심은 유익하게 하려 하심이라(고전 12:4-7)

영적 은사에는 다양성이 있으나 모두가 동일하신 성령 하나님께로부터 오는 것이다. 우리 신자들 각자는 성령의 나타나심을 받을 때 각기 다른 은혜의 포장과 가지각색 방식으로 받는 것이다. 우리는 서로가 너무나 다르다. 우리는 서로 다르게 생각하고 같은 사물이라도 사람마다 다르게 인식한다. 성령 하나님께서 우리에게 선물을 나눠주실 때는(impartations) 우리의 소명에 따라 각자의 모양과 크기에 맞게 손수 맞춰주시는 것이다. 그래서 영적 은사가 다양한 것처럼 꿈도 다양하다. 성령님은 우리 각자가 생각하고 인식하는 방식에 맞게 꿈을 주신다. 즉, 우리의 영역이나 영향력에 따라 꿈을 주신다. 이것은 그분의 놀라운 본성 중 일부이다.

우리의 영역에 따른 꿈

성령님께서 꿈이나 다른 형태의 초자연적 경험을 주실 때는, 우리 삶을 향한 하나님의 소명에 따라 주신다. 우리는 자신의 영향권이나 몫에 따라 그것을 받는다. 헬라어로는 '메트론'(metron)이라고 하는데, 그 꿈이 자신의 가정이나 자녀, 직장, 교회, 도시, 국가 등 어떤 것이든 간에, 자신의 삶 가운데 자신이 영향력을 미치는 영역에 관련된 꿈을 받게 될 것이다.

우리는 각기 다른 영향권과 소명을 받았기 때문에 계시를 받는 것도 다 다른 것이다. 내용 자체가 상충하거나 모순된다는 얘기가 아니라, 단지 우리가 서로 다른 영역에 속해 있기 때문에 다른 것이다. 하나님은 스스로 모순되는 분이 결코 아니시며 그분이 주시는 계시도 그렇지 않다.

가령, 자신의 소명이 전도라면 꿈을 꿀 때도 당연히 전도에 관련된 꿈을 꿀 것이다. 본인이 목회와 관련된 영역 가운데 있다면 양 무리를 치는 꿈을 받을 것이다. 자신의 은사가 예언하는 사역이라면 꿈도 자연히 매우 계시적인 꿈이 될 것이다. 경제계에 소명을 받은 사람이라면 그에게 말씀하시는 하나님의 창의적인 도구가 그 영역을 말해줄 것이다. 보건계에 종사하는 경우라면 꿈도 치유 쪽으로 나올 것이다. 정부와 관련하여 일한다면 꿈도 정계 쪽을 다루게 될 것이다. 각 계시마다 다른 수준의 영향력과 기름부으심이 나타날 것이다. 모두가 다 자신의 영역에 달려 있다.

다스리는 분량

우리 각자가 갖는 계시 영역에 따라, **다스리는 분량**이나 영향력도 갖게 된다. 태초에 하나님께서는 우리에게 창조된 질서 위에서 다스리는 권한을 행사하도록 주셨다. 우리는 이 땅을 다스려야 할 청지기직을 갖고 있다. 성령님은 우리 하나님 아버지의 뜻에 따라 우리가 얼만큼 다스릴 수 있는지 결정하시는데, 그것은 사람마다 다르다.

우리가 다스리도록 위임해 주신 분량에는 세 가지 요소가 있다. 우리가 받은 은사의 분량과 권위의 분량, 또 믿음의 분량이다. 이 세 가지 요소를 합해서 보면 왜 어떤 사람은 다른 사람들보다 훨씬 더 큰 영향력을 갖고 있는지 알 수 있다. 어떤 사람들은 지구촌 전체에 영향을 미치는 영역을 갖고 있다. 하지만 우리들 대부분은 교회나 각 지역 등 더 작은 단위에서 영향을 미친다.

더 적은 분량을 다스리는 사람들의 사역이 큰 분량을 가진 사람보다 덜 중요하다는 의미는 아니다. 비교의식에 빠지지 말자. 다른 사람의 영역이 내 것보다 더 크다고 해서 당신을 향한 하나님의 사랑이 더 작은 것이 아니다. 기억할 것은 하나님께서 어떤 것도 낭비하지 않으신다는 점이다. 그리고 하나님은 목적 없이 무엇을 행하시는 법이 결코 없다.

주님은 그분의 최상의 뜻에 따라 우리가 다스릴 분량을 정하시고 은사를 주시며 그에 따라 우리를 갖추게 하신다. 우리가 다스리게 되는 분량을 받으면 우리는 하나님께서 우리에게 어떤 때에 기대하시는 것에 대한 선을 알게 된다. 평가와 보상에 대한 하나님의 제도에서 신실함은 어떤 양적인 것보다 더 중요하다. 그분은 우리가 작은 것에 충성할 때, 더 많이 주신다고 하셨다. 중요한 것은 우리에게 이미 주신 것에 대해 충실한 것이다. 크든 작든 우리가 다스릴 분량에 대해서 우리가 어떻게 행하는지가 하나님께는 매우 중요한 것이다. 인류를 향한 그분의 전체적인 구원 목적에서 이것이 아주 중요한 부분이 된다.

우리는 우리가 다스리게 될 분량 안에서, 성령님께로부터 받는 은혜의 정도나 수준에 따라 각자 **은사**를 받는다. 이 분량은 하나님께서 우리에게 주신 영향력의 범주 안에서는 늘 충분할 것이다. 우리는 또한 각자 영향을 미치는 영역이나 기능하는 위치를 결정하는 권위의 분량도 갖게 된다. 이 **권위**의 영역 내에서 우리는 매우 효과적으로 일할 수 있지만 그 외의 영역에서는 효과성이나 영향력이 떨어지게 될 것이다. 바울은 자신의 영역 범위를 잘 인식했고 그 안에서 벗어나지 않도록 조심을 했다. "그러나 우리는 분수 이상의 자랑을 하지 않고 오직 하나님이 우리에게 나누어 주신 그 범위에 한계를 따라 하노니 곧 너희에게까지 이른 것이라"(고후 10:13).

마지막으로 믿음의 분량은 우리가 권위를 가지고 은사 안에서 움직이는 자신감의 범위를 말한다. "내게 주신 은혜로 말미암아 너희 각 사람에게 말하노니 마땅히 생각할 그 이상의 생각을 품지 말고 오직 하나님께서 각 사람에게 나누어 주신 믿음의 분량대로 지혜롭게 생각하라"(롬 12:3). 이 세 가지 요소, 은사, 권위, 믿음은 우리가 다스릴 분량을 만들고 또 어떻게 사람들이 하나님의 종인 우리에게 반응할지를 결정해 준다.

우리가 다스릴 분량에 따라 계시도 받게 될 것이다. 내가 하나님께 책임을 맡은 부분에 대해서 청지기로서 다스릴 분량을 생각해 보라. 하나님은 우리가 청지기로 맡은 영역에 대해서 계시를 주실 것이다. 가령 내가 어떤 소그룹을 맡았다면 그 소그룹과 관련될 꿈과 해석을 찾으라. 처음부터 전지구촌에 대한 꿈이나 계시를 받는 경우는 거의 없다. 하나님은 그런 꿈을 주실 수도 있지만 만약 그런 경우라면 미래에 대한 전채(appetizer) 혹은 사전 연습으로 주시는 때가 많다. 그 계시가 당신의 삶에 적용되기 전에 하나님은 그것에 상응하는 만큼 다스릴 분량을 맡도록 키우셔야 할 것이다.

우리가 다스릴 분량으로 사람들이 우리에게 하나님의 종으로서 어떻게 반응하는지가 결정될 것이다. 우리가 자신의 영역 안에서 충성한다면 하나님께서 우리 영역을 넓혀 주실 것이다. "사람의 선물은 그의 길을 넓게 하며 또 존귀한 자 앞으로 그를 인도하느니라"(잠 18:16). 하나님은 그분의 선물을 결코 낭비하지 않으신다. 하나님이 주신 것에 우리가 신실하다면, 조심하시라. 무제한으로 열릴 것이다.

꿈의 범주

꿈의 언어에서 가장 기본적으로 알아야 할 원리는 꿈의 두 가지 주요 범주를 구분하는 것이다. 내부적 꿈과 외부적 꿈인데, 내부적 꿈은 자기를 노출시키는 꿈이다. 대부분의 우리 꿈은 이 부류에 해당한다. 사실 우리가 꾸는 대부분의 꿈은 자기 자신에 대한 것이다. 하지만 반드시 기억해야 할 것은 그 꿈의 언어는 전부 하나님에 대한 것이라는 점이다. 하나님께서 우리 인생의 여정을 돕기 위해 우리 자신을 보여주는 개인적인 꿈을 난해하게 주시는 것이다.

영향력권이 아주 넓은 사람의 경우를 제외하고는, 대부분의 신자들이 꾸는 꿈 중 외부적 꿈에 해당하는 경우는 많지 않다. 이것은 외부 사건에 관련된 꿈이다. 여기에는 우리 자신이 포함될 수도 있으나 더 넓은 영역을 포함한다. 외부 꿈은 우리가 미치는 영향력권에 관련된다. 가끔 이 꿈들은 우리를 뭔가에 부르기 위해 쓰이기도 하지만 완전히 그 안으로 우리를 들여보내지 않는 경우가 있다. 그런 경우에는 꿈을 우리의 훈련 과정 혹은 우리가 알아야 할 영적 어휘로 여기면 된다. 이것은 우리가 계속해서 길을 찾아갈 수 있도록 도와주시려고 '맛보기'로 보여주시는 것이다. 하나님은 우리가 계속해서 전진할 수 있도록 영감을 주시고 식욕을 돋구기 위하여 앞에 놓여 있는 것을 어렴풋이 보여주시는 것이다. 대부분의 경우 외부적 꿈을 보여주시는 목적은 우리가 중보할 수 있도록 하기 위해서이다.

예언적으로 은사를 받은 사람들 중 어떤 이들은 내부적 꿈보다 외부적 꿈을 주로 받는 경우가 있다. 이것은 대개 하나님께서 자기폭로의 많은 내부적 꿈을 주셔서 원수가 노리는 여러 영역들을 정결케 한 후 일어난다. 하지만 동시에 하나님은 우리의 인격보다 더 큰 은사를 주시는 때도 종종 있다. 왜 그럴까? 우리의 인격을 성숙시키시고, 우리가 더욱 성장하여, 그리스도 안에서 장성한 분량까지 자라도록 하기 위해서이다. 하나님은 우리에게 은사로 권능을 주시고 그것을 바로 사용할 수 있는 인격을 하나님께로부터 구하게 하신다.

성령님, 자신, 마귀에게서 온 꿈

꿈의 언어를 사용하는 데 있어서 또 하나의 기본적인 원리는 꿈의 출처를 분별하는 것이다. 본래, 꿈은 주로 세 가지 영역에서 온다. 성령님께로부터 온 꿈이 있고, 나 자신에게서 온 꿈이 있는가 하면 마귀의 영역에서 온 꿈이 있다. 이 세 가지에 대해서 알아보자.

성령님이 주신 꿈

성령님이 주신 꿈은 그야말로 너무나 다양하고 각자에게 맞춰서 주시는 것이라 분류를 하기가 아주 어렵다. 하지만 이것을 열두 가지로 간단히 나누어 보겠다.

1. 인생의 방향을 제시하는 꿈
이것은 우리의 인생과 관련해서 진로 및 직업 등에 관한 하나님의 부르심을 밝혀주는 꿈이다. 일반적으로 이것도 우리의 영향권에 관련되어 있다. 가끔 도시나 지역 혹은 국가에 대한 하나님의 구속적인 계획에 관한 외부적 꿈이 될 수도 있다. 때로는 개인적인 꿈으로 우리 개인의 삶에 대한 하나님의 계획을 보여주는 계시도 있다. 그것이 현재와 관련될 수도 있고 아니면 과거를 다루거나 미래와 관련될 수도 있다. 꿈의 언어는 이 세 영역을 다 움직인다.

과거와 현재, 미래를 다 커버하는 것 같은 파노라마식 꿈은 짧은 기간 동안 이루어질 수도 있다. 한편 꿈이 완전히 이루어지기까지는 몇 년이 걸릴 수도 있다. 그래서 꿈에 들리는 말이 있으면 주의를 기울여야 한다. 왜냐하면 그러한 말들이 꿈속에 나타난 상징들을 해석하는 데 쓰이기 때문이다. 인생의 굵직한 방향을 제시해 주는 꿈은 감동이 있고 우리의 믿음을 새로운 단계로 높여준다!

2. 격려의 꿈

이 꿈은 '좋은 느낌'을 준다. 이 꿈을 꾸고 나면 날아갈 것만 같다. 세상 꼭대기에 선 느낌이고 무엇이라도 할 수 있을 것 같다. 격려의 꿈은 영감을 주는 느낌인 경우가 많다. 꿈이 계시로 가득 차 있고 소망을 준다. 낙심이 되었을 때, 이런 꿈을 받을 수도 있다. 꿈을 자세히 기억하지 못해도 희망과 자신감을 얻게 되어 낙심하게 하는 생각을 떨쳐버리게 된다.

창세기 28장에서 야곱의 꿈이 좋은 예이다. 분노한 형 에서를 피해 홀로 외로이 광야에 있던 야곱은 너무나 낙심이 되었다. 그는 땅에서 하늘까지 놓인 사다리에 천사들이 오르락내리락하는 것과 하나님께서 꼭대기에 서계신 꿈을 꾼다. 하나님께서는 야곱과 같이 갈 것이고 그를 번성하게 하시겠다고 약속하셨다. 이 꿈은 야곱에게 격려가 되었을 뿐 아니라 그 인생의 진로까지도 바꾸어 놓았다.

마찬가지로 이러한 꿈은 인생의 진로를 바꾸는 데 도움이 될 수 있다.

3. 권고의 꿈

때로는 '용기의 꿈'이라고도 부르는 이 꿈에는 긴박감이 있는 때가 많다. 왜냐하면 우리가 행동을 취하도록 도전하기 때문이다. 격려의 꿈이 소망을 준다면 이것은 믿음을 준다. 이 꿈은 예수님을 위해서 일어나 뭔가 해야 하는 감동과 동기를 부여해 준다. 그저 단순한 충고를 주는 것보다 이 꿈은 장면 뒤에 일어나는 정확하고 자세한 그림을 보여주는데, 특히 마귀와 관련된 영역을 다루는 경우에는 더욱 그렇다. 이 계시는 우리가 본 것에 대해서 조치를 취하도록 도전하시려는 목적이 있다. 담대히 행하라!

4. 위로의 꿈

위로의 꿈은 우리의 감정과 기억을 치료해 준다. 이것은 하늘의 시각으로 우리의 과거에 있었던 일을 재해석하여 다르게 볼 수 있도록 해준다. 즉, 위로의 꿈은 천상의 시각으로 우리가 이 땅의 상황을 바라보게 하면서 정서적 치유를 얻게 해준다.

우리 어머니가 돌아가신 지 몇 달 후, 내가 성장하던 옛날 시골집에 있을 때 꿈을 꾸었다. 나는 식탁 내 자리에 앉았고 어머니와 아버지는 식탁 양 끝에 각각 앉아 계셨다. 크리스천 가수이자 작곡자인 마이클 W. 스미스가 함께 있었고 우리 부모님은 마이클과 함께 "하나님의 어린양(Agnus Dei)"라는 찬양을 함께 부르고 계셨다. "할렐루야! 할렐루야! 전능하신 주께서 다스리네." 이 꿈은 내게 큰 위로를 주었고 우리 어머니뿐만 아니라 아버지도 주님과 함께 안전히 계시다는 확신을 주었다. 함께 묵상을 해보시라. 그 달콤한 찬양이 하늘에서 울리는 것처럼 불러보라!

따라서 위로의 꿈은 확신과 자신감을 줄 수 있다. 격려의 꿈이 소망을 주고 권고의 꿈이 믿음을 준다면 위로의 꿈은 사랑을 불러일으켜 준다. 이 꿈은 나 자신을 더 잘 사랑하고 하나님을 더 잘 사랑하며 타인을 더 잘 사랑할 수 있도록 해준다.

5. 교정의 꿈

교정의 꿈은 개인적으로 변화되어야 할 부분 즉, 성격적 결함, 마음의 문제, 회개할 문제 등을 보여준다. 이것은 우리가 앞으로 전진할 수 있기 위해서 다루어야만 하는 것들이다. 이것은 정죄하는 꿈이 아니다. 성령님은 결코 정죄하지 않으신다. 오히려 그분은 부드러운 사랑으로 다가오셔서 우리가 그분께로 향하고 그분의 훈계를 받아들이도록 호소하신다. 성령님은 우리의 죄를 깨닫게 해주시고 납득시켜 주시지만 정죄하시지는 않는다.

위로의 꿈과 달리, 이 꿈을 꾸면 처음에는 마음이 편하지가 않다. 화가 날 수도 있고 마음을 불안케 할 수도 있다. 우리의 본능이 늘 하나님으로부터 온 것에 반응하고 싶은 것은 아니기 때문에 그럴 수도 있는 것이다. 하지만 하나님은 끝없는 인내와 사랑으로 우리를 끝까지 붙드신다. 그분은 우리가 완벽하기를 원하시기 때문에 때로는 교정의 꿈을 사용하신다.

6. 지시의 꿈

지시의 꿈은 종종 좀 더 높은 단계의 계시를 담고 있어서 성격상 매우 예언적임이 분명하다. 이 꿈은 고도의 긴박감을 전할 때가 많다. 그 목적은 구체적으로 안내해 주시기 위한 것이고 여기에는 경고 같은 것이 포함될 수도 있다. 한 예로 마태복음 2장에 나온 동방박사들의 꿈이 여기에 해당된다. 하나님께서는 동방박사들이 헤롯 왕에게 돌아가지 말라고 경고하셨다. 그래서 그들은 다른 길로 고향에 가게 된다.

때로 이 꿈은 자신이 갖고 있지 않은 어떤 영적인 자질이나 차원에 대하여 갈망하는 마음으로 가득 채우면서 그것을 향해 추구하게 만드는 역할을 한다. 결국 지시의 꿈은 우리 인생의 목적을 충족시키는 방향으로 우리가 갈 수 있도록 길잡이가 되어 잘못된 길로 빠지지 않도록 도와주는 역할을 한다.

7. 교훈의 꿈

이것은 주로 가르치는 꿈이다. 지시의 꿈은 우리에게 어떤 방향을 제시해주는 반면 교훈의 꿈은 우리를 가르치는 꿈이다. 이 둘 간에는 아주 미묘한 차이가 있다. 이 두 꿈에는 성경 구절이 강조되어 보이는 경우도 많고 음성으로 들리는 경우도 자주 있다. 때로는 교훈의 꿈이 성격상 교리적이기까지 하지만, 언제나 계시와 함께 오는 깨달음이 있게 마련이다.

내가 꾼 꿈 중에 '영구히 서도록 세워진 집'이라고 이름 붙인 꿈이 있는데, 그 꿈에서 나는 어떤 건설 현장에 있으면서 시멘트 트럭이 집의 기초가 될 부분에 콘크리트를 겹겹이 쏟아 붓는 장면을 보고 있었다. 방심하지 않는 하나님을 상징하는 두 천사가 그 기초의 두 전면 모퉁이에 서서 공사를 감독하고 있었다. 수년간 일어난 지진 때문에 기초를 강하고 단단하게 지어야 할 필요가 있었다.

그 콘크리트 층이 겹겹이 쌓일 때마다, 단어가 그 기초 부위에 나타났다. 이것은 손이 나타나 벽에 글을 썼다는 다니엘서에 기록된 사건과 비슷했다. 첫 번째 층의 전면 오른쪽 모퉁이에 이런 말이 쓰였다. "유대인과 이방인의 메시아, 예수 그리스도." 왼쪽 모퉁이에는 이렇게 쓰였다. "교회 세대의 아버지들과 어머니들, 사도들과 예언자들." 교회는 모퉁이돌 되신 그리스도와 함께 사도들과 예언자들의 기초 위에 세워진다.

콘크리트 두 번째 층이 쏟아부어지자 "정직(Integrity)"이라는 단어가 오른쪽 모퉁이에 나타났고 "겸손"이라는 단어가 왼쪽에 나타났다. 기초공사에 들어가는 콘크리트를 붓는 작업은 계속되었다. 세 번째 층에는 "정결한 마음에서 나오는 친밀한 경배"라는 말이, 그리고 마지막으로 네 번째 층에는 "가난하고 절망한 자들을 향한 하나님의 마음"이라는 말이 나왔다. 그러면서 그 말들로부터 "하나님의 치유하시는 은혜"라는 문구가 확 쏘아올려지는 것이었다.

나는 이 꿈이 사도적 성격이 담긴 교훈의 꿈이라고 생각한다. 이 꿈은 가정이나 사업, 교회를 더 강하게 세우는 적절한 방법을 가르치는 교훈을 담고 있었다. 여기에 나오는 모든 자질들은 적절한 기초를 세우는 데 꼭 필요한 것들이다.

유익한 꿈은 소망을 낳는다. 권고하는 꿈은 믿음을 심어준다. 안위하는 꿈은 사랑을 불러일으킨다. 지시의 꿈은 지혜로운 가르침을 준다.

8. 정결케 하는 꿈

어떤 이들은 이것을 '수세식' 꿈이라고 부르는데 그럴 만한 이유가 있다. 이 꿈과 관련하여 가장 흔한 장면은 목욕탕에서 볼일을 보거나 샤워를 하는 것이다. 이 꿈은 정결케 하는 문제를 다루고 있다. 영적인 용어를 쓴다면 이것을 성화라고 부를 수 있다. 이것은 우리가 정결케 되는 과정과 관련된다.

이 꿈은 세상에서 살다가 묻은 먼지를 씻어내는 데 사용된다. 그리스도는 흠도 점도 없고 예복까지도 깨끗한 신부를 준비시키고 계신다. 때로는 우리 마음과 생각이 세상의 죄와 악에 물든다. 악하고 타락한 것에서 우리는 검댕을 묻힌다. 이렇게 성화를 나타내는 꿈은 그런 과정을 도울 수 있다. 본질상, 이 꿈은 예수님의 정결한 보혈을 우리의 삶에 적용하는 것이라고 볼 수 있다.

9. 마음을 드러내는 꿈

이것은 자기의 상태를 드러내 주는 꿈이다. 성경은 "만물보다 거짓되고 심히 부패한 것은 마음이라 누가 능히 이를 알리요마는"(렘 17:9). 그리고 예수님이 말씀하셨다. "독사의 자식들아 너희는 악하니 어떻게 선한 말을 할 수 있느냐 이는 마음에 가득한 것을 입으로 말함이라"(마 12:34). 자신을 드러내는 이런 꿈은 우리가 하나님과의 관계에서 현재 어디에 서 있는지 보여준다. 가령, 자신이 차를 타고 있는데 막다른 골목에 갇힌 꿈이라고 해보자. 차는 인생이나 사역을 보여주고 막다른 골목은 거의 끝에 다다랐거나 제자리를 맴도는 것을 보여준다. 하나님은 당신이 곤경에 처하기를 원치 않으신다. 그분은 우리가 다시 인생의 고속도로로 나오기를 바라신다.

아비멜렉이 아브라함의 아내 사라가 여동생인 줄로만 알고(아브라함이 그렇게 얘기했으므로) 그녀를 후궁으로 들였을 때, 하나님은 아비멜렉의 꿈에 나타나셔서 사라가 아브라함의 아내이므로 후궁으로 취하지 못하도록 하셨다. 사라를 아브라함에게 돌려보내지 않으면 그가 죽게 되리라고 말씀하셨다. 왕은 꿈에 지시받은 대로 했다(창 20:3 참조).

하나님은 우리가 어디에 있는지 보여주시고, 우리가 해야 하는 일을 말씀하시며, 우리가 어떻게 하기를 원하시는지 보여주실 때, 이러한 꿈을 주신다.

10. 영적 전쟁의 꿈

영적 전쟁의 꿈은 기도로 부르시는 꿈이다. 이것은 뭔가 장애물이 나타나는 중보 형태의 꿈으로서, 예배와 금식으로 부르시는 경우도 있다. 이것의 목적은 우리에게 감동을 주셔서 뭔가 길을 막고 서 있는 방해물이나 장벽을 극복하고 요새를 무너뜨리며, 그리스도 십자가의 승리를 향해 우리가 전진하게 하는 것이다.

가끔 꿈이 쌍으로 나타날 때도 있는데 이것은 같은 의미를 전달하지만 더 깨달음을 주시기 위해서이다. 최근 나는 호지킨 림프암이 재발되었다고 진단을 받았는데, 주님은 두 가지 꿈을 주셔서 싸워 승리하라고 격려해 주셨다. 첫 번째 꿈에서는 성령께서 이렇게 말씀하셨다. "너는 법적 공판을 일으켜 재판관 앞에 세 가지 세대적 영을 데리고 와야만 한다. 그 셋은 세대적 병약함, 세대적 주술, 세대적 도둑질이다."

두 번째 꿈에서는 총알이 다섯 개 들어가는 연발 권총을 받았다. 그러고는 그 권총에 들어가는 '효과적인 은혜'라는 다섯 개의 총알을 받았다. 각 총알에는 성경 구절이 쓰여 있었다.

- 여호와의 말씀이니라 그들이 쫓겨난 자라 하매 시온을 찾는 자가 없은 즉 내가 너의 상처로부터 새살이 돋아나게 하여 너를 고쳐주리라 (렘 30:17)
- 도둑이 만일 주릴 때에 배를 채우려고 도둑질하면 사람이 그를 멸시하지는 아니하려니와 들키면 칠 배를 갚아야 하리니 심지어 자기 집에 있는 것을 다 내주게 되리라(잠 6:30-31)
- 육체의 생명은 피에 있음이라 내가 이 피를 너희에게 주어 제단에 뿌려 너희의 생명을 위하여 속죄하게 하였나니 생명이 피에 있으므로 피가 죄를 속하느니라(레 17:11)
- 너를 치려고 제조된 모든 연장이 쓸모가 없을 것이라 일어나 너를 대

적하여 송사하는 모든 혀는 네게 정죄를 당하리니 이는 여호와의 종들의 기업이요 이는 그들이 내게서 얻은 공의니라 여호와의 말씀이니라(사 54:17)
- 저물매 사람들이 귀신 들린 자를 많이 데리고 예수께 오거늘 예수께서 말씀으로 귀신들을 쫓아내시고 병든 자들을 다 고치시니 이는 선지자 이사야를 통하여 하신 말씀에 우리의 연약한 것을 친히 담당하시고 병을 짊어지셨도다 함을 이루려 하심이더라(마 8:16-17)

나는 주님께서 영적 전쟁 꿈을 통해 이 말씀 구절들을 주시고 전쟁에서 효과적으로 무장하게 하셨다고 믿는다. 나는 이 꿈을 우리의 방패 기도 그룹에 내보내어 그들이 나의 목숨에 대해서 이 다섯 개의 성경구절을 선포하도록 요청했다.

11. 창의적 꿈

창의적 꿈은 설계나 발명, 혹은 뭔가를 새로운 방식으로 하는 것 등과 관계된다. 이러한 꿈은 우리의 영혼을 사로잡아 우리가 다른 사람들의 삶이나 우리의 가정이나 도시의 문화를 변화시킨다든가 심지어는 우리 마음의 요새까지도 바꿀 수 있도록 도와준다. 하나님은 종종 이렇게 창의적 꿈을 사용하셔서 예술가들이 작곡을 하거나 그림을 그리고, 작가들이 글을 쓸 수 있도록 하신다. 나는 화려한 예술적 표지로 된 새 책의 타이틀이 꿈에 보인 적이 있다. 나는 이런 것들을 '성령 컨닝판'이라고 부르는데, 하나님이 주기 원하시는 것은 다 사용할 수가 있는 것이다!

몇 년 전, 오하이오에 일주일간 사역할 일이 있어 그것을 준비하고 있었다. 예언 운동이 한창 일어나는 초기 무렵이었고, 여느 때와 달리 예언 활동이 계속 많아지면서 기대감이 한참 높아질 때였다. 솔직히 나는 그때, 내게는 새로웠던 계시의 단계에서 움직이고 있었는데, 내가 항상 그 단계에 있기를 사람들이 기대할까봐 두려웠다. 뭔가를 보여줘야 한다는 압박감이 두려움으로 다가왔다. 이제 출발할 날이 다가왔고 나는 불안감에 시달렸다. 나는 주님께 부르짖었고 주님은 나를 들으셨다!

떠나기 전날 밤 나는 두 가지 꿈을 받았다. 다른 꿈이 아니라 같은 꿈을 두 번 주셨다 하는 편이 나을 것이다. 어떤 오케스트라가 연주를 하고 있었고 성가대가 찬양을 하고 있었다. 내 눈 앞에 큰 슬로건이 펼쳐졌다. 거기에는 찬양의 가사가 써 있었다. 나는 그 오케스트라가 멜로디를 연주하고 있고 그 성가대는 바로 그 가사대로 노래하고 있음을 깨달았다. 그리고 나서는 꿈을 깼다. 이 일이 두 번 일어났다.

나는 오하이오의 클리브랜드로 가서 그 주 내내, 사역하는 교회에 갈 때마다 그 슬로건을 찾았다. 나는 정말 그 슬로건을 찾고 싶었다. 어딘가에 있으리란 것을 분명히 알고 있었다! 그래서 가는 곳마다 두리번두리번 찾았다! 그 슬로건에 쓰였던 가사를 잊어버렸기 때문에 하나님으로부터 온 이 사인을 계속 찾으려 했지만 가는 곳마다 없었다.

집회 마지막 날 밤에 나는 신발 한 켤레의 환상을 봤는데, 이것은 상징적으로 신게 될 신발을 의미했다. 그 전에 여러 번 사도적 혹은 예언적 리더의 신발을 환상에서 본 적이 있는데 이것은 내가 곧 받게 될 특별한 기름부으심에 관련된 것이었다. 이날 밤 나는 귀한 친구 마헤쉬 차브다의 신발을 봤다. 마헤쉬와 함께 여행을 다니면서 그의 집회들을 본 나는, 이 마지막 집회 때 성령님께서 강력하게 움직이실 것을 알았고 집회 전체가 성령에 압도되리란 것을 알았다.

그러나 마지막 날 밤 집회가 되기까지 나는 신체적으로 너무 소진되어서 사람들한테 줄 수 있는 것이 내게 아무것도 남지 않은 느낌이었다. 이제 내가 말할 차례가 되었으나 나는 여전히 아무것도 가진 것이 없는 것 같았다. 간절히 나는 기도했다. "예수님! 도와주옵소서!"

하나님은 너무나 신실하시다! 내가 일어나 입을 열기 시작할 때, 눈앞에 환상이 펼쳐졌다. 짐작하시겠지만, 그 꿈에서 본 슬로건이 펼쳐진 것이다. 그 열심히 찾던 슬로건이 바로 내 영적인 눈앞에 나타났다. 이제는 거기 쓰인 가사를 확실히 볼 수 있었고 즉시로 나는 반주 없이 그 가사를 노래하기 시작했다. "내 사랑을 얼마나 베푸리오? 내 팔을 얼마나 뻗치리오? 사람이 알고도 죄를 지을 때 내 피가 그것을 정결케 하려나? 내 아들의 피가 얼마나 뻗치리오?"

알고 보니 이 노래는 그 교회에 큰 위로가 되는 노래였었다. 왜냐하면 최근 담임 목사님이 부도덕 행위에 빠져서 물러났고, 당시 담임 목사 자리가 공석인 형편이었다. 그들이 당한 실망을 처리하는 기간이었고 이 주님의 노래가 그들에게는 큰 격려가 되었었다. 하나님은 그들에게 뭐가 필요한지 정확히 아셨고 창의적인 꿈과 환상을 통해서 내게 그것을 보이셨다. 그날 밤 기름부으심이 너무나 강하여 내게 2미터 안으로 가까이 다가오는 사람은 다 성령 안에서 '쓰러졌다.' 사람들은 하나님의 권능 아래 여기저기 넘어졌다.

이런 꿈은 위로의 꿈인가 아니면 정결케 하는 꿈인가, 혹은 창의적 꿈이겠는가? 앞에서 무지개 빛깔에 대해서 나누었던 예를 기억하는가? 한 색깔이 어디서 시작하고 어디서 끝나는가? 답은 위의 셋 모두이다. 정결과 치유, 위로를 가져다준 것은 창의적 꿈이었다! 꿈이 꼭 한 번에 한 가지 역할만을 하는 것은 아니다.

하나님은 본질상 창조주이시기에 그분은 자녀들에게 창의적 꿈을 주시기를 좋아하신다.

12. 은사 분배를 위한 꿈

은사 분배의 꿈은 성령께서 주시는 다양한 차원의 은사를 활성화시키는 데 사용된다. 치유의 은사일 때가 많은데 여기에는 정서의 치유와 신체의 치유가 있다. 어떤 경우에는 주님의 천사가 방에 실제로 나타나 우리를 실제로 터치하면서, 하늘의 여러 힘 대결 중 하나를 자아내기도 한다.

내 아내는 모잠비크에 가기 두 주 전, 다음과 같은 꿈을 꾸었다. 많은 사람들이 아내보고 이 여행을 가기에는 몸이 좋지 않을 것이라고 했을 때였는데, 아내는 꿈에서, 사중복음(Four Square Gospel) 교회를 창립한 사도요 복음전도자 에이미 셈플 맥퍼슨(Aimee Semple McPherson)을 봤다. 이분은 많은 기사와 기적을 일으킨 사역자이다. 아내는 꿈에서 이분이 손에 카드로 된 키를 들고 나타나 자기에게 다가오더니 자기에게 그 키를 싹 밀어 넣었다가 다시 싹 빼는 것을 보고는 꿈을 깼다. 아내는 하나님의 에너지와 같은 임재가 전신을 단단하게 만드는 것을 느꼈다. 이것은 은사 분배의 꿈이었다. 이것은 그녀 자신의 삶을 위한 믿음뿐 아니라 모잠비크로 팀을 끌고 가서 하게 될 사도적 임무 전체에 대한 믿음을 더해 주었다. 그렇다. 하나님은 우리에게 무엇이 필요한지 언제 필요한지 정확히 아신다!

자연적인 자신을 보여주는 꿈

어떤 꿈은 초자연적인 내용이 아니라 자연적인 우리 자신을 보여주는 것도 있다. 이런 '자연적인' 꿈은 대체로 다음 세 가지로 나뉜다.

1. 신체와 관련된 꿈

이것은 꿈꾸는 사람의 신체적인 컨디션에 따라서 나타나는 꿈이다. 가령 임신하는 꿈은 흔한 꿈이다. 그 꿈이 의미하는 바는 물론 임신을 한 경우이다. 하지만 남자가 그런 꿈을 꾸는 경우도 있다. 그런 경우라면 여자의 경우에도 그럴 수 있겠지만 영적인 의미를 담고 있을 수가 있다. 임신을 했다는 것은 그 사람에게 하나님의 목적과 일이 이루어질 '기한'이 다 되었음을 의미할 수 있다. 뭔가 새로운 것이 태어난다는 것이다!

그러나 대부분의 경우 이런 꿈은 신체적 현실을 반영한다. 병이 난 사람은 병이 난 꿈을 꿀 수 있다. 독감에 든 것 같다고 느끼는 사람은 독감에 걸릴 수 있는 것이다. 우울증이나 슬픔을 겪고 있는 사람은 자신의 마음 상태가 반영되어 꿈에 나올 수 있다. 우울하고 어두운 꿈은 원수로부터 올 수도 있기 때문에 주의해서 잘 분별해야 할 필요가 있다.

신체와 관련된 꿈이 영적이지 않다고 해서 마귀적임을 의미하지는 않는다. 이런 꿈은 우리의 자연적인 생활에 일어날 수 있는 변화에 힌트를 줄 수 있기 때문에 주의를 기울이는 것이 중요하다.

2. 신체의 화학작용과 관련된 꿈

이것은 호르몬 꿈이라고도 하며, 몸속에서 일어나는 화학작용과 관련된다. 대개는 우리가 먹는 약 때문에 생긴다. 이런 꿈은 우리의 신체가 어떤 정화작용을 거쳐야 한다는 것을 나타낼 때가 많다. 나 같은 경우, 축농증 해소제와 같이, 전에 먹던 약이 내 몸에 너무 많이 쌓인 것을 보여주는 꿈을 꾼 적이 있다. 약이 내게 안 좋은 영향을 미치고 있었고 내게는 정화작용이 필요했다. 이 꿈은 몸 안의 화학 물질 레벨이나 비정상적인 호르몬의 변화 등으로도 일어날 수 있다. 월경전 증후군, 당뇨, 저혈당증 등 화학물질의 불균형과 관련된 상태로 말미암아 이런 꿈이 일어날 수 있다.

3. 혼적인 것과 관련된 꿈

'혼적인'이란 말은 반드시 육적인 것을 의미하지는 않는다. 그리스도인으로서 우리의 혼은 그리스도 안에서 새로워져야 한다. 하지만 우리 모두는 새로워지는 제각기 다른 단계에 있다. 혼적인 꿈은 단순히 우리의 필요나 욕구를 나타내는 감정일 수가 있다. 우리 삶의 어떤 영역에 성화가 필요한 것을 말해줄 수도 있다. 우리가 깨어 있을 때는 볼 수 없을 수 있는 자신의 모습을 보여줄 수도 있다는 면에서 혼적인 꿈은 중요한 가치가 있다.

마귀의 영역에서 온 꿈

우리가 알아야 하는 세 번째 꿈의 출처는 마귀적인 영역이다. 하나님이 사용하시거나 갖고 계신 것이라면 어떤 것이라도 원수는 흉내를 내려 한다. 꿈도 마찬가지다. 마귀의 꿈은 세 가지로 나뉘는 경향이 있다. 어두운 꿈, 두려움/공포의 꿈, 기만의 꿈이다.

1. 어두운 꿈

어두운 꿈은 두 가지 면에서 어두운 경향이 있다. 첫째, 분위기와 낌새가 어둡다. 꿈이 음침하고 우울하며 침울하다. 모든 것이 다소 나쁜 상태이고 뭔가 잘못되었거나 약간 이상한 내용이다. 둘째, 어두운 꿈은 색깔이 없고 그야 말로 어둡다. 검정색, 회색, 창백한 녹색 빛깔을 띤다. 이렇게 밝고 생생한 색깔이 없는 경우 꿈이 어둡거나 심지어는 마귀적인 출처에서 온 것으로 판단할 수 있다.

어두운 꿈은 대개 어두운 감정을 불러일으키고, 불안하고 불편한 느낌을 주입시키는 어두운 상징들이 나온다. 이것은 제2장에서 언급한 종류의 꿈이다. 나 같은 경우도, 정결하게 하는 꿈과 나중에는 권능을 주는 외부적 꿈을 꾸기 전에는 많은 어두운 꿈을 꾸었었다. 물론, 점술이나 마약의 결과로 나타난 어두운 성격의 꿈도 있다. 이럴 경우에 답은 회개하고 주님께 돌아와 도움을 구하는 것이다.

2. 두려움이나 공포의 꿈

대부분의 악몽, 특히 어린아이들이 꾸는 악몽이 이 영역에 속한다. 두려움이나 공포의 꿈은 어떤 충격에서 오기 때문에 그런 경우에는 단순히 두려움과 공포를 꾸짖어서 없애 버리려는 것으로는 충분치 않다. 성령님께 그 뿌리가 어디에서 오는지 묻고 회개와 정화, 치유가 일어날 수 있도록 한다. 내 아내는 곰이나 회오리바람이 꿈에 나타나 그런 공포감을 주곤 했었다. 그리스도 안에서 우리에게 주신 권세를 행사하는 법을 배우고 예수의 이름으로 이런 꿈들을 해결한다.

3. 기만의 꿈

기만의 꿈은 속이는 영이 주는 경우가 많다. 성경은 마지막 시대에 특히 이런 일이 많을 것이라고 말한다. "그러나 성령이 밝히 말씀하시기를 후일에 어떤 사람들이 믿음에서 떠나 미혹케 하는 영과 귀신의 가르침을 좇으리라 하셨으니"(딤전 4:1). 이 미혹케 하는 영은 안정감이 있는 곳에서 우리를 불안정한 곳으로 이끌고 가려 한다.

이 꿈을 통해 원수가 이루고자 하는 것은 우리가 하나님의 빛이 있는 참된 길을 떠나 잘못된 어두움의 길로 가게 하려는 이미지나 생각을 우리 마음에 심는 것이다. 이렇게 속이는 꿈의 영향력 아래 우리는 삶의 모든 영역에서 실수를 할 수 있다. 그것은 교리적인 것일 수도 있고, 재정, 성적인 면, 관계, 직장의 선택, 자녀양육 등 모든 것이 포함된다. 어떤 모양이나 어떤 형상을 보게 하든지 이렇게 마음을 괴롭히는 계시는 어두운 곳에서 온 것이다. 신중한 분별력을 행사한다. 그리스도의 몸 안에 있는 다른 신자들과의 투명한 관계의 빛 가운데 걸어가는 것이 이러한 기만의 영을 극복하는 무기이다.

요약 정리

꿈의 종류에 대해서 너무나 내용이 많다고 생각이 되는 분들을 위해 간단히 정리를 하고자 한다. 척 피어스와 레베카 싯세마가 쓴 책 『When God Speaks』(하나님께서 말씀하실 때)에 따르면 이 모든 꿈의 종류를 세 가지로 요약할 수 있다. 간단한 메시지를 주는 꿈, 간단한 상징의 꿈, 복잡한 상징의 꿈, 이렇게 세 가지이다.

1. **간단한 메시지를 주는 꿈.** 마태복음 1-2장에서 요셉이 마리아와 헤롯에 대하여 꿈을 꾸고 중요한 사실을 알게 되었다. 여기에는

해석이 필요 없었다. 이렇게 요점이 명료한 꿈이 여기 해당한다.
2. **간단한 상징의 꿈**. 여기에는 많은 상징들이 있다. 꿈을 꾼 사람이나 다른 사람이 꿈 얘기를 들으면 그것이 무엇을 상징하는지 복잡한 해석을 하지 않아도 이해가 되는 꿈이다. 예를 들면 창세기 37장에 요셉의 꿈 얘기가 나오는데 요셉과 그 형제들이 꿈이 무엇을 상징하는지 정확히 이해한 것과 같다. 태양, 달, 별과 같은 상징이 나오지만 그 형들은 꿈이 어떤 뜻인지 알았고 그를 죽이려고까지 했던 것이다.
3. **복잡한 상징의 꿈**. 이것은 하나님께서 계시해 주시기를 구할 줄 아는 사람이나 해석의 은사와 같은 특별한 능력이 있는 사람이 해설해 주어야만 이해가 되는 꿈이다. 이런 꿈이 요셉의 생애에도 나오는데 그는 바로의 꿈을 해석해 주었다. 다니엘서 2장, 4장, 8장에 이런 꿈이 나온다. 다니엘은 하나님께서 해석해 주시기를 구했다.[1]

혹시 여러분 중에 꿈의 언어 영역에 생소하거나 이렇게 다양한 꿈에 대한 이야기가 너무 복잡하게 느껴지면 인내하시라. 서로 다른 꿈의 형태와 종류를 구별하는 데 익숙해지고 받은 메시지를 해석하는 데는 시간과 경험이 필요하다. 하나님께서 우리가 처리할 수 있는 것보다 더 빨리 가게 하시는 분은 아니므로 안심하라. 그분은 여러분이 꾸는 다양한 꿈과 함께 여러분을 찬찬히 인도하실 것이다.

나와 함께 작은 꿈을 꾸라!

그렇다. 나와 함께 작은 꿈을 꾸라. 그리고 또한 큰 꿈을 꾸자. 바로 우리 눈앞에 펼쳐질 꿈들을 말이다. 하나님의 방법은 참으로 신기하다. 그분은 계시해 주실 뿐 아니라 여러분이 받은 것을 어떻게 이해할지도 가르쳐 주실 것이다. 이 말을 확실히 믿어도 좋다!

여전히 더 받으실 준비가 되어 있는가? 그렇다면, 다음 장에 나오는 천사와 트랜스, 유령(apparitions-여러분이 잘못 읽으신 것이 아님!) 및 기타 기이한 영적 경험 등에 대한 내용을 흥미롭게 읽으실 것이다. 그렇다. 그런 이야기들은 다 성경에 있는 내용이고 우리들 생활에도 분명히 있는 이야기다!

주석

1. Chuck Pierce, Rebecca Sytsema, *When God Speaks*(New York: Regal Books, 2005).

5장

천사의 임무

짐 골

이전 장에서 언급했듯이 천사들은 확실히 청지기라는 특별한 영역을 맡고 있는 듯하다. 그들에게는 각자 임무가 주어진 것이다. 그들의 임무는 주로 세 가지 기능 중 하나에 속한다.

1. 하나님을 섬기는 영역-하나님을 영원히 경배(시 148:2)
2. 사람들, 특별히 신자들을 섬기는 영역(히 1:7, 14)
3. 하나님의 말씀을 수행하는 영역(시 103:20-21)

하나님을 경배하는 임무야말로 그들의 가장 고귀하고 큰 사명이지만, 그렇다고 해서 그것이 천사들의 가장 전형적인(일반적인) 사명이라는 말은 아니다. 천사들은 경배가 무엇인지 보여준다. 그들은 창조 때에 경배를 했다. 그들은 메시아이신 예수님의 탄생 때 목자들이 있던 들판 하늘에 나타나 경배를 했다. 새 언약 아래에서의 교회 시대인 지금도 그들은 여전히 경배한다. 그들은 예수님의 재림 때까지, 또 그 이후에도 영원히 그분을 경배할 것이다. 천사들이 계속 경배하도록 아무도 기도할 필요가 없다. 우리가 도와주지 않아도 그들은 계속 경배할 것이다. 우리도 어느 정도 경배, 예배에 참여할 수 있다는 것이 특권이며 특히 주님과 영원히 함께 할 수 있다는 것은 놀라운 영광이다. 이십사 장로가 그분 앞에 면류관을 던지며 하나님의 천사들은 하나님의 백성들과 함께 그분이 존귀하시다고 영원히 선포할 것이다.

하지만 우리가 아직 이 세상에 있는 동안에, 다른 많은 문제들에 대하여 기도할 때, 하나님은 그분의 뜻을 수행할 수 있는 천사들을 임명하신다. 우리는 "하나님의 나라가 임하시며 하늘에서와 같이 이 땅에서 주님의 뜻을 이루소서"와 같은 기도만 하는 것은 아니다. 우리는 "오늘날 우리에게 일용할 양식을 주옵시고"와 "우리를 시험에 들게 하지 마옵시며"와 같은 기도도 한다. 또한 "주님 이것을 치료해 주시옵소서" "아버지 저의 이러이러한 죄를 용서해 주옵소서" "성령님, 이 여행 가운데 우리 가정을 지켜주옵소서"와 같은 구체적인 기도도 한다.

우리가 기도할 때는 하나님께서 어떤 것에 대해서 부담을 주시기에 기도할 때가 많다. 그저 우리 스스로 다 만들어내는 것이 아니다. 따라서 우리가 기도할 때는 초청을 하거나 하나님께 다시 요청하는 것이다. 사실, 최상의 기도는 그분께로 나오는 것이다. 우리의 요청에 응답하시어 하나님은 종종 한두 천사들을 임명하셔서 우리의 필요를 채우신다. 이런 방법으로 하나님은 창조 때부터 일해 오셨다. 천사들은 항상 대기하고 있고 인간들의 기도에 응답하시는 하나님의 명령에 따라 행동에 착수할 준비가 되어 있다. 그들은 옛 선지자들과 함께 있었고 구약의 제사장들을 방문했다. 그들은 사자굴에 있는 다니엘을 도왔다. 그들은 주님을 위해 엄청난 심판들을 행했다. 그들은 겟세마네 동산에서 예수님의 힘을 돋우었다.

어떤 때에는 하나님께서 우리 심령에 말씀을 주시고 우리가 그것에 소리를 덧입혀서 선포하는 식이다. 우리는 그것을 레마의 말씀 또는 믿음의 은사라고 부를 수도 있겠다. 우리는 사실 "천사들아, 와서 이것을 하거라!"와 같은 식으로 말할 수도 있다. 하지만 우리가 만들어내는 것이 아니고 하나님이 하시는 것이다. 천사들은 우리가 시키는 대로 하지 않고 하나님이 하라는 대로 한다. 우리도 마찬가지다. 따라서 시간이 되면 하나님과 관계가 있는 사람이 천국의 심장부를 두드리며 하나님의 뜻에 음성을 부여하는 것이다.

다시 제자리로 돌아와서, 천사가 하는 모든 일에 인간이 꼭 개입해야만 하는 것은 아님을 되짚고 싶다. 오래전에 하나님께서는 천사들에게 하나님을 경배하는 일을 초월한 그 이외의 기능도 수행하도록 하셨다. 어쩌면 여전히 많은 천사들은 사람들의 개입과 전혀 상관없이 그 처음 부여받은 일을 지금도 계속하고 있을 것이다. 예를 들어 하나님은 "그룹들과 두루 도는 불칼"을 두시어 에덴 동산을 지키도록 하셨다(창 3:24).

천사들은 특별한 의무를 '전문적으로 맡은' 것 같다. 하지만 여러 다른 형태의 임무들을 뚜렷이 나누는 선은 딱히 없다. 가령 어떤 천사가 누군가에게 메시지를 전할 때 그 말씀은, 안내, 보호 혹은 구원 아니면 셋 다 포함되는 메시지를 제공할 수 있다. 이 장에서 앞으로 나올 텐데, 하나님이 천사들에게 어떤 일을 맡기시는지에 대해서 많이 나눌 수 있지만, 우리가 하는 얘기는 우리의 '관측 갑판'인 작은 지구에서 관찰한 제한된 내용일 뿐이다. 대부분의 내용에 대해서 우리는 경외하는 마음을 가질 수밖에 없다. 하나님의 천군 천사는 어마어마하며 주 하나님은 그 많은 천사보다도 훨씬 더 뛰어나신 분이시다.

하나님 임재로의 안내

어떤 예배 모임 중에 영적 '온도'가 올라가는 것을 느껴본 적이 있는가? 뭔가 아주 특별한 것을 느끼는 것 말이다. 나는 그것을 '뚜렷한 하나님의 임재'라고 부르는데 느껴본 분이 많이 있을 것이다.

평소에도 이런 일은 항상 일어난다. 하나님의 임재가 아니라 어떤 사람이 들어올 때도, 그와 함께 나타나는 자연 발생적인 '임재의 느낌'이 있다. 여러분의 어떤 동료가 휴가를 다녀왔을 때조차도 그 사람에게서 여유를 느낄 수 있다. 아니면 그와 반대되는 것도 느낄 수 있다. 배우자가 퇴근해서 집에 올 때 직장에서 힘든 일이 있었다면 그 긴장감이 함께 따라올 수 있다. 이와 마찬가지로 하나님의 보좌 앞에서 아주 많은 시간을 보내는 천사들은 하나님의 임재를 가져올 수밖에 없다고 나는 믿는다! 때때로 그분의 임재는 우리가 감지할 수 있는 향기 혹은 전기와 같은 느낌, 아니면 눈에 보이는 빛과 같기도 하다. 어떤 때는 경외감을 주는 감동이기도 하고 심지어는 압박감과 같은 무거운 느낌이기도 하다. 하나님의 거룩함은 분위기를 압도하며 그것이 그분의 천사들에게 영향을 미치고 따라서 천사들이 어디를 가든지 하나님의 거룩하심에서 나오는 그 특별한 파동을 가져올 수밖에 없는 것이다.

1975년 캔자스 시청 강당에서 열린 전국 남성 목자 컨퍼런스에서 일어난 일을 나는 기억한다. 많은 '믿음의 장군'들이 그 자리에 있었고 지금 대부분은 주님께로 갔다. 그때 언 백스터(Ern Baxter) 씨가 내가 들어본 중에 참으로 귀한 메시지를 전했는데 제목은 "주의 나라가 임하시며"였다. 그는 하나님 나라를 선포했는데, 그에게는 특별한 권위가 있었다.

무언가 거룩한 일이 예배 가운데 일어났고 예언적 말씀이 나오기 시작했으며 변화가 일어났다. 그 자리에는 이 땅의 믿음의 장군들뿐 아니라, 하늘의 '장군들'도 나타난 것이었다. 거룩하신 하나님의 임재에 반응하여 그 자리에 있던 참석한 모든 사람들이 다 함께 겸손의 표현으로 신발을 벗었다. 그리고 우리는 얼굴을 땅에 대고 기도했다. 그것이 우리가 할 수 있는 최소한의 표현이었다. 어느 누구도 하나님 앞에 던질 수 있는 면류관이 없었지만 우리는 발에 신을 신고 있었던 것이다. 참으로 진정한 카이로스의 순간이었고 하늘과 땅이 만난 거룩한 교차로였다.

천사들이 임했는데, 아마도 수천의 천사였을 것이다. 우리는 우리가 거룩한 땅에 서 있음을 깨달았다. 분위기는 하나님과의 친밀함으로부터 주님에 대한 경외감으로 엄청나게 변화되었다. 천사들이 시청 강당에 들어오면서 천국의 금빛 찬란한 빛을 들여온 것이다.

그래서 우리가 알 수 있는 것은 언제든지 우리가 하나님의 임재를 느낄 때마다 천사들이 그 자리에 있다는 것이다. 우리가 그들을 볼 수 있든 없든 상관없이 말이다. 우리는 언제나 천군 천사의 주이신 하나님을 거룩 거룩 거룩하다 경배하며 반응해야 할 것이다.

천사의 방향 지시

천사들이 올 때는 하나님의 임재를 전할 뿐 아니라 구체적인 임무를 갖고 온다.

하나님이 천사들에게 일을 맡기실 때는 대체로 두 가지가 있다. 방향 지시와 보호이다. 보통 우리의 삶에 있어서도 그런 것처럼, 누가 봐도 이 두 영역은 겹치는 부분이 있다. 여러분의 자녀를 어떤 곳에 데려다 줄 때, 여러분은 아이에게 가야 할 방향을 제공해 주며 다른 위험한 것으로부터 보호해 준다. 하지만 이 두 부분을 나눠서, 천사가 하는 일에 대해서 더 살펴보자.

첫째, 천사들이 우리에게 하나님의 방향을 지시하고 안내하는 방법에 대해서 살펴보자. 네 가지가 있는데, 천사들은,

- 하나님의 메시지를 전달한다.
- 꿈과 계시, 깨달음을 준다.
- 안내를 해준다.
- 힘을 준다.

어떻게든지 이 모든 기능은 방향 지시와 관련되어 있다.

천사들은 하나님의 메시지를 전달한다

하나님이 보내시는 메신저 천사의 안내가 없으면 우리는 어떻게 할 것인가? 성경에는 하나님으로부터 받은 메시지를 전달하는 천사들의 이야기가 많이 나와 있다. 그들은 앞으로 일어날 일들을 발표한다. 그들은 하나님의 심판을 선포한다. 그들은 격려를 가져다준다. 그들은 사람들이 무엇을 언제 어떻게 해야 할지, '교통정리'를 해준다. 이렇게 천사가 전해주는 '즉석 메시지'에 대한 예를 구약과 신약에서 찾아보자.

여호수아 5:13-15. 여호수아는 여리고성을 어떻게 정복할지 명령하는 천사를 만난다. "여호수아가 여리고에 가까이 이르렀을 때에 눈을 들어본즉 한 사람이 칼을 빼어 손에 들고 마주 서 있는지라 여호수아가 나아가서 그에게 묻되 너는 우리를 위하느냐 우리의 적들을 위하느냐 하니 그가 이르되 아니라 나는 여호와의 군대 대장으로 지금 왔느니라 하는지라 여호수아가 얼굴을 땅에 대고 엎드려 절하고 그에게 이르되 내 주여 종에게 무슨 말씀을 하려 하시나이까 여호와의 군대 대장이 여호수아에게 이르되 네 발에서 신을 벗으라 네가 선 곳은 거룩하니라 하니 여호수아가 그대로 행하니라."

사사기 13:4-5. 주님의 천사가 마노아와 그의 임신 못하던 아내를 찾아와, 아들을 낳을 것이며 어떻게 해야 할지를 구체적으로 지시해 준다. "그러므로 너는 삼가 포도주와 독주를 마시지 말며 어떤 부정한 것도 먹지 말지니라 보라 네가 임신하여 아들을 낳으리니 그의 머리 위에 삭도를 대지 말라 이 아이는 태에서 나옴으로부터 하나님께 바쳐진 나실인이 됨이라 그가 블레셋 사람의 손에서 이스라엘을 구원하기 시작하리라 하시니." 이 약속된 아기는 삼손이었다.

누가복음 1:19-20. 대천사장이 사가랴에게 메시지를 가져왔다. "천사가 대답하여 이르되 나는 하나님 앞에 서 있는 가브리엘이라 이 좋은 소식을 전하여 네게 말하라고 보내심을 받았노라 보라 이 일이 되는 날까지 네가 말 못하는 자가 되어 능히 말을 못하리니 이는 네가 내 말을 믿지 아니함이거니와 때가 이르면 내 말이 이루어지리라 하더라."

누가복음 1:26. 가브리엘이 마리아에게 메시지를 가져왔다. "그에게 들어가 이르되 은혜를 받은 자여 평안할지어다 주께서 너와 함께 하시도다 하니…천사가 이르되 마리아여 무서워하지 말라 네가 하나님께 은혜를 입었느니라 보라 네가 잉태하여 아들을 낳으리니 그 이름을 예수라 하라 그가 큰 자가 되고 지극히 높으신 이의 아들이라 일컬어질 것이요 주 하나님께서 그 조상 다윗의 왕위를 그에게 주시리니 영원히 야곱의 집을 왕으로 다스리실 것이며 그 나라가 무궁하리라…천사가 대답하여 이르되 성령이 네게 임하시고 지극히 높으신 이의 능력이 너를 덮으시리니 이러므로 나실바 거룩한 이는 하나님의 아들이라 일컬어지리라 보라 네 친족 엘리사벳도 늙어서 아들을 배었느니라 본래 임신하지 못한다고 알려진 이가 이미 여섯 달이 되었나니 대저 하나님의 모든 말씀은 능하지 못하심이 없느니라"(눅 1:28, 30-33, 35-37).

누가복음 2:10. 천사들이 하늘을 가득 채우고 어떤 천사가 대표로 예수의 탄생 소식을 목자들에게 발표했다. "무서워하지 말라 보라 내가 온 백성에게 미칠 큰 기쁨의 좋은 소식을 너희에게 전하노라."

마태복음 1:20, 마태복음 2:13, 19. 메신저 천사가 요셉의 꿈에 나타나 마리아를 아내로 취할 것을 지시하고, 또한 헤롯이 모든 유아들을 살해하기 전에 마리아와 아기 예수를 안전하게 애굽으로 피신하도록 지시하며, 또 헤롯의 죽음 후에 나사렛으로 다시 돌아오도록 지시한다.

마태복음 28:1-7. 천사는 예수님의 부활을 선포했다. "그가 여기 계시지 않고 그가 말씀하시던 대로 살아나셨느니라 와서 그가 누우셨던 곳을 보라 또 빨리 가서 그의 제자들에게 이르되 그가 죽은 자 가운데서 살아나셨고 너희보다 먼저 갈릴리로 가시나니 거기서 너희가 뵈오리라 하라 보라 내가 너희에게 일렀느니라 하거늘"(마 28:6-7).

천사는 꿈, 계시, 깨달음을 제공한다

요셉의 꿈에 나타난 천사는 그에게 마리아와 아기 예수를 어떻게 지켜야 할지 말해주었다. 또 다른 경우에도 보면 천사들은 꿈에서 말로 하지 않고도 계시하여 깨닫게 하는 경우가 있다. 테리 로(Terry Law)의 현대적 예를 들겠다. 테리는 롤랜드 벅(Roland Buck) 목사님이 천사의 계시를 통해서 자신의 과거와 미래를 상세히 알게 된 일련의 사건들을 간증한다.

나는 열세 살 때 브리티시 콜롬비아에 있는 밴쿠버 아일랜드의 나누스 베이에서 열린 캠프 집회에 참석했다. 그때 미국 성공회 출신이신 저녁 집회 강사님이 선교에 대한 도전을 하면서 헌신할 것을 초청하셨다. 그리고 성령님께서 내 마음을 움직이기 시작하셨다.

나는 다른 모든 사람들이 숙소로 돌아간 후 혼자 남았다. 불도 다 꺼졌다. 자정이 지나고 새벽 한 시가 지났고 약 두 시경이었는데 그 강사님이 들어왔다.

그분의 성함은 드와이트 맥라린(McLaughlin)이었는데 강대상에 성경을 놓고 가셨었다. 나는 그림자 속에 묻혀 있는 의자에 앉아 있었기 때문에, 그분은 나를 볼 수 없었지만 나는 달빛에 그분을 볼 수 있었다. 나는 움직이지 않고 앉았으나 그분은 누군가 거기 있다는 것을 감지하고 소리를 내어 부르셨다. 내가 대답하자 그분은 뒤쪽에 앉아 있던 내게로 찾아오셨다.

그분은 이렇게 말했다. "주님이 날 네게로 보내신 모양이다" 하시면서 잠에서 깨어 성경을 가지러 와야겠다는 마음이 들어서 왔다고 설명하셨다. 그러고는 나를 위해서 기도를 해주어도 되겠느냐고 물으셨다. 그분이 내게 손을 얹자, 따뜻함이 내게 번졌다. 나는 떨기 시작했다.

그분은 이렇게 말했다. "젊은이, 내게 지금 환상이 보이네. 하나님은 자네를 부르고 계시네. 그분은 자네를 전 세계로 보내셔서 복음을 전하도록 하실 것이네. 수천, 수십만의 군중들이 보이네."

몇 년이 지난 후 1977년 나는 내 음악 팀인 리빙 사운드를 이끌고 여행을 하고 있었는데, 아이다호의 보이시에 있는 롤랜드 벅 목사님의 교회에서 사역하게 되었다. 어느 날 밤 내가 롤랜드 목사님과 교회 밖에다 차를 세워놓고 함께 앉아 있을 때, 목사님이 내게 이야기를 해주셨다.

목사님은 아주 조용히 말하기 시작했다. "테리야, 내가 지난주에 가브리엘과 이야기를 했단다."

그 당시 나는 일반 그리스도인들처럼 천사들에 대해서 많이 아는 것이 없었다. 그래서 "가브리엘 누구요?" 하고 되물었다.

[2년 후, 다시 그 목사님 교회로 돌아왔을 때] 나의 동역하는 전도자인 고든 칼메이와 함께, 롤랜드 목사님과 아침식사를 하며 앉아 있었는데, 고든이 목사님께 천사들에 대한 질문을 해서 나는 깜짝 놀랐다.

"저, 목사님, 이 천사들은 목사님한테 늘 얘기를 하고 목사님 교회는 저희 사역의 강력한 후원자인데, 왜 저희에 대해서 천사들에게 묻지 않으세요?" 롤랜드는 살짝 미소를 지으시며 아무 말씀도 안 하셨다. 우리는 각자의 길을 떠났고 나는 그 대화에 대해서 잊어버렸다.

3개월 후 나는 롤랜드 목사님을 소개하기 위해 전국 기독교 텔레비전 방송에 초청을 받았다. 그 프로그램이 방송으로 나가기 전에 우리는 무대 뒤쪽에 둘만 같이 앉아 있었다.

목사님이 이렇게 말했다. "테리, 네가 열세 살 때 기억하니? 캐나다에서 캠프 집회 참석했던 때 말이야."

나는 그날 밤에 있었던 일을 아무에게도 얘기하지 않았었다.

롤랜드 목사님은 말했다. "그때 기억해? 새벽 2시경, 캠프 강사님이 … 그분 이름이 드와이트 맥라린이었지. 그분이 건물 안으로 걸어 들어온 일? 네가 거기 앉아서 기도하던 것 기억나니? 그분이 와서 네게 안수했던 것 말이야."

나는 "목사님, 그 일을 어떻게 아세요?" 하고 되물었다.

목사님은 나를 보더니 그냥 미소 지으셨다. 나는 소리쳤다. "설마, 천사들이 얘기해 주었나요?"

목사님은 고개를 끄덕이셨고 하나님께서 그날 밤 나를 사역으로 부르시며 안수하시기 위해 선택하셨기 때문에 천사들로 하여금 맥라린을 깨우셨다는 것이다. "천사들이 내게 너에 대해서 많이 얘기해 주었어. 그들은 네가 어린 시절 엄청난 시련을 많이 겪은 것들을 말해주었지. 네가 아이 때부터 역경을 견디며 그것들을 극복하는 것을 배워야 했다고. 하나님은 사역을 위해 너를 준비시키셨던 거야. 네 속을 강하게 만드시려고 하신 거지."[1]

이런 이야기를 들으면 의아해지는 것은 우리가 예언적 계시라고 부르는 것 중 어느 정도가 과연 우리의 동역자들인 천사들에게 전달받은 것인가 하는 점이다. 예수 그리스도의 요한계시록 전체는 그분이 보내신 천사를 통해 요한에게 주신 계시였다. 다니엘은 오직 천사만이 그에게 해석해 줄 수 있는 심오한 뜻이 담긴 환상들을 보고 힘들어한 적도 있다(단 8:15-26, 9:20-27). 마찬가지로, 여러분이 이 책을 읽어갈 때 천사들에 대해서 여러분이 더 잘 이해할 수 있도록 돕고 있기도 하다!

2004년 10월 4일 내가 콜로라도 스프링스에 있을 때 꿈이었다. 그 꿈에서는 내가 존 폴 잭슨(John Paul Jackson)과 함께 있었다(한 예언가가 다른 예언가와 함께 있었다). 존 폴은 내게 돌아서서 이렇게 말했다. "그것을 어떻게 하는 거야?"

나는 미소 지으며 이렇게 말했다. "도움을 받는 거지!"

그러고는 돌아서서 말했다. "그가 내게 두루마리를 건네주면 내가 그것들을 읽지." 내가 돌아섰을 때는 내 옆에 천사가 있었고 그가 내게 두루마리를 읽으라고 주었다.

그 꿈을 꾼 지 얼마 후, 한 삼사일 후에, 내 머리 주위로 뭔가 거룩한 기운이 감도는 것을 느꼈는데 그것은 계시를 깨닫고 해석하는 초자연적인 능력 같은 것이었다. 나는 이것에 대해서 많은 사람들에게 얘기하지는 않았지만 그 이후로 나는 하나님께서 사람들에게 말씀하고 계신 것을 말할 수가 있었고 그것을 초자연적으로 해석할 수 있었다. 그 두루마리를 건네주는 천사가 내 꿈에서처럼 실제 삶에서 작용하는 것을 믿을 수밖에 없었다.

하나님의 방향을 제시하는 천사들

꿈, 계시, 이해를 주는 것 외에도 천사들은 방향을 제시해 준다. 빌립 집사가 에티오피아 환관을 만나기 전에 그런 일이 일어났다. "주의 사자가 빌립에게 말하여 이르되 일어나서 남쪽으로 향하여 예루살렘에서 가사로 내려가는 길까지 가라 하니 그 길은 광야라"(행 8:26). 천사가 나타나서 그에게 가야 할 길을 정확히 가르쳐 준 것이다.

아브라함의 종이 이삭의 신부감을 찾으러 떠났을 때도 마찬가지다(창 24:7, 40). 천사가 "그보다 앞서 가서" 그 신부감이 나타나는 곳을 찾을 수 있도록 해준 셈이다.

바울이 선상에 있을 때 폭풍이 몰아치자, 천사가 와서 선원들과 승선한 사람들을 위하여 바울에게 안내를 해준다. "내가 너희를 권하노니 이제는 안심하라 너희 중 아무도 생명에는 아무런 손상이 없겠고 오직 배뿐이리라 내가 속한 바 곧 내가 섬기는 하나님의 사자가 어제 밤에 내 곁에 서서 말하되 바울아 두려워하지 말라 네가 가이사 앞에 서야 하겠고 또 하나님께서 너와 함께 항해하는 자를 다 네게 주셨다 하였으니 그러므로 여러분이여 안심하라 나는 내게 말씀하신 그대로 되리라고 하나님을 믿노라 그런즉 우리가 반드시 한 섬에 걸리리라 하더라"(행 27:22-26).

구약에는 천사가 발람에게 나타난 기사가 있다. 이 천사는 발람이 탄 당나귀 눈앞에 나타나 가던 길을 막고, 당나귀의 입까지 열어 천사가 말하기 전에 당나귀가 먼저 주인에게 말을 하게도 한다.

> 그때에 여호와께서 발람의 눈을 밝히시매 여호와의 사자가 손에 칼을 빼들고 길에 선 것을 그가 보고 머리를 숙이고 엎드리니 여호와의 사자가 그에게 이르되 너는 어찌하여 네 나귀를 이같이 세 번 때렸느냐 보라 내 앞에서 네 길이 사악하므로 내가 너를 막으려고 나왔더니 나귀가 나를 보고 이같이 세 번을 돌이켜 내 앞에서 피하였느니라 나귀가 만일 돌이켜 나를 피하

지 아니하였더면 내가 벌써 너를 죽이고 나귀는 살렸으리라 발람이 여호와의 사자에게 말하되 내가 범죄하였나이다 당신이 나를 막으려고 길에 서신 줄 내가 알지 못하였나이다 당신이 이를 기뻐하지 아니하시면 나는 돌아가겠나이다 여호와의 사자가 발람에게 이르되 그 사람들과 함께 가라 내가 네게 이르는 말만 말할지니라 발람이 발락의 고관들과 함께 가니라(민 22:31-35)

방향을 이렇게 확실히 제시해 주는 천사들이라니! 때로는 정말 위험스럽기도 할 수 있는 것 같다.

힘을 북돋아 주는 천사들

때로는 천사들이 우리에게 힘과 격려를 북돋아 주기 위해 오기도 한다.
창세기 16장에는 사라의 애굽인 하녀인 하갈에 대해 나온다. 하갈은 강제로 임신하게끔 사라의 남편에게 주어졌고, 그 결과 사라에게 학대를 당한다. 결국에는 하갈이 학대를 피하여 광야로 도망갔다. 하나님은 천사를 보내어 그녀를 위로하신다.

여호와의 사자가 광야의 샘물 곁 곧 술 길 샘 곁에서 그를 만나 이르되 사래의 여종 하갈아 네가 어디서 왔으며 어디로 가느냐 그가 이르되 나는 내 여주인 사래를 피하여 도망하나이다 여호와의 사자가 그에게 이르되 네 여주인에게로 돌아가서 그 수하에 복종하라 여호와의 사자가 또 그에게 이르되 내가 네 씨를 크게 번성하여 그 수가 많아 셀 수 없게 하리라 여호와의 사자가 또 그에게 이르되 네가 임신하였은즉 아들을 낳으리니 그 이름을 이스마엘이라 하라 이는 여호와께서 네 고통을 들으셨음이니라 그가 사람 중에 들나귀 같이 되리니 그의 손이 모든 사람을 치겠고 모든 사람의 손이 그를 칠지며 그가 모든 형제와 대항해서 살리라 하니라 하갈이 자기에게 이르신 여호와의 이름을 나를 살피시는 하나님이라 하였으니 이는 내가 어떻게 여기서 나를 살피시는 하나님을 뵈었는고 함이라(창 16:7-13)

천사들은 예수님이 광야에서 40일 금식을 하셨을 때에도 힘을 주러 왔다(마 4:11, 막 1:13 참조). 또한 예수께서 십자가에 못박히시기 전에 겟세마네에서 괴로워하며 기도하고 계실 때 도우러 왔다(눅 22:43 참조).

다니엘이 힘든 가운데 있을 때, 천사들은 하나님의 힘을 부어주었다(단 10:18 참조). 다른 많은 이들이 경험했듯이 천사들이 한 번 터치만 해도 우리의 제한된 육신에는 넘치는 힘이 솟아날 수 있는 것이다.

엘리야가 바알의 예언자들을 물리친 후, 피곤과 두려움 가운데 광야로 도망갔을 때였다. 천사가 말로 그에게 힘을 주었을 뿐 아니라 초자연적으로 음식까지 제공해 주었다. "로뎀나무 아래에 누워 자더니 천사가 그를 어루만지며 그에게 이르되 일어나서 먹으라 하는지라 본즉 머리맡에 숯불에 구운 떡과 한 병 물이 있더라 이에 먹고 마시고 다시 누웠더니 여호와의 천사가 또 다시 와서 어루만지며 이르되 일어나 먹으라 네가 갈 길을 다 가지 못할까 하노라 하는지라 이에 일어나 먹고 마시고 그 음식물의 힘을 의지하여 사십 주 사십야를 가서 하나님의 산 호렙에 이르니라"(왕상 19:5-8).

오 주님, 우리에게 천사를 보내셔서 힘과 용기를 주시니 감사합니다.

천사의 보호

다음은 천사의 **보호** 영역에 속할 수 있는 내용들을 다뤄보겠다. 하나님은 사람들을 보호하기 위해서 천사들을 보내시며 때로는 그들의 날개로 **구조**하시기도 한다. 또 어떤 때는 **치유**를 하시기도 한다. 이 땅에서 성도의 삶이 다하면 천국까지 안전하게 모셔가는 **에스코트**의 역할도 한다. 이것이 모두 보호의 영역에 속한다.

천사들은 고립된 사람들을 보호하기도 하고 단체로 함께 있는 사람들, 가족들, 교회들을 어떤 해로부터 보호하기도 한다. 그들은 군인들이 전쟁터에서 부상을 당하지 않도록 보호하기도 하고, 가난한 이들이나 묶인 사람들을 부당한 대우와 배고픔으로부터 보호하기도 하며, 사람들이 예수의 보혈을 부른 곳에서 밤낮으로 지켜 서 있기도 한다. 성경을 통해서나 우리가 경험한 바들을 통해 우리는 천사가 보호하는 일을 한다는 것을 알 수 있다.

보호하는 천사

5장에서 나는 '수호천사'에 대해 언급했다. 마태복음 18장 10절은 아이들을 지키는 수호천사에 대해서 보여준다. 그렇다면 어른들을 지켜주고 보호해주는 일을 천사가 하지 말란 법은 없다. 결국 어른들도 그분의 자녀이기 때문이다.

시편 91편 11-12절은 다음과 같다. "그가 너를 위하여 그의 천사들을 명령하사 네 모든 길에서 너를 지키게 하심이라 그들이 그들의 손으로 너를 붙들어 발이 돌에 부딪히지 아니하게 하리로라."

천사로부터 보호를 받은 경험의 이야기는 주변에 흔하다. 다음 이야기는 볼리비아에서 성경 번역 사역을 하는 위클리프 소속의 선교사 가족에게 일어난 일이다. 그 부인 선교사님이 쓰신 글을 간단히 요약했다. 그녀의 두 아들 덕과 데니스는 각각 7, 9세였다. 그들은 놀면서 마른 진흙 언덕에 얕은 동굴을 팠다. 갑자기 그곳이 무너지면서 두 아이가 갇혀버렸고 그들의 친구인 마크가 도움을 구하러 달려갔다.

그 동굴 속에 덕은 파묻혀 엎드려 있었다. 얼굴도 흙에 파묻혔지만 약간의 공기로 숨은 쉴 수가 있었다.

"데니스, 내 말 들리니?" 그의 목소리는 거의 소리가 안 나는 것 같았지만 자기 밑에 약간 움직이는 것을 느꼈다. "데니스"하고 덕은 계속 말했다. "내가 움직일 수가 없어, 숨 쉴 수가 없어!" 그는 뭐가 또 꼼지락거리는 것을 느꼈다. 개미 한 마리가 얼굴 위로 기어왔고 또 한 마리가 왔다. 한 방 따끔했다. 눈두덩이를 물린 것이었다. "데니스, 나 말을 할 수가 없어. 공기가 없어지는 것 같아."

개미들은 그의 온 몸 전체에 다녔고 물기 시작했다. "데니스, 우리 어쩌면 죽을지도 몰라" 그는 몸부림치기 시작했다. 흙이 입에도 들어왔다.

그리고 덕이 말을 멈추었다. 그는 공기를 더 마시려 발버둥치는 것도 멈췄다. 거기 바로 그의 옆에 천사가 있었다. 그는 밝고 강하게 서 있었다.

"데니스!" 덕은 고요히 불렀다. 그의 목소리는 안정되었다. "데니스, 여기 천사가 있어. 다른 것처럼 천사가 보여. 빛이 환하고. 천사가 우리를 도와주려 하고 있어." 덕은 아주 가벼운 움직임을 느꼈다. "천사가 지금 아무것도 안 하고 있는데, 그래도 데니스, 우리가 지금 만약 죽는다면⋯ 그것도 그렇게 나쁘진 않겠⋯." 덕은 의식을 잃었다.

마크는 집에 도착해서 소리소리 지르며 도움을 요청했다. 사람들이 곡괭이와 삽을 들고 마크가 보여준 곳으로 왔다.

몇 초 후 삽에 부드러운 것이 느껴졌다. 몇 초 후 다시 덕의 등과 다리가 나왔다. 아이를 땅에서 힘껏 잡아 뺐다. 데니스의 형체가 그의 밑에 나타났다.

아이 둘 다 숨을 쉬고 있지 않았다. 그들의 피부빛은 파랗게 변했다. 그들은 붉은 흙 위에 눕혀진 그들의 몸은 너무나 작게 보였다.

그때 덕이 움직였다. 얼마 후 데니스가 움직이며, "엄마!"하고 불렀다. 덕은 눈을 뜨자마자 이렇게 말을 했다. "내가 뭘 본 줄 알아요? 천사를 봤어요!"

"쉬⋯ 아들, 아직 가만있어 봐⋯."

(그 다음날 의사는 우리에게 말하기를) 2분만 더 늦었으면 산소 부족으로 아이들의 뇌가 손상되었을 것이라고 했다. 하지만 그들이 발버둥을 치지 않았기 때문에 손상을 입지 않을 만큼 산소를 호흡할 수 있었다는 것이다. 아이들이 발버둥을 치지 않은 이유는 물론 천사 때문이었다. 천사 덕분에 그들은 두려워하지 않았던 것이다.[2]

더글라스 코넬리(Douglas Connelly)는 『우리 주변의 천사들』(*Angels Around Us*)이라는 책에서 본인이 섬기던 교회의 어떤 여인에 대한 이야기를 한다.

이 여성은 심하게 감염이 되어서 중환자실에 있었다. 그녀는 거의 살아날 가능성이 없었다. 나는 당시 그녀가 다니던 교회의 목사로 섬기고 있었다. 병원을 방문했을 때, 그녀의 곁에 서서 말을 하려면, 환자는 말 대신 고개를 끄덕이거나 겨우겨우 소곤거리는 정도로만 얘기했다. 그런데 그녀가 갑자기 "저 구석에 하얀 옷을 입고 서 있는 사람이 누구죠? 저 사람은 오늘 밤 내내 그리고 하루 종일 저기 서 있었어요" 하는 것이었다.

내가 방의 구석쪽을 보니 아무도 없었다. 그래서 나는 물었다. "그가 어떻게 생겼어요?"

그러자 그녀는 "저 사람이 안 보이세요?" 하는 것이었다. "하얗게 옷을 입고 아주 강하게 생겼어요. 마치 보초처럼 서 있어요. 저는 거의 무서울 정도에요."

나는 병실을 떠나면서 방에 누가 서 있다고 환자가 그러더냐고 간호사에게 물었다. 간호사는 너무나 단호하게 환자가 환각을 일으켰을 뿐이라고 했다. 그래서 나는 다시 물었다. "환자가 뭐 또 다른 것을 보던가요?"

"아니요, 환자는 아주 정신이 또렷해요. 그 하얀 옷 입은 사람 얘기만 빼구요!" 병원을 나오면서 나는 이 귀한 하나님의 자녀가 환각을 일으킨 것이 아니라, 하나님의 천사를 본 것임을 확신했다.[3]

이 '하얀 옷을 입은 사람'은 참으로 그녀를 지키러 온 것이었다. 혹은 어쩌면 그녀를 아버지 집에 데려갈 때가 올 때까지 기다리고 있었던 것이다. 천사의 바로 그 역할을 이제 살펴보도록 하겠다.

성도를 천국으로 에스코트하는 천사들

하나님의 성도가 임종시, 그 성도가 영원히 거할 천국으로 에스코트하기 위해 천사들이 온다는 사실을 확인해 주는 경험을 한 사람들이 많이 있다. 분명히 우리는 스스로 그곳에 갈 수가 없다. 그러니 이것은 사실임에 틀림없다. 얼마나 위로가 되는 사실인가.

얼마 전에 우리 고모님이 주님 품으로 가셨다. 그녀의 세 딸이 증거하기를 어머니가 천사를 만났다는 것이다. 한 천사가 그녀의 침실에 왔을 때 우리 고모는 완전히 '사로잡혔다.' 딸들은 처음에 어머니가 제정신이 아닌가 보다 했다. 왜냐하면 자신이 보고 있는 것들에 대해서 말하기 시작했기 때문이다. 그녀의 남편은 바로 몇 달 전에 소천했는데 그녀는 그를 찾고 있었다. 그때 그녀는 자신이 아는 다른 사람을 보았고 그 사람은 이미 죽은 사람이었다. 이 죽음의 경계선에서 그녀가 천사가 가리키는 쪽을 봤더니 거기 예수님이 계셨다. 그녀는 외치기 시작했다. "예수님이야! 예수님이 보여. 예수님이셔." 이때 물론 딸들은 그녀가 죽음에 이르렀다는 것을 깨달았고, 어머니를 축복해 드리자고 하며 기도했는데 잠시 후 어머니는 눈을 감으셨다. 어머니를 고향으로 모셔가기 위해 천사가 온 것이었다.

죽음과 관련하여 우리가 자주 쓰는 성경구절이 있다. "그의 경건한 자들의 죽음은 여호와께서 보시기에 귀중한 것이로다"(시 116:15)와 "내가 사망의 음침한 골짜기로 다닐지라도 해를 두려워하지 않을 것은 주께서 나와 함께 하심이라 주의 지팡이와 막대기가 나를 안위하시나이다"(시 23:4)이다.

하지만 천사가 사람들을 천국으로 데리고 간다는 사실을 성경에서 가장 잘 확인해 주는 것은 거지 나사로의 이야기다. 누가복음 16장 22절이 그대로 보여준다. "이에 그 거지가 죽어 천사들에게 받들려 아브라함의 품에 들어가고 부자도 죽어 장사되매," 이 말은 그가 천국으로 갔다는 뜻이다. 천사들이 그를 데리고 간 것이다.

하나님께 속하지 않은 사람의 사망 시에는 과정이 어떻게 되는지 정확히 모른다. 이 성경의 이야기에서는 그 부자가 죽을 때 천사에 대한 아무 언급이 없다. 다른 사람은 모르겠지만 나 같으면 마지막 숨을 쉴 때 천사의 에스코트를 받는 편을 택하겠다.

천사들은 우리 생애의 시작과 끝에도 이렇게 개입한다. 물론 그 중간에도 모든 것에 상관되며 삶을 넘어서도 개입한다!

구조하는 천사

종종 천사들은 우리를 해로부터 건져준다. 시편 34편 7절은 이러하다. "여호와의 천사가 주를 경외하는 자를 둘러 진치고 그들을 건지시는도다." 주님의 천사는 단순히 지킬(진치고) 뿐 아니라 빠져가는 이에게 팔을 뻗쳐 구조하기도 한다.

천사들에게 구조 임무가 내려지면, 거기에는 원수들의 무너뜨리는 일이 포함될 때도 있다. 한번은 히스기야 왕과 이스라엘 백성에게 거의 승산이 없는 경우가 있었다. 이때 하나님은 이렇게 말씀하셨다. "대저 내가 나를 위하며 내 종 다윗을 위하여 이 성을 보호하며 구원하리라 하셨나이다 하니라 여호와의 사자가 나가서 앗수르 진 중에서 십팔만오천 인을 쳤으므로 아침에 일찍이 일어나 본즉 시체뿐이라"(사 37:35-36, 왕하 19:34-35 참조).

천사들은 또한 사람들을 악한 영에게서 해방시키는 일도 한다. 다음은 그와 관련된 실례이다.

　　기적들이 일어나는 어떤 예배 때였다. 25세 가량의 한 젊은이가 울면서 예배에 왔다. 그의 얼굴은 너무나 거칠고 절실해 보였다. 술에 만취가 되어 있고 마약에도 아주 취해 있었다. 그는 내게(여성 순회전도자) 이렇게 말했다. "제발, 제발 좀 저를 도와주세요. 누가 나 좀 도와주세요. 나 좀 구해주세요. 저는 이 생활이 지겨워요. 이 중독이 지겹다구요. 도와주세요. 도와주세요!"

　　주님의 안타까운 마음이 온 방을 휩쓸었다. 그 긍휼하심으로 가득 차서 우리는 이 젊은이에게서 악한 영들을 쫓아내기 위해 예수의 이름으로 기도하기 시작했다. 우리는 그에게 기름을 부었다. 그러고는 그에게 예수님을 영접하는 죄인의 기도를 하도록 인도해 주었는데, 그 즉시로 그는 머리를 흔들기 시작했다. 그는 완벽하게 자유해졌다. 그가 일어섰을 때 그의 눈은 완전히 또렷해졌다. 이 젊은이는 하늘을 향하여 팔을 뻗쳤고 주님을 찬양하며 영광 돌리기 시작했다. 하나님은 약 15분 만에 그를 완전히 다른 사람으로 변화시키셨다!

　　그러자 한 12세의 소년이 와서 그에게 말했다. "제가 뭐 좀 말씀 드려도 될까요? 사람들이 아저씨를 위해서 기도할 때 제가 뭘 본 줄 아세요?"

　　그 젊은이는 "아니"라고 답했다.

　　"귀신들이 떠나는 것을 봤어요. 그들은 주변에 서 있었고 아저씨 속으로 다시 들어가려고 했어요. 하지만 이 모든 사람들이 아저씨를 둘러싸며 기도하고 있었어요. 그때 검을 든 천사가 와서 그들을 다 쫓아버렸어요. 그들은 이제 다시 돌아올 수가 없어요!"

그 젊은이는 주님을 찬양했고 우리는 하나님께서 그를 건지시고 구원하신 것에 대해 너무나 감격했다. 이 사람은 현재 좋은 그리스도인들과 함께 있으며 교회에 다니고 있다.[4]

치유하는 천사들

마지막으로 중요한 것인데, 천사들은 치유를 한다. 천사들이 치유한다는 내용을 성경에서 언급한 분명한 예는 베데스다 연못 이야기다(요 5장 참조). 이 이야기 자체에 천사가 나타나지는 않는다. 그 대신 예수님께서 직접, 누운 지 38년 된 병자를 고치신다.

그런데 이 이야기는 다음과 같이 시작된다.

예루살렘에 있는 양문 곁에 히브리말로 베데스다라 하는 못이 있는데 거기 행각 다섯이 있고 그 안에 많은 병자 맹인 다리 저는 사람 혈기 마른 사람들이 누워 물의 움직임을 기다리니 이는 천사가 가끔 못에 내려와 물을 움직이게 하는데 움직인 후에 먼저 들어가는 자는 어떤 병에 걸렸든지 낫게 됨이러라(요 5:2-4)

그 병자는 소위 전승되어 오는 이야기를 믿었다(하지만 어쩌면 사실이리라). 그 내용인즉, 어떤 특별한 천사가 내려오는데, 그때가 되면 물이 평소와 달리 잔잔하지 않고 움직이기 때문에 알 수가 있었다. 그때 제일 처음 물에 들어간 사람이 치유된다는 것이다. 그런 일이 그래도 꽤 일어났기 때문에 그렇게 많은 사람들이 못가에 날마다 진을 치고, 다음 후보자가 되기를 소망하며 기다렸을 것이다. 하나님의 분부를 따라 어떤 천사가 물을 휘젓고 치유의 힘을 발하도록 하는 특별한 임무를 수행했을 것이다.

우리 시대에서도, 천사가 개입하여 엄청난 치유가 일어나는 사역의 예를 든다면 윌리엄 브래넘(William M. Branham)의 사역이 있다. 그의 사역은 1946-1956년까지 늦은 비(Latter Rain) 운동을 자극하기도 했다. 이 사역 중, 1946년 5월 7일 천사가 방문한 내용은 다음과 같이 기록되었다.

> 천사가 브래넘에게 말했다. "두려워 말라. 하나님께서는 나를 보내셔서, 당신이 오해받으며 특이한 인생을 겪은 이유를 알려주라고 하셨다. 그것은 하나님께서 세상 민족들에게 하늘의 치유 선물을 주시기 위해 당신을 보내셨음을 나타내기 위한 것이었다. 당신이 진실하고 사람들이 당신을 신뢰할 수 있게 된다면, 아무것도, 심지어 암까지도, 당신의 기도를 막을 것이 없을 것이다!"
>
> 천사는 윌리엄 브래넘에게 가서 그가 전 세계적으로 치유 사역을 이끌고 결국에는 왕, 왕자, 거물들을 위해서도 기도할 것이라고 계속 말했다. 그래서 브래넘 형제는 이렇게 답했다. "내가 이렇게 가난하고 가난한 이들 가운데 살며 교육도 제대로 못 받았는데 어떻게 그런 일이 있겠습니까!" 그러자 천사는 다음과 같이 말했다. "예언자 모세가 하나님께로부터 보내심을 받은 것을 증거하도록 두 가지 기사를 받은 것처럼, 당신도 두 가지 기사를 받게 될 것이다."
>
> 천사는 브래넘 형제에게 그 임무와 사역이 초자연적인 영역에서 일

어나게 될 것에 대해서 설명하면서 약 30분간 서 있었다.[5]

천사는 일어날 일을 모세에게 일어났던 일과 관련시켰다. 그러한 경험들이 외부로 드러나면서 브래넘은 모세와 관련해 들은 이야기를 더욱 이해하게 되었고, 천사가 위탁한 그 사역은 기사와 기적(어마어마한 치유를 포함) 그리고 축사 등으로 점철되었다.

예배하고 지키며 일하는 천사들

이 장을 이렇게 읽고 났으니, 여러분은 이제, '나와 예수님'만 있는 것이 결코 아니라는 것을 분명히 아셨을 것이다. 천사들은 하나님과 그분의 백성들 간에 교차점에 필수적인 부분이다. 우리의 길을 인도하고 보호하도록 우리에게 천사들을 주셨고 그들이 우리를 지키도록 하나님께서 주셨다는 사실을 깨달으면 얼마나 좋은지 모른다.

하나님, 이전에 하셨던 일을 하나님은 지금 또 다시 하실 수도 있습니다. 그래서 우리는 당신께서 천사들을 보내셔서 당신의 임재하심을 명확히 보여주시고 당신의 말씀을 전달하시며, 계시를 베푸시고 깨닫게 하시는 것을 환영합니다. 당신의 말씀으로 치유와 축사를 감당하는 일에 천사를 보내 도우소서. 우리가 이 땅에서 당신을 섬길 때, 천사들로 보호케 하시며, 이 땅에서의 시간이 마감되어 당신의 임재 가운데 나아갈 때 우리를 안내케 하소서. 예수님의 이름으로 기도합니다. 아멘.

주석

1. Terry Law, *The Truth About Angels* (Lake Mary, FL: Creation House, 1994), 192-95.
2. Gloria Farah, "I've Got a Real, Live Angel," in Angels in our Midst (New York, Galilee/Doubleday, 2004), 46-48.
3. Douglas Connelly, *Angels Around Us* (Downers Grove, IL:Inter Varsity, 1994), 105-106.
4. Mary K. Baxter, Dr. L.L. Lowery, *A Divine Revelation of Angels* (New Kensington, PA:Whitaker House, 2003), 186-87.
5. 2005년 11월 날짜로 된 WhiteDove Ministries의 이메일 기도편지에서, Paul Keith가 서술.
   heep://www.whitedoveministries.org/content/NewItem.phtml?art=292&c=0&id=30&style=   2006년 12월 8일 접속함.

6장

내가 죽어 있나 살아 있나?

줄리아 로렌

때로는 죽어가는 사람들이 자기 몸은 침상에 누워 있는데, 자신은 빠른 속도로 터널을 통과하여 어두움 속을 날아가며 빛의 천사들을 만나곤 하는 아름다운 현상들을 경험했다고 얘기하는데, 이것을 NDE(near-death experience, 죽음 직전의 경험)라고 한다. 1982년 한 갤럽 조사에 의하면 미국에서 8백만 명이 이런 경험을 한 것으로 추정했다. 그 후로 다른 조사에 의하면 그 통계숫자가 두 배로 늘어났고, NDE는 북미 사회에서 가장 흔한 '영적 경험'인 것으로 보고되었다. 어떤 종교를 갖든 이 NDE를 경험한 사람의 대다수가 빛의 천사와 하나님, 예수님을 만난 것이다. 죽음의 문을 두드렸던 모든 사람이 다 들어간 것은 아니었다. 이 땅으로 다시 보내진 이들의 이야기는 실로 놀라울 뿐이다.

놀랍게도 NDE의 결과로 인생이 변하는 사람은 극소수이다. 지난 20년간 이 현상을 연구한 의료 연구진들이 그 이유를 밝혔다. 이것을 경험한 사람이 자기가 사는 방식에 극적인 차이를 경험하려면 NDE의 한 가지 중요한 요소가 있어야 하는 것으로 보인다. 그 경험은 빛과 관련된다. 그 빛에서 나온 에너지와 빛의 성질이 그 사람의 인격과 내적 힘을 변화시킨다는 것이다. 어떤 경우에는 그 빛으로 치유를 받고 그 빛을 그들 삶의 마지막 날까지 발하기도 한다.

미키 로빈슨은 심한 사고 후에 NDE를 경험한 그런 특별한 사람 중 하나이다. 그의 이야기를 들으면 이 NDE의 엄청난 면을 보게 된다. 젊었을 때 미키는 스카이다이빙을 하면서 1만2천 피트 상공에서 비행기 문을 박차고 나와 얼굴에 돌풍을 느끼며 아드레날린이 솟는 것을 즐기는 데 인생을 바쳤던 사람이다. 그 한없이 떨어지는 감각과 낙하산이 갑자기 들어 올리는 느낌, 땅으로 돌진해 하강하는 것을 경험한 사람이었다.

스카이다이버들은 낙하산이 망가지면 엄청나게 위험하다는 사실을 알고 있다. 대부분은 사망이고 완전 박살나는 경우가 대부분이다. 하지만 스카이다이버들은 비행기 자체가 얼마나 위험한지는 생각하지 않는다. 미키가 탄 비행기는 급속도로 하강했고, 아무도 비행기를 통제할 수가 없었다. 그 추락으로 미키는 몸에 화상을 입었고, 장님이 된 데다가, 다리는 마비되었다. 불행히도 그의 몸은 살아서 화상과 골절, 또 계속되는 염증으로 끔찍한 통증을 느껴야만 했고, 의사들은 그가 살아남을 수 없을 것이라고 했다. 그는 병원에 누워 의사와 간호사들이 자신의 숯이 된 살갗을 돌아가며 벗겨내는 것을 견뎌야 했다. 그들은 모르핀이 제대로 들어가고 있는지도 계속 점검했다. 며칠은 몇 주가 되었고 이제 몇 달이 지나갔다. 하지만 미키의 젊은 육체에는 생명이 붙어 있었다. 그러나 어느 날 그의 몸은 마침내 꺼져가기 시작하더니 거의 죽음에 이르렀다. 이제 확실히 마지막이 되었다.

미키는 그의 책 『*Falling to Heaven*』(천국으로 떨어지다)에서 다음과

같이 썼다.¹

제릭 의사 선생님이 내 병실에 들어오더니 나를 보시며 생각했다. '어림없어!' 그는 베트남전에서 나보다 훨씬 덜한 화상에도 군인들이 죽는 것을 봤다고 했다. 그래도 그는 내 침상 곁에 앉아 포기하지 말고 싸우라고 나를 격려했다. 그가 일어설 때, 나는 내 발치에 서서 복도로 나가는 선생님과 함께 나가며 말했다.

"절 보러 와주셔서 고맙습니다. 선생님."

그런데 그는 말이 없었다.

"제가 집에 갈 수 있으려면 얼마나 더 있어야 할까요?"

또 그는 대답을 하지 않았다. 그래서 이상했다. 내 말을 못 들으셨나?

나는 중환자실 자동문이 열릴 때 그와 함께 거기 서 있었다. 그때 갑자기, 내가 마치 영혼인 양 문이 나를 쑥 통과했다.

그 다음에 내 영혼은 내 몸에 고무줄처럼 다시 돌아와 붙었다. 방금 일어난 일을 이해하려고 누워 있는 동안, 나는 지금 나의 일부가 이 세상과 저 세상 사이를 갔다 왔구나 하고 깨달았다.

그런데 왜 그랬을까?

이틀 후 미키는 그 답을 알았다. 자기 몸 밖으로 나갔었던 느낌은 계속 맞고 있는 모르핀 때문도 아니고, 정상인처럼 걷고 말하고 싶은 소원에서 나온 환각도 아니었다. 이 몸 밖으로 나온 경험과 고통의 부재는 NDE의 가장 흔한 두 가지 공통점이다. 미키는 죽음의 전조를 경험했던 것이다. 이틀 후, 그런 일이 다시 일어났고 이번에는 NDE를 제대로 경험했다.

마치 누에고치에서 나비가 나오듯이, 뭔가 강하고 살아 있는 것이 내 몸을 깨고 밖으로 나왔다. 내 영혼은 날개가 대기를 가르듯 부드럽게 살을 빠져나와 발을 딛고 섰고 다리는 침대 속으로 푹 꺼졌다.

즉시로, 나는 그 괴롭던 통증과 뜨거운 열에서 벗어났고 다른 영역, 즉 자연법칙 아래 있지 않은 영역으로 들어갔다. 중력이 없어졌고 시간은 멈췄으며 마치 정원 문처럼 내 앞에 영원이 활짝 열렸다.

색깔들은 갑자기 고운 아침비로 안개가 낀 듯, 찬란함으로 체를 친 듯했다. 물건들은 마치 내가 처음 보는 듯 아주 명료히 보였다. 나는 어렸을 적 그 어떤 행복했던 날보다 더 순전하게 살아 있는 느낌이었다. 나의 그 못쓰게 되었던 손을 내려다보니, 아주 완벽해져 있었다.

즉시로 나는 이것이 진짜 세계임을 알았다. 영원한 세계…. 이제 나는 논리 혹은 이성을 훨씬 넘어선 의식을 가지고, 가득한 빛과 소리의 파도를 타고 위를 향하여 헤엄치고 있었다.

나는 어마어마한, 하지만 부드러운 속도로 한 순전한 하얀 빛을 향하여 여행하기 시작했다. 그 빛은 수천 개의 태양을 모아놓은 것보다 더 밝았다. 나는 그 멋진 빛을 영원 무궁히 황홀하게 바라볼 수 있을 것만 같았다.

하지만 그때, 나는 뭔가 내 뒤에서 움직이고 있다는 것을 알게 되었다.

미키는 그 빛이 물러가고 어두움이 그를 덮치는 것을 알았을 때, 완전한 허무함과 끝이 없는 외로움, 빛과의 완전한 분리를 느꼈다. 이것은 마치 지옥의 가장자리로 걸어가는 경험 같았다.

나는 공포에 질린 채 빛이 사라져가는 마지막 순간을 지켜보았다. 그때, 물에 빠진 사람처럼 공기를 먹으려 허우적거리듯이, 내 영혼은 그날 밤 중환자실에서 기도했던 똑같은 말로 비명을 질렀다. "하나님, 죄송해요! 전 살고 싶어요! 저에게 다시 기회를 주세요!"

이 말이 내 가슴속에서 곧장 나와 내 입술에서 터지자마자 나는 내가 천국에 서 있다는 것을 알았다.

즉시로 어두움은 물러갔고, 살아 숨쉬는 듯한 찬란함이 나를 감싸안았다.

미키는 천국을 어렴풋이 보았다. 병실에 누워 있는 망가진 몸으로 돌아오기 전에, 앞으로 7년간의 자기 인생과 천국의 장면을 보게 되었다. 이때 본 환상으로 그는 그 이후 몇 년간의 회복 기간을 지탱할 수가 있었다. 놀랍게도 그 빛을 보고, 그 살아 숨쉬는 듯한 영광에 파묻힌 경험을 했을 때, 그의 긍정적이고 활발한 성격을 자극하여 살고 싶게 만들면서 그후 수년간 회복하는 기간 동안 생존하기 위해 필요했던 원기를 회복하게 해주었다.

이 NDE로 말미암아 생사를 바꾸는 내적 변화가 일어나면서, 그의 신체는 급속도로 치유가 되기 시작했다. 오래지 않아 그의 시력은 회복되었고 곧 걷기 시작했다. 이식한 피부가 붙기 시작했고 화상은 낫기 시작했다. 그는 빛으로 변화되었으며, 그 경험을 한 이후로 더 행복하고 건강하며 죽음을 두려워하지 않게 되었다. 또한 그의 일생 동안 하나님의 사랑의 임재를 인식하게 되었다.

하지만 이 경험 중에 미키에게 또 일어난 일이 있다. 그는 계속적인 영적 경험을 받을 수 있는 놀라운 능력을 갖게 되었고, 주 예수 그리스도와 영원의

쪽에서 친밀하게 동행할 수 있게 되었다.

NDE의 특성

워싱턴 주 시애틀의 소아과 의사 멜빈 모스 박사는 물에 빠졌던 소아 환자가 NDE를 겪으면서 이에 대해 처음 알게 되었다. 3일간 혼수상태에 있다가 이 여자아이는 어떤 두뇌 손상의 흔적도 없게 되었고 회복되었다. 모스 박사는 아이에게 수영장에서 무슨 일이 일어났는지 물었는데, 아이가 자기가 천국에서 본 것을 얘기하자 이 의사는 충격을 받았다. 아이는 밝은 빛과 사랑으로 가득한 아저씨를 봤다. 아이는 수호천사를 만난 것이었고, 그가 천국을 돌아볼 수 있게 해주었다. 그러고는 천국에 있을 것인지 집으로 돌아갈 것인지 선택을 할 수 있다고 했다는 것이다. 아이는 집에 있는 부모님께로 가기로 선택했다. 이 사건을 지켜본 모스 박사는 실제 정확한 실험 계획안을 이용하여 연구 프로젝트를 고안했고 놀라운 결과를 낳게 되었다. 그 결과는 종교계나 과학계 양쪽에 모두 충격을 주었다.

이 조사 연구에는 큰 종합 병원에 입원했던 아동 중 NDE를 경험한 350명을 피실험자로 했다.[2] 연구 기간 중 그는 NDE를 정의하는 아홉 가지 공통 특성을 발견했다. 그 아홉 가지는 다음과 같다.

- 죽은 것과 같은 느낌
- 고통이 부재하고 평화로운 느낌
- 몸 밖을 나온 경험

- 터널을 통과한 느낌
- 빛으로 가득한 사람들을 만남
- 빛 자체인 어떤 한 사람을 만남
- 그들의 인생 전부 혹은 인생의 일부를 회고하는 경험
- 마지못해 돌아오는 느낌
- 그 경험으로 본인이 변화되었음을 자각

모스 박사에 의하면, 많은 사람들이 이 중 한두 가지만 경험한다고 한다. 그러나 드문 경우에는 이 모두를 경험한 사람들도 있는데 그것은 NDE를 깊이 체험한 경우이다.

이렇게 NDE를 경험한 연구 대상은 NDE를 경험하지 않은 대조 피실험자들보다 여러 영역에서 다양한 평가를 받았고, 높은 점수가 나왔다. 그들은 더 행복했고 더 건강했으며 죽음에 대한 두려움이 없었고, 영적인 경험을 더 많이 했으며, 특별히 미래를 아는 능력이 있기도 했다. 마치 영적인 세계와 이 세상 양쪽을 동시에 감지하며 살고 있는 듯했다.

모스 박사는 또한 여러 다양한 NDE 특성을 경험한 아이들을 분리하면서, 몸을 떠난 느낌이나 터널을 통과한 것, 고통의 부재와 같이 한두 가지만을 경험한 아이들은 NDE에 대해 좋은 기억은 있지만 그 삶이 아주 많이 변화되지는 않았음을 알게 되었다. 하지만 특별히 아주 큰 변화를 경험한 아이들이 있다. 그들은 어떤 밝은 빛 혹은 빛으로 가득한 존재를 만났다고 했고, 이들은 그 경험으로 영원히 변화되었다. 그의 과학적 사고로 말미암아 그 빛이 사람의 몸 안의 전자기계에 변화를 일으켰다고 믿게 되었다. 사람이 그 빛을 만나면 성격도 변화될 뿐 아니라 즉각적인 치유도 일어난다는 것이었다.

이 NDE를 겪는 기간에는 엄청난 힘이 솟는다. 이 에너지는 속에서 발생하며 아마도 빛으로 둘러싸일 때 가장 절정에 이를 것이다. NDE를 겪는 대부분의 사람들은 그 빛을 설명할 수가 없지만, 그들이 확실히 본 것은 그들의 생명력을 더해 주는 큰 에너지와 같은 것이다.

이 경험으로 변화된 오른쪽 측두엽을 통해 이 에너지는 모아진다. 측두엽은 다시 몸을 싸고 있는 전자기계와 두뇌의 여러 구조에 지대한 영향을 미친다. NDE를 경험한 사람은 겉은 똑같아 보여도 전자기 구조가 그 전과는 판이하게 다르다.[3]

그는 또한 영적인 경험을 만들어내는 측두엽 자극에 대한 조사 결과를 밝혔다. 두뇌의 특정 부위에 인공 탐침이나 약을 투입했을 때 몸을 떠나는 것 같은 느낌이나 NDE의 다른 특성의 느낌을 일으킬 수 있다는 것이다. 다만 한 가지 설명이 안 되는 특성이 있는데 그것은 빛이 인공적으로 유도될 수 없고 두뇌 안에서 발생할 수도 없다는 것이다. 그 빛은 오직 사망 시점 혹은 독특한 환상(vision) 중에만 활성화되는 것 같다. 모스는 그 환상을 경험한 사람들 중, 사랑이 가득한 그 빛과 만났다고 하는 사람들이 가장 큰 삶의 변화를 겪었다고 한다. "그 빛을 본 사람들이 가장 강력하고 지속적인 변화를 겪었다."[4]

과학자들과 의료진들은 NDE에 관련된 공통된 특성들을 이론적으로 설명해 보려 한다. 그들은 그 특성이 일어나는 이유가 산소 결핍에서 오는 것이며 그때 두뇌는 죽기 시작하고 동공이 확장된다고 한다. 모스 박사도 그렇게 믿곤 했다. 하지만 전통적인 과학 실험 계획안 및 조사 연구 설계를 하고 나서부터는 더 이상 인정하지 않았다.

마취학을 전공한 네덜란드의 한 의사는 의견을 달리하는데, 동공이 확장되면 밝은 빛을 볼 뿐만 아니라 눈이 초점을 맞추고 있는 사람을 명확히 볼 수 있는 반면 다른 모든 사람들은 밝고 뚜렷하지 않은 형상으로 보인다는 것이다. 그에 따르면 NDE를 경험하는 사람들은 방 안에 있는 초점을 맞추지 않은 다른 사람들의 밝고 희미한 형상들을 '밝은 형상'이라고 해석한다는 것이다.

산소 중독 및 산소 결핍의 결과를 연구한 후, 그는 터널과 어두움의 경험이 둘 다 산소 결핍으로 일어날 수 있다고 했다. 산소 결핍이 일어나면 두뇌의 모든 부분이 동시에 멈추는 것이 아니다. 의식이 있게 하는 뇌간은 산소 결핍에 가장 잘 견디는 부위이다. 따라서 산소 결핍이 일어나면 의식을 잃기 전에 시력을 잃을 수 있다.

"어두움, 터널, 빛의 경험은 표면적으로는 과학적으로 알 수가 없을 것 같은 놀라운 경험이다. 그럼에도 불구하고, 그것들은 산소 결핍에 대한 신체의 반응으로 설명될 수가 있다. 터널과 빛이 조합된 경험은 산소 결핍 외에는 그 어떤 것으로도 설명될 수가 없다. 어두움이나 몸 밖으로 나간 것과 같은 경험들도 다양한 여러 조건으로 발생한 신체 기능의 변화로 생길 수 있는 것이다. 터널 및 빛의 경험에 대한 이러한 설명은 이것만이 이 경험들을 일으킬 수 있는 유일한 법이라는 결정적인 증거가 되지 않는다. 결국 이 설명은 과학적으로 알 수가 없는 혹은 비물질적인 설명을 배제하지 않는다. 하지만 그것은 이런 경험들의 모든 면의 원인이 되는 증명 가능한 물리적 대체 설명이 되는 것이다. 또한 이러한 경험들이 일어날 것 같을 때 예측이 가능할 수 있도록 만든 것이다."[5]

과학자들은 NDE의 특성들을 놓고 이론적으로 설명하고 생물학적 이유를 들려 하면서, 우리 안에 있는 문화적 원형에서 온 어떤 형태가 NDE와 관련된다고 믿는 경향이 있다. 사람들이 천사를 보는 이유는 사람이 죽을 때 천사를 본다고 하는 문화적인 기대가 있기 때문이라는 것이다. 하지만 NDE를 겪고 난 지 한참 후에도 보는 것은 어떻게 설명할 것인가?

모스 박사가 연구한 사람들 중 12퍼센트는 NDE 중 만난 수호천사들의 환상을 아직도 보거나 천사들을 만나곤 한다는데 이것은 어떻게 설명하는가 말이다. 왜 10퍼센트 이상의 사람들은 귀신 혹은 유령을 본다고 보고할까? 그리고 많은 이들이 앞으로 일어날 사건(전화벨이 울리기 전에 그것을 알고 누가 전화하고 있다는 것을 안다든가 하는 작은 일부터, 어떤 위험한 일이 생기기 전에 미리 알고 경고를 해주게 되는 놀라운 일까지)들을 예언하는 능력을 갖게 되는가?

또한 NDE를 경험하고 나서 이 사람들은 왜 죽음에 대한 두려움을 갖지 않는 것일까? 죽음을 통과한 후 천국이라는 초자연적 영역이 나온다는 것을 알기 때문이라고 나는 생각한다. 그 죽음의 길이 그래서 더 이상 두렵지 않은 것이다. 하나님의 피조물인 영적인 세계도 물질세계와 흡사한 점이 많은 것이다. 과학은 증명할 수도 없고 논박할 수도 없는 비물질 세계에 대한 해석에 대해서 어찌할 도리가 없는 것이다. 하지만 사람들의 마음은 영적인 세계의 신비에 사로잡혀 있다.

인생의 가장 중요한 몇 초간

하나님은 왜 죽음 직전의 경험을 갖게 하실까? 생명과 죽음에 대해서 궁극적으로 우리에게 말씀하시려고 하는 것은 무엇일까? 뭔가 일을 맡기시기 위해서일까? 아니면 아주 심각하게 사역의 소명을 주시기 위해서일까? 아니면 천국에서 뭔가 착오가 일어나 하나님께서 "아이고, 죽음의 천사가 사람을 잘못 짚었다. 너 여기 왜 왔니? 네 때가 아직 안 되었으니 다시 돌아가거라" 하는 경우일까? 하나님의 마음은 모든 이가 그분을 알기를 원하시며 그분의 무조건적인 사랑을 받아들이기 원하신다고 나는 믿는다. 그분은 우리에게 그분을 받아들이거나 거절할 수 있는 온갖 기회를 주시며 심지어는 죽는 순간에까지도 주신다.

마스터 포터 미니스트리(Master Potter Ministry)의 설립자인 질 오스틴(Jill Austin)이 뉴질랜드의 어떤 교회에서 강단으로 올라갈 때였다. 어머니가 동맥류로 혼수상태에 빠졌고 지금 죽음의 문턱에 있다는 소식을 들은 것이다. 그날 밤 강사였던 질은 잠시 멈춰서 이 자리를 지켜야 하는지 아니면 집회를 취소하고 돌아가야 하는지를 생각했다.

의사인 어머니는 자신에게 무슨 일이 일어나거든 딸이 하던 사역을 계속하라고 단호히 말씀하시곤 했었다. 그래서 질은 계속해서 집회를 인도했고 최대한 슬픔을 억제했다. 일이 다 끝난 후에 즉시로, 자신의 집이 있는 미국 캘리포니아의 아는 사람들에게 전화를 걸어 어머니가 있는 병원에 가서 기도를 해달라고 부탁했다. 로스앤젤레스 동부 도심부에서 사역하시던 한 귀한 남미 출신 목사님이 병원에 갔다. 질의 어머니는 로스앤젤레스 군(County) 병원에서 25년 이상을 일하면서 남미인들이 많이 사는 지역에서 의료업에 종사해 왔었다. 질은 그 목사님이 도착할 때까지 기다린 다음, 그 후에 어떻게 기도해야 할지 구체적으로 부탁을 드렸다.

질은 이렇게 설명한다. "나는 우리가 죽음의 영을 끊고 생명을 불러일으켜야 한다고 말했다. 그리고 어떻게 어머니의 생명을 구하는지 더 자세히 얘기했다. 엄마에게 어떻게 기도하라고 내가 얘기하는 동안에 나는 뭔가 다른 것을 보기 시작했다. 갑자기 예수님이 엄마에게 오는 환상이 보이는 것이었다. 그래서 나는 이제 엄마가 가야 할 때라는 것을 알았다. 예수님이 엄마를 데리러 오시고 계셨기 때문이었다. 이제 엄마가 고향에 갈 시간이었다. 사랑하는 사람을 떠나보내고 싶지 않기 때문에 물론 나는 놀랐다. 하지만 나는 이렇게 말했다. '릴리, 엄마를 데리러 오시는 예수님이 보여요. 그러니 잘 들어보세요. 이렇게 해주세요. 죽음의 영을 끊지 마세요. 엄마 귀에다 대고 주님을 받아들이라고 말해 보세요. 왜냐하면 예수님이 엄마를 데리러 오신다는 것과 엄마는 예수님과 함께 가야 한다는 것을 알아야 하니까.'"

"그 목사님은 '질, 알았어'라고 했다. 그 다음에는 기도를 했다. 그런데 우리 엄마가 혼수상태에서 깨어나더니 침대에서 일어나 앉아 막 웃더라는 것이었다. 그러더니 '아, 이제 딸애가 한 말이 무슨 뜻인지 알겠어' 하면서 엄마는 웃으며 천국으로 가셨다."

질은 남은 뉴질랜드 집회를 취소하고, 다음 비행기를 타고 집에 오기로 했다. 비행기에 있는 동안 그녀는 어떤 사람을 만났는데, 그는 삶과 죽음에 대해서 얘기하며, 질이 어머니를 잃고 나서 오랜 기간을 붙잡아줄 만한 깨달음과 위로를 주었다.

질은 또 이렇게 말한다. "나는 엄마가 살기를 원했다. 지난 4주간 60군데 집회를 다니며 사역을 하고 있는데 엄마가 돌아가시다니, 내 생애의 가장 중요한 사람이 말이다. 나는 비행기를 타고 집으로 가면서 성경책을 무릎 위에 펼쳐놓고 창밖을 내다보며 울고 있었다. 갑자기 내 옆에 앉아 있던 사람이 펼쳐진 성경책을 가리키며 말했다. '나 이 책 저자를 알아요.'"

질은 전도서를 막 읽고 나서는, 엄마가 화장되기를 원했고 장례식도 원치 않았던 사실에 대해서 생각하는 중이었다. 갑자기 그 사람이 그녀의 생각을 읽는 듯 이렇게 말했다. "오, 장례식은 안 치러도 어머니 생애를 축하하는 축하 파티는 가져야죠."

그들은 정말 희한한 대화를 시작한다. "그가 내게 성경구절을 주었을 때 나는 그 구절들을 들여다보고 있는데, 갑자기 나는 영으로 다른 곳에 가고 있었다. 그는 내가 집에 가면 맞게 될 영적 전쟁에 대해서 얘기하면서, 어떤 일이 벌어질 것이라고 정확히 말해주었고, 내게 준비하라고 했다." 부모가 죽고 나면 어떤 가족들이 겪는 법적 전쟁과 형제들 간의 싸움에 대해서 질은 이야기했다.

그때, 질은 이 사람이 보통 사람이 아니라는 것을 알았다. 그는 뉴질랜드 말투가 섞인 매우 보수적인 사업가처럼 보였다. 그의 말에는 무게가 있었다. 그리고 그는 영광의 영역으로 질의 영혼을 움직여 가더니 어떤 일이 벌어질지 그녀의 마음속에 화면을 펼치며 영상들을 그려내는 것이었다. 결국 그들은 질을 괴롭히던 어려운 질문에 이르렀다. 그녀는 어머니가 구원을 받았는지 물었다. 엄마가 죽기 전에 예수님을 영접했는지를 말이다.

그 사람은 더 많은 계시를 주며 계속 얘기했다. "알고 그냥 가는 그리스도인들도 아주 많아요. 그들은 주님을 알고 나서는 그분을 떠나지요. 사람은 수년간에 걸쳐 인생을 재지만 하나님은 몇 초 만에 인생을 잰답니다. 마지막 3초가 사람의 인생에 가장 중요하지요. 사람을 보면 그 사람의 생애 마지막이 다가올 때, 그가 하나님께로 더 가까이 가는지 아니면 더 멀어지는지 보이세요? 성경책을 더 가까이 하고 성경 구절에 대한 옛 기억을 떠올리거나 성령께서 하신 일들을 기억하는 것 말이에요."

그 사람이 이렇게 말했을 때 질은 깨달았다. "주님은 우리 엄마가 돌아가시기 전에 성경책을 읽으며 질문하기 시작한 것을 내게 생각나게 해주셨다.

이것을 보니 엄마가 주님께로 향하기 시작한 것임을 알 수 있었다."

그녀의 어머니가 죽을 때 웃은 것은 실없이 웃은 것이 아니었다. 그것은 자신이 읽고 들었던 예수님을 알고 나서는 기뻐서 웃은 것이었다. 자신이 바라고 믿던 대로 그분이 진짜라는 것을 깨닫고 기뻐서 웃은 것이다.

비행기가 목적지에 다 와서, 이 놀랍게도 지혜롭고 영적으로 깊은 사람의 정체에 대한 의구심이 풀렸다. "우리가 비행기를 내려서, 그 사람은 너무나 따뜻하게 내 손을 잡아 주었다. 그런데 수화물 찾는 곳에 도착하자 그는 자취도 없이 사라졌다." 그는 하나님이 보내신 메신저 천사였던 것이다.

"사람은 수년간에 걸쳐 인생을 재지만 하나님은 몇 초 만에 인생을 잽답니다. 마지막 3초가 사람의 인생에 가장 중요하지요." 어떤 사람은 죽을 때 마지막 3초간 일어나는 일로 말미암아, 하나님의 빛과 사랑을 받아들이기로 선택하며 결정하는 순간이 될 수 있다. 어떤 사람에게는 그 3초가 NDE(죽음 직전의 경험)가 되며, 어떤 목적을 위해 죽음을 미리 맛보는 경우가 된다.

기적적으로 살아남아 사랑의 사람으로 변화되다

모스 박사와 다른 연구가들은 그들의 저서와 기사에서 말하기를, 빛에 의해서 이 땅으로 다시 보내진 사람들은 그들이 이 땅에서 할 일이 있기 때문에 다시 보내져야만 했다고 한다. 그런데 많은 이들에게 이것은 자신이 택한 터전에서 단순히 일하며, 가족과 사랑하고, 끝까지 생을 살아가는 것을 의미했다. 특별히 어떤 사역으로의 부르심이 있던 것이 아니었고 혹은 대단한 예언자가 되는 것도 아니었다. 그들은 단순히 사람들에게 더 집중하며 사랑하는 것이 임무라고 느꼈다. 그리고 타인에게 더욱 사랑으로 행할수록 그들의 인생은 더욱 성공하는 것으로 느껴졌다는 것이다.

40대 후반의 발랄한 남아프리카 공화국 여성인 수젯 하팅(Suzette Hattingh)이 방에 들어서면 금방 눈에 띄게 된다. 그녀의 눈에 있는 무엇인가와 몸가짐이 평범한 크리스천과 다른 어떤 권위를 갖고 있다는 것을 느끼게 해준다. 그녀는 어디를 가든지 하나님의 임재를 몸에 지니며 그로 말미암아 사람들의 눈길을 사로잡고 의아하게 만든다. "이 사람은 누굴까?"

수젯 하팅은 독일에 본부를 둔 국제 복음전도자이다. 수년간 중보자와 전도자로 일하면서, 아프리카와 다른 많은 국가에서 라인하르트 본케(Reinhard Bonnke)와 함께 큰 전도집회에서 많이 설교했다. 라인하르트 본케가 1985년 본부를 독일로 옮기면서 하나님은 결국 그녀가 본케와 함께 가도록 부르셨다. 그녀는 1997년 자신의 사역 보이스 인 더 시티(Voice in the City)를 시작했다. 보이스 인 더 시티 사역은 아시아와 전 세계의 여러 국가에서 집회를 하며 수백만 명에게 전도를 하는 한편, 유럽 전역에 예수님을 나타내는 데 집중하는 사역이었다. 그녀가 가서 사역하며 전도하는 곳마다 놀라운 기적과 치유들이 일어났다. 그녀는 의심할 바 없이 하나님께서 터치하신 자였고 하나님의 마음으로 다시 터치하는 사역자였다. 그 결과 구원과 치유의 추수가 함께 일어나는 것이었다.

수젯은 사역으로 부르심을 받기 전에 간호사로 일했다. 묘하게도 그녀가 영적인 세계의 현실을 주목하게 된 것은 부모님이 NDE를 겪고 난 후였다. 그녀는 죽는 환자를 많이 봤지만, NDE를 경험한다고 해서 다 천국을 보는 것은 아니었다. 어떤 이는 실제로 지옥을 어렴풋이 경험하기도 한다.

캘리포니아 남부의 부동산 업자인 빌 와이즈는 많은 이들이 지옥의 환상을 본다고 동의한다. 그가 한번은 거실에서 잠이 들었는데 갑자기 충격스럽게도 자신이 지옥에 있는 것이었다. 그는 NDE를 통해 죽음의 문턱에 선 것은 아니었지만 그 환상을 본 이후로는 자신을 돌아보고 또한 이런 세계에 대해서 더 알고자 하는 마음에 사로잡혔다. 그래서 그는 NDE 혹은 환상을 통해 지옥의 환상을 경험한 1천4백 명의 이야기를 조사했다.[6] 모스 박사 및 연구가들도 또한 많은 사람들이 천국의 빛과 사랑보다는 지옥의 어두움과 절망을 보았다고 보고한다.

수젯은 「카리스마」(Charisma)지의 인터뷰에서 천국과 지옥 양쪽을 경험한 어떤 환자에 대해서 말했다.[7] 그들의 이야기를 듣고 그녀의 인생은 변화되어, 복음전도자의 사역을 시작하게 된 것이다. 그녀는 다음과 같이 자세히 설명한다.

> 죽어가는 환자들이 자신의 NDE 경험을 내게 말해 주었다. 한 노인이 있었는데, 그는 너무 약해서 움직일 수도 없었다. 그런데 갑자기 침대에 일어나 앉더니 이렇게 외쳤다. '살아 계신 하나님께서 그분의 보좌에 앉아 계시는 게 보인다. 그리고 나는 잃어버렸다!' 나는 '잃어버렸다'는 말이 무슨 뜻인지도 몰랐었다. 나는 아주 현실적인 사람이었으며, 이것을 본 나는 너무도 무서웠다.

또한 하팅은 교회의 장로님이 생각났다. 그분이 죽는 순간에 이렇게 외쳤었다. "살려줘! 내 발이 구멍에 빠지고 있어!" 그리고 그는 죽었다.

세 번째 경우가 있었는데 이 여자는 말기 암환자였다. "그녀는 고통 가운데서 우리에게 비명을 질렀고 쉽지 않은 순간이었다. 잠시 그 환자는 치료를 위해 다른 병원으로 이동했고 거기서 그녀는 하나님을 만나 평안을 얻게 되었다. 그녀는 변화되어 돌아왔고 너무나 부드러워졌다. 그녀는 내가 근무 중일 때 죽었는데 그때 나는 그녀의 침상에 앉아 있었다. 나는 그녀가 벌써 죽었다고 생각했는데 갑자기 돌아와서는 눈을 뜨더니 미소를 지으며 이렇게 말했다. '자매님, 저 음악이 들리세요? 저기 보세요, 꽃들을 봐요! 하얀 옷을 입은 사람들!' 그러더니 그녀가 뒤를 돌아보며 이렇게 말했다. '여기요, 그들이 저를 데리러 와요!' 그리고 그녀는 갔다."

하팅은 이러한 경험들을 하면서 하나님을 다시 찾기 시작했다. 정죄감에 시달리며 계속해서 악몽을 꾸면서 그녀는 1977년 3월 14일 마침내 이렇게 기도했다. "하나님, 당신이 이 이상한 사람들이 말하는 존재라면, 뭔가 좀 해보세요!" 하팅은 말한다. "그때 내게 빛이 떨어지면서 나는 거듭났다."

하나님께 삶을 드린 지 몇 년 후, 그녀는 삶과 사역에 지치게 되었고 과로로 말미암아 빛은 희미해졌다. 그녀의 부모님 두 분이 모두 잇따른 차 사고로 돌아가신 지 3년 만에 그녀는 극도의 피로와 심장 문제로 심각하게 병들게 되었다. 결국 몸은 점점 악화되어, 친구들과 함께 있으면서 건강을 회복한 후 사역지로 돌아가려고 남아프리카로 갔다.

그런데 건강은 급속도로 악화되었고 자신이 죽고 있다는 것을 깨닫게 되었다. 그 전에도 많은 초자연적인 만남을 경험했고 다른 사람들의 NDE에 대해서도 알았지만, 자신의 생애와 사역을 현저히 뒤바꾸는 만남을 갖게 될 판이었다.

독일 프랑크푸르트에 있던 수젯과 전화 인터뷰를 하는 동안 그녀는 1983년 8월에 일어난 다음의 경험을 이야기했다. 이때는 그녀의 아버지가 돌아가신 지 얼마 안 되었을 때였다.[8]

나는 너무 지쳐 있었기 때문에 남아프리카에 있던 내 소중한 친구들, 지미와 제시와 함께 있기 위해 갔다. 일 중독이던 나는 부모님이 돌아가신 것에 대한 고통을 잊고자 하나님의 일 속으로 내 자신을 파묻었다. 내 상태는 좋지 않았고 매우 심각하게 아팠다. 가슴에 있는 통증으로 그날 나는 죽을 것을 알았다. 제시가 앰뷸런스를 부르고 있었다. 내가 침대에 누워 있을 때 그들은 이렇게 기도했다. "사역을 위해서 생명을 건져주옵소서." 그러면서 그들은 밖으로 나갔고 계속해서 다른 방에서 내 생명을 위해 중보했다.

그 순간 어둡던 내 방에 빛이 환해지며 나는 빛으로 둘러싸였다. 우리가 아는 빛과 같은 빛이 아니다. 어떤 그림자도 없는 빛이다. 여태까지 내가 본 중에 가장 밝은 빛인데, 눈이 부시지 않았다. 방은 있던 그대로 보였고 밝아지기만 했다. 내가 문 쪽을 돌아보니 내 몸이 침대에 누워 있는 것이 보였다. 다시 돌아보니 엄마와 아빠가 두 분 다 거기 서 계셨다. 그들은 이 땅에 살아계실 때 모습 그대로였고, 다만 얼굴에 어떠한 짐도 보이지 않았다. 그들로부터 뭔가 부드러운 기운이 흘러나왔다. 엄마는 나와 말씀하셨지만 말로 한 것이 아니었다. 이렇게 말씀하셨다. "너는 아직 오면 안 돼, 얘야. 돌아와야 한다. 내일은 좋아질 거야."

나는 잠에서 깼고 내가 다시 침대에 누워 있었다. 제시는 갑자기 방에 들어오더니 불을 키며 이렇게 말했다. "너 살아날 거야! 내가 지금 스프 좀 끓여올게." 그것이 전환점이었다. 나는 즉시로 기적적으로 치유되었다. 그런데 나는 그 이후로 달라졌다.

그 경험 이후로 내가 깨달은 것은, 우리가 여기 존재하는 것이 자신의 영성을 보이기 위해서가 아니라 예수님을 보이기 위해서라는 것이다. 그래서 그때부터 나는 기적적으로 살아남아 사랑하게 된 것이다.

터널과 천국문

성경에는 전형적인 죽음 직전 환상에 공통적으로 나타나는 특성을 지지하는 많은 정보가 있다. 크리스천 부흥 협회(Christian Renewal Association)의 대표인 리타 베넷(Rita Bennet)은 빛의 터널이 있다고 믿으며 이런 경험에 대한 성경 구절을 이렇게 해석한다. "번쩍이는 청록빛 벽옥으로 된 빛의 터널을 걸어서, 아니면 통과하여 천국으로 우리가 들어갈 가능성이 있다."

계시록 21장 17-18절에 보면 그 도시(성)를 둘러싸고 있는 벽의 두께와 면적이 나와 있다. "연구한 바에 의하면 그 벽의 두께는 약 66미터 가량 되고, 길이는 축구장만하다. 천국의 벽이 그렇게 두껍다는 생각은 참 믿기가 어려울 정도이다."[9] 그녀는 사람들이 천국에 들어갈 때 이 벽을 통과해 들어가면서 드는 느낌 때문에, '터널'을 통과하는 듯한 느낌을 받는다는 것이다.

벽옥색에 대한 내용은 맞는 얘기다. 다른 많은 보석들처럼 벽옥은 다양한 색깔을 나타낸다. 벽옥 중 가장 흔한 것은 아주 투명하고 맑은 것이다. 보석이 투명한 것은 상징적으로 분명하게 보이는 것, 혹은 영광의 빛에 압도당하는 것을 의미한다. 성경의 글에 보면 벽옥은 영광의 가득함과 물을 상징한다. 리타는 하늘의 예루살렘에 나타난 영광을 설명하기 위해 계시록 21장 11-19절의 본문을 언급한다. 벽옥 터널의 그 맑은 특성이 찬란하여 눈을 어지럽히는 하나님의 영광의 빛을 굴절할 때 그것은 마치 빛과 같이 천연히 빛나는 것이다. 하지만 그 보석의 청록빛은 물을 상징할 수도 있다. 이것은 누군가 천국문에 들어갈 때 영광의 바다 혹은 강에 잠기는 것을 의미한다. 청록 터널은 빛이 터널에서 쉽게 굴절되지 않으므로 생각보다 더 어두울 수도 있다.

어떤 이들은 어두운 터널을 통하여 솟아오른 느낌이라고도 하며, 어떤 이들은 빛의 터널을 통과하여 움직였다고 보고하기도 한다. 이 두 그룹 모두 벽옥 특성에 맞게 성경 구절이 입증해 준다. 벽옥은 청록빛의 보석으로 어두운 터널이 될 수도 있고 혹은 극도로 투명한(밝은 빛을 더 굴절해 줄 수 있는) 보석이 될 수도 있다. 자신의 육체를 떠나 빛의 터널 혹은 어두운 터널을 통과하는 경험을 하는 사람들은 새 예루살렘 문을 통과하여 천국으로 곧장 들어갈 수 있다고 리타는 믿는다.

그러나 어두운 터널을 통과해 간 것을 회상하는 사람들이 실제로 건너편에 기다리고 있는 지옥의 광경을 발견한다거나 빛의 터널을 지나간 사람들은 천국을 경험한다는 의견은 성경에도 없고, 모스 박사의 연구 결과도 입증해 주지 못한다. 터널은 그저 터널일 뿐인 것 같다. 어두움 혹은 빛을 통과한 사람들이 천국 혹은 지옥에 이른다. 통과하는 곳이 어떤지, 어디로 가는지는 전적으로 하나님의 목적에만 달린 것이고 하나님만이 그 사람의 경험과 방향을 통제하시는 것이다.

빛의 존재와의 만남

이 NDE 기간 중 사람들이 보는 '빛의 존재'는 무엇일까? 어떤 사람은 한 사람만을 본다. 그 사람은 빛의 찬란함에 가려서 얼굴 모습이 확실하지 않다. 어떤 이들은 많은 사람들이 걸어다니는 것을 보는데, 마치 그 빛이 그들의 속에서 흘러나올 뿐 아니라 그들을 휘감고 있는 듯하다고 한다. 두 가지(천사의 형태 혹은 하나님 자신) 중 하나에 해당하는 모양으로 영적인 빛의 존재에 대해서 이야기하는 성경 구절이 많이 있다. 특히 하나님을 언급하는 경우는 다음과 같다. "오직 그에게만 죽지 아니함이 있고 가까이 가지 못할 빛에 거하시고"(딤전 6:16).

예수님의 한 특별한 제자는 빛 되신 예수님에 대해서 말했다. 마치 자신이 그 빛의 놀라운 계시를 경험했었던 것처럼 말이다. 나는 예수님이 사랑하셨던 이 제자 요한이 그 빛의 영향력을 보고 느꼈다고 믿는다. 예수님께로부터 나온 그 빛이야말로 어떠한 인간의 지력도 초월하기 때문이다. 예수님의 본성을 빛과 사랑으로 깨달은 그의 계시는 다른 모든 제자들의 깨달음을 훨씬 능가했다.

요한복음 1장 4-5절에서 사도 요한은 예수님을 빛으로 설명하기 시작했다. "그 안에 생명이 있었으니 이 생명은 사람들의 빛이라 빛이 어둠에 비치되 어둠이 깨닫지 못하더라." 그는 예수님이 다른 모든 사람과 다르다는 것을 알았다. 그분의 빛은 특별했다. 요한복음 1장 8-9절에서 그는 세례 요한을 이렇게 설명했다. "그는 이 빛이 아니요 이 빛에 대하여 증언하러 온 자라 참 빛 곧 세상에 와서 각 사람에게 비추는 빛이 있었나니."

그가 이것을 알게 된 것은 예수님께서 그에게 그렇게 말씀하셨기 때문이다. 요한복음 8장 12절에서 예수님은 자신에 대해서 "나는 세상의 빛이니"라고 말씀하신다. 한참 후에 요한은 요한일서 1장 5절에서 이렇게 기록했다. "우리가 그(예수님)에게서 듣고 너희에게 전하는 소식은 이것이니 곧 하나님은 빛이시라 그에게는 어둠이 조금도 없으시다는 것이니라."

게다가 요한은 다른 복음서의 어떤 저자들보다도 더 많이 그 빛의 성격에 대해서 계시를 받았는데 이것은 초자연적인 환상을 통해서만 부여될 수 있는 것이었다. 요한계시록 4장 5절에서 그는 이렇게 기록한다. "보좌로부터 번개와 음성과 우렛소리가 나고 보좌 앞에 켠 등불 일곱이 있으니 이는 하나님의 일곱 영이라." 하나님의 일곱 가지 모습이 보좌 앞에 강렬한 빛으로 거한다. 이 강렬한 빛과 빛의 존재는 많은 사람들이 터널을 통과하여 천국으로 날아올라가 자신들이 하나님의 존전에 있는 것을 발견할 때 본다고 하는 그 존재이다.

요한은 또한 시편 104편 2절에서 언급한 "옷을 입음같이 빛을 입으시며 하늘을 휘장같이 치시는" 분이 하나님이라는 것을 알았다. 이 빛은 너무나 강력해서 섬광처럼 일부 지역을 밝힐 뿐 아니라, 달이나 태양보다도 더 강력하다고 한다. 계시록 21장 23절에서 요한은 이렇게 묘사한다. "그 성은 해나 달의 비침이 쓸데없으니 이는 하나님의 영광이 비치고 어린양이 그 등불이 되심이라."

예수님이 빛이실 뿐 아니라, 그분의 천국에 있는 영적 존재들도 찬란한 빛으로 옷을 입는다. 구약에 보면, 다니엘이 천사를 만나는 장면이 나온다. "또 그의 몸은 황옥 같고 그의 얼굴은 번갯빛 같고 그의 눈은 횃불 같고"(단 10:6). 마태복음에서는 주님의 천사가 무덤의 돌을 굴려내고 그 위에 앉아 있는 모습이 나오는데, 그 천사는 엄청난 빛을 낸다. "그 형상이 번개 같고 그 옷은 눈같이 희거늘 지키던 자들이 그를 무서워하여 떨며 죽은 사람과 같이 되었더라"(마 28:3-4).

이 천사들은 보좌 주변에 있던 이들일 것이다. 그 빛을 보면서 그들은 그들이 바라보던 그분과 같이 된 것이다. 하나님의 빛으로 가득 차서 그들은 이 땅에 메신저로 왔기 때문에, 그분의 영광 가운데 아직도 빛이 나는 것이다. 보좌 자체는 전자기로 너무나 가득 차 있어서 "번개와 음성과 우렛소리"(계 4:5)를 발한다. 번갯빛이 보좌 안의 온갖 색상으로 된 보석에 비춘다고 상상해 보라. 마치 거대한 빛의 쇼와 같을 것이다. 이렇게 빛으로 나타난 하나님의 형상과 빛과 같은 천사의 존재, 빛을 비추는 무지개 이 모든 것이 NDE를 경험한 사람들의 이야기 속에 담겨 있다. 여기서 참 흥미로운 것은 이런 이야기들을 하는 이들 중에 크리스천이 아닌 경우가 많고, 기독교적 신앙 배경을 거의 갖지 않은 사람, 혹은 성경에 묘사된 천국 보좌에 대한 지식이 없는 이들이 많다는 점이다.

그러니 모스 박사 연구에서 밝혔듯이, 사람들이 그 순수한 빛과 만나 전자기의 힘으로 가득한 모든 것의 근본이신 창조주 그분과 마주 대했을 때, 영원히 변화되는 것은 당연한 것이다. 예수님께서 기적을 행하셨던 것은 어쩌면 너무나 당연하다. 그분의 존재는 강력한 빛 혹은 전자기 에너지로 가득하여, 그분과 접촉하는 자는 그분께서 그 빛을 내기로 선택하시기만 하면 누구나 변화되었다. 때로 그분은 신분을 숨기고 다니시며 많은 무리보다는 한 사람만을 치유하기도 하셨고, 또 많은 무리를 치유하시고 축사하기도 하셨다. 물 위를 걸으셨고 물을 포도주로 바꾸기도 하셨다. 빛, 사랑, 힘, 영광이 예수님 안에 다 혼합되어 그분으로 하여금 기이한 일들을 하게끔 한 것이다.

그분의 능력과 빛은 NDE를 경험한 사람들 혹은 환상으로 그 빛을 만난 이들에게만 드러난 것이 아니다. 예수님이 가까이 오실 때 몸 안의 온 분자가 폭발하는 느낌을 받으면서 우리는 그분을 경험하기도 한다. 그분의 찬란한 빛에 담긴 능력을 경험하고 하나님을 만난 사람들은 그런 환상을 경험하지 않아도 영원히 변화된다.

인생의 목적

NDE를 경험한 사람이 모두 예수님을 만나고 그분을 하나님으로 인정하는 것은 아니다. 사실, 대부분의 사람들은 그 전보다 더 하나님에 대해서 더 많은 의문을 갖게 된다. 어떤 이들은 답을 찾으려 하다가 뉴에이지의 영적인 경험이나 이론에 이끌리기도 한다. 어떤 이들은 저세상을 새롭게 발견한 것으로 그저 만족하고, '저 멀리 있는 우주 너머의 세계' 보다는 이 생애를 사는 데 더 집중하기도 한다. 그리고 이것이 어쩌면 그런 경험을 한 주된 이유인지도 모른다. 천국의 환상을 경험하고 세상의 빛이신 하나님을 만난 대부분의 사람들은 두 가지를 깨닫는다.

첫째, 우리는 어떤 목적을 위해 창조되었다는 메시지이다. 어떤 일을 위해 내가 태어났든, 어떤 사람들을 사랑하도록 내가 부르심을 받았든, 최선을 다하여 해내야 하는 것이다! 이 땅에서 우리가 받은 시간은 길지 않다. 수젯 하팅이 말했듯이 우리가 기적적으로 살아남은 이유는 사랑하기 위해서이다.

둘째, 천국에는 천사들이 둘러싼 보좌에 하나님께서 앉아 계시고 그 천국은 우리보다 먼저 간 사랑하는 이들로 가득 차 있다는 것이다. 이것을 알면 당신은 무엇을 하겠는가? 예수님은 "내가 곧 길이요 진리요 생명이니 나로 말미암지 않고는 아버지께로 올 자가 없느니라"(요 14:6)고 하신다. 그분은 또한 자신이 "천국의 문"(요 10:7)이라고 하신다. 그분은 당신의 마음문을 똑똑 두드리시고 당신이 그 문을 열면, 그분께서 들어오셔서 영원까지 당신과 우정을 나눌 것이다. 저쪽으로 통하기 위해서는 이쪽에 있는 영원의 문을 당신이 열어야만 하는 것이다. 왜 인생의 마지막 3초가 될 때까지 기다리겠는가? 그 마지막 순간이 언제일지는 아무도 모르는 것이다. 또한 NDE를 경험하면서 그렇게 결정할 수 있는 시간이 당신에게 있을지는 아무도 보장할 수 없다.

당신은 예수님과 함께 하기를 원하는가 아니면 미키 로빈슨이 잠시 느껴 봤던 그 반대쪽의 어두운 공간인 빛이 없는 곳에 살기를 원하는가? 마음의 문을 여시라. 지금 잠시 당신의 말로 기도하며 예수님을 마음에 초청하고 당신의 삶을 그분께 맡기라. 당신이 자신에 대해 죽을 때, 당신의 삶은 그분의 빛으로 놀랍게 변화될 것이며 당신은 크나큰 기쁨을 얻게 될 것이다. 그분의 사랑이 마음 깊이 넘치게 될 것이다. 무슨 말로 기도해야 할지 모르겠으면 다음과 같이 기도하자.

세상의 빛이며 사랑의 하나님인 주 예수님, 제 마음속에 들어오시도록 주님을 초청합니다. 제가 깨달을 수 있도록 눈을 열어주세요. 저의 모든 죄를 용서해 주시고 제가 주님을 알게 하셔서 제가 오늘 주님을 알고 영원까지 알 수 있도록 해주세요. 당신은 주의 주, 왕의 왕이십니다. 예수 그리스도가 살아 계신 하나님의 아들인 것을 제가 믿습니다. 영원인 하나님 아버지께로 가는 다른 길이 주님 외에는 없습니다. 제 삶을 주님의 사랑의 손길에 맡깁니다.

주석

1. Mickey Robinson의 *Falling to Heaven* (Cedar Rapids, IA: Arrow Publications, 2003), 94-95.
2. 그의 연구는 저서 *Transformed by the Light*과 여러 소아과 의료 잡지에 더 많이 수록됨.
3. Melvin Morse, M.D와 Paul Perry의 *Transformed by the Light:The Powerful Effect of Near Death Experiences on People's Lives* (New York: Villard Books, 1992), 147-148.
4. Morse, *Transformed by the Light*, 197.
5. G.M. Woerlee의 *Darkness, Tunnels, and Light*, http://www.csicop.org/q/csicop/neardeath.
6. Bill Wise의 *23 Minutes in Hell*. 이 정보는 캔자스 시에서 Bill이 한 간증에서 발췌함.
7. Tomas Dixon의 "She Dared to Claim a Continent", *Charisma*지, 2002년 10월
8. 2006년 6월 독일의 수젯 하팅과의 전화 인터뷰.
9. *To Heaven and Back*의 저자 Rita Bennet, 2005년 8월 25일, *The Edmonds Beacon*에 낸 그녀의 칼럼에서 발췌함.

7장

초자연적 환상의 기이한 경험들

짐 골

꿈과 환상에 대한 일반적인 경험이라는 통로를 이제까지 지나왔다면, 이제는 좀 더 깊이 들어가 더 큰 방으로 들어가는 문으로 가보자. 이 장의 이름은 처음에는 약간 섬뜩한데, 그것은 바로 '**초자연적 환상의 기이한 경험들**' 이다. 여기에는 문이 네 개가 있고 각 입구마다 이름이 달려 있다.

첫 번째 문에는 '**초자연적 환상의 기이한 경험들!**' 이다. 그 다음에는 도대체 뭐가 있을지 의아해졌다. 그 문 바로 건너편에는 '**빔 작동**(Beam Me Up)!' (미국 NBC의 공상과학 시리즈인 '스타 트렉(대우주 작전)' (1966-69)에서 몸을 변신할 때 외치는 구호; 원안 제작은 Gene Reynolds; 거대 우주선 엔터프라이즈 호의 우주 탐험)-**열린 천국, 천국 방문 및 천국의 소리**라고 쓰여 있었다. 와, 우리는 확실히 스스로 통제할 수 없는 영역에 들어선 것임에 틀림없다! 그리고 세 번째 문은 불쑥 나타나 더욱 흥미를 자아냈다. **무아경, 속삭임과 중얼거림 그리고 예언**이란 제목이다.

이제 가보도록 하자. 하지만 이것은 마치 주님께서 우리에게 꼭 뭔가를 보여주셔야만 한다는 태도가 아니라 오히려 겸손한 마음으로 "주님, 더 받을 준비가 되었으니 더 주실 것을 기대합니다" 하는 자세로 가는 것이다.

트랜스

> 후에 내가 예루살렘으로 돌아와서 성전에서 기도할 때에 황홀한 중에(행 22:17)

오늘날 이것은 너무나 오해하기 쉽고, 너무나 많은 사람들이 이것을 뉴에이지나 비학처럼 생각하기에, 우리는 트랜스(trance, 입신)에 대하여 다룰 때 매우 주의해야한다. 하지만 이러한 무아경의 경험에 대하여 먼저 간단히 살펴보도록 하자.

트랜스는 사람의 몸이 성령님께 압도되어 다소 멍한 상태이며 그 생각이 사로잡혀 하나님께서 주기 원하시는 계시나 환상을 받기가 쉬워진다. 신약의 헬라어로 트랜스는 엑스타시스(ekstasis)인데, 여기서 영어 단어 'ecstasy(황홀, 무아경)'가 나왔다. 그래서 트랜스는 육체가 초자연적으로 자극을 받아 흥분한 상태라고 할 수 있겠다. 종종 트랜스에 있는 사람은 비범한 마음 상태에 사로잡히게 되고 넋을 잃은 것과 같다. 바인스(Vine's) 신약 단어 주석 성경에는 트랜스를 "정상적인 의식과 자연적 환경에 대한 인지가 멈춰지고, 영혼은 하나님이 주신 환상만 보게 되는 상태"라고 정의한다.[1] 그에 이어 두 번째 정의는 다음과 같다. "무아경은 트랜스에 빠지면서 자신의 자연 상태 밖으로 옮겨져 영으로 볼 수 있는 환상의 초자연적 상태이다."[2]

웹스터 사전은 이 상태를 이렇게 묘사한다. "무아경; 제자리에 있지 않게 됨; 정신이 흐트러짐, 특히 종교적인 큰 열정에서 기인하는 것; 큰 기쁨, 황홀, 온 마음을 사로잡는 느낌의 환희."³ 헬라어로 트랜스는 엑스타시스이며, 여기서 영어 'ecstasy'가 나왔다. 사고의 전이, 어리둥절함, 따라서 놀람, 망연자실을 뜻한다.⁴

데이빗 블롬그렌 박사는 그의 균형잡힌 예언 저서 『Prophetic Gatherings in the Church』(교회의 예언 집회)에서 다음과 같은 정의를 내린다. "트랜스는 계시를 받을 때 환상을 보는 상태이다. 이 황홀한 상태 가운데 있는 예언자는 지각력에 있어서 자연 상태의 의식과 의지에 더 이상 제한되지 않는다. 그는 '성령 안에' 있어서 전 의식을 일시적으로 능가하게 된다."⁵

마지막으로 정리하여 트랜스를 정의하자면, 영적인 영역에 사로잡혀 성령께서 말씀하시는 것을 받게만 되는 황홀의 상태라고 할 수 있겠다.

더 자세히 들여다보자면

다음은 트랜스와 같은 상태를 여러 가지 모양으로 묘사해 언급한 여덟 가지 성경 구절의 예이다.

- 몹시 놀라 떨며(amazement)-막 16:8
- 크게 놀라고 놀라거늘(astonishment)-막 5:42
- 엎드러져 죽은 자 같이 되매-계 1:17(여기서는 엑스타시스가 쓰이지 않았지만 엎드러져 마치 죽은 자처럼 된 상태가 트랜스와 같은 상태

를 잘 묘사해 준다)
- 크게 떨며-단 10:7
- 두려움과 떨림-욥 4:14
- 여호와의 권능이 갑자기 내림-겔 8:1
- 여호와의 권능(손)이 위에 있음-겔 1:3
- 주님으로부터 온 깊은 잠-욥 33:15, 단 8:18

성경 두 구절을 더 찾아보고 정확히 알아보도록 하자. 첫 번째 구절은 사도행전 10장 9-16절에 기록된 베드로의 중요한 트랜스 경험이다.

이튿날 그들이 길을 가다가 그 성에 가까이 갔을 그때에 베드로가 기도하려고 지붕에 올라가니 그 시각은 제육시더라 그가 시장하여 먹고자 하매 사람들이 준비할 때에 황홀한 중에 하늘이 열리며 한 그릇이 내려오는 것을 보니 큰 보자기 같고 네 귀를 매어 땅에 드리웠더라 그 안에는 땅에 있는 각종 네 발 가진 짐승과 기는 것과 공중에 나는 것들이 있더라 또 소리가 있으되 베드로야 일어나 잡아먹어라 하거늘 베드로가 이르되 주여 그럴 수 없나이다 속되고 깨끗하지 아니한 것을 내가 결코 먹지 아니하였나이다 한대 또 두 번째 소리가 있으되 하나님께서 깨끗하게 하신 것을 네가 속되다 하지 말라 하더라 이런 일이 세 번 있은 후 그 그릇이 곧 하늘로 올려져 가니라

이 일이 얼마나 중요했는지 우리는 알고 있는가? 이 트랜스 하나 때문에 전 교회 역사가 뒤바뀐 것이다! 이방인들이 예수 그리스도를 믿게 되었고 메시아의 지체는 더 이상 유대인들만 가능한 것이 아니었다! 구원이 이방인들에

게도 왔다! 이 얼마나 엄청난 변화인가! "하나님께서 깨끗하게 하신 것을 네가 속되다 하지 말라 하더라." 이것은 참으로 놀라운 일이었다! 이 영적인 경험에 대해서 우리는 주님께 얼마나 감사해야 하는지 모른다.

두 번째로 민수기 24장 4절에 기록된 예언자 발람에게 일어난 트랜스에 대해 살펴보자.

> 하나님의 말씀을 듣는 자 전능자의 환상을 보는 자 엎드려서 눈을 뜬 자가 말하기를

발람은 하나님의 성령에 압도되어 저주를 할 수가 없었고 이스라엘을 축복만 할 수 있었다. (오늘날에도 이런 일이 일어난다면 얼마나 좋겠는가!) 그는 트랜스 상태에 있으면서 이렇게 선포했는데, 이때 그는 눈을 다 뜨고 있었다. 하나님께서 정말 확실히 하시고자 하는 말씀을 분명히 하기 위해 발람에게 이런 엄청난 트랜스의 영적 경험을 겪게 하신 것이다.

이렇게 그분은 행하셨으니, 또 계속해서 일어나는 일을 살펴보자! 위로 위로 멀리멀리. 자, 우리 모두 귀하신 주님의 사랑이 펼쳐진 곳으로 날아올라 가자! 우리 주님은 얼마나 놀랍고 창의적이며 아름다우시고 쉽게 받아주시는 분이신가!

몸 밖으로 나가는 경험

그가 손 같은 것을 펴서 내 머리털 한 모숨을 잡으며 주의 영이 나를 들어

천지 사이로 올리시고 하나님의 환상 가운데에 나를 이끌어 예루살렘으로
가서 안뜰로 들어가는 북향한 문에 이르시니(겔 8:3)

몸 밖의 경험은 실제로 사람의 영혼이 그 몸 밖으로 나오는 것을 말한다. 하나님께서 그런 경험을 하게 하실 때는 특별한 믿음이나 기름부으심을 주시고, 그 영혼의 주변을 보호해 주셔서 주님께서 인도하시는 곳에서 그가 행할 수 있도록 해주신다.

이런 경험에서, 그 사람의 영혼은 사실상 자신의 육체를 떠나 주님의 영에 의하여 영적인 차원에서 여행하기 시작한다. 일단 그렇게 나가면 주변 환경은 자연적으로 보이던 것과 다르게 보이는데, 그 이유는 이제 원래 눈이 아닌 영적인 눈으로 보기 때문이다. 주님은 그 눈이 하나님께서 보시도록 하는 것만을 하나님의 시각에서만 보도록 인도하신다.

에스겔은 이 몸 밖으로 나가는 경험을 한 가장 좋은 성경의 예이다.

- 주의 영이 나를 들어올려-겔 3:14
- 그가…내 머리털 한 모숨을 잡으며 주의 영이 나를 들어 천지 사이로 올리시고-겔 8:1-3
- 주의 영이 나를 들어올려서-겔 11:1-2
- 여호와께서 권능으로 내게 임재하시고 그의 영으로 나를 데리고 가서 골짜기 가운데 두셨는데-겔 37:1-4
- 영이 나를 들어 데리고 안뜰에 들어가시기로-겔 43:5-6

바울도 몸 밖으로 나오는 경험을 확실히 했다. 대부분의 학자들은 바울

이 쓴 다음 편지 내용이 본인의 경험을 언급한 것이라고 본다.

> 내가 그리스도 안에 있는 한 사람을 아노니 그는 십사 년 전에 셋째 하늘에 이끌려간 자라 (그가 몸 안에 있었는지 몸 밖에 있었는지 나는 모르거니와 하나님은 아시느니라) 내가 이런 사람을 아노니 (그가 몸 안에 있었는지 몸 밖에 있었는지 나는 모르거니와 하나님은 아시느니라) 그가 낙원으로 이끌려가서 말로 표현할 수 없는 말을 들었으니 사람이 가히 이르지 못할 말이로다(고후 12:2-4)

이 거룩하고 놀라운 영역에 대해서 바울이 말하는 것을 보라. 그는 그것을 어마어마한 것처럼 얘기하지 않는다. 그가 몸 안에 있었는지 아니면 밖에 있었는지는 중요한 문제가 아니다. 중요한 것은 그가 이 경험을 통해 들은 것과 알게 된 것이다. 그 메시지는 무엇이고 그 열매는 무엇일까?

트랜스라고 하면 많은 사람들은 이것을 비학(秘學)과 관련해서 생각하기 때문에 이 환상의 경험은 우리가 아주 조심스럽게 다루어야 한다. 성령께서 감동하신 참된 경험에 대한 모조품은 반드시 있기 마련이다. 겉으로는 거의 차이가 안 나는 것 같지만 속을 보면 그 열매와 목적 면에 있어서 엄청난 차이가 있다. 우리는 결코 우리 자신이 그러한 경험을 하도록 의도해서는 안 된다! 이러한 경험은 오직 하나님만이 일으키셔야 하며 하나님이 시작하셔야 한다.

이것은 자기 투사도 아니고 별세계를 투사한 해석도 아니다. 본인이 의도하는 바를 마음속에 그리는 것이 아니다. 그것은 비학 혹은 주술이다. 하나님의 주도하에 성령님을 통해서 하나님이 원하시는 대로 우리를 영적인 세계로 들어 올리시는 것이지 우리가 스스로 상상하여 아무 데나 가는 것이 아니다.

영들이나 마법, 요가에서 이것을 행할 때는 성령님과 상관없이 하는 것이며, 그것을 함으로써 일이 잘 풀리는 것 같지만, 그것은 단지 그것들이 사탄에게 위협이 되지 않기 때문이다. 그들은 이미 속은 셈이다. 그들이 깨닫든 깨닫지 못하든, 그들은 이미 그와 같은 줄에 선 셈이고, 더 이상 그의 원수가 아닌 것이다.

원수로 하여금 하나님의 영역을 훔쳐가지 않도록 하라. 성령님이 행하시는 이러한 특별한 방식에 대해서 두려워 말되, 스스로 불러일으키려는 어리석음에 말려들지 않아야 한다.

옮김

> 둘이 물에서 올라올새 주의 영이 빌립을 이끌어간지라 내시는 기쁘게 길을 가므로 그를 다시 보지 못하니라(행 8:39)

옮김(초자연적 이동 또는 위치 전환, translation)은 환상이 아니라 신체에 실제로 일어나는 경험이라고 할 수 있다. 하지만 이 특별한 경험이 발생할 때 여러 가지 초자연적인 환상 같은 것을 볼 수 있다. 본서에서 다루고 있는 여러 가지의 영적 경험들 중 이것은 내가 아직 겪어보지 못한 것이다. 이러한 일을 겪어본 친구들이 있는데 그 이야기들은 정말 너무나 놀랍다. 나는 주님께 기도하기를 하나님께서 내게 원하시는 것들을 내가 모두 경험할 수 있게 해달라고 한다.

여기 몇 가지 성경적인 예가 있다. 예수님께서 광야에서 마귀에게 시험을 받으신 후, 그분은 다른 곳으로 옮기셨다(마 4:3-5 참조). 전도자 빌립은 에티오피아 내시에게 복음을 나눈 후 옮김을 당했다(행 8:39 참조). 베드로도 감옥에서 옮김을 당하면서 나오게 되었지만 그 일이 일어나는 동안 그는 깨닫지 못했다. 자신은 그것이 환상 혹은 꿈이라고 생각했었다. 확실히 알 길은 없지만 이것도 일종의 옮김일 수 있다(행 12:8-9 참조).

이러한 모든 영적 경험 중, 나는 이것을 경험해 보지 못했으나, 아는 친구들 가운데 이것을 경험한 이들이 있다. 한 친구는 선교 여행 중 차를 타고 길을 가는데 두 시간 이상을 앞당겨 간 적이 있다. 몇 년 전, 밥 존스와 그의 아내는 타고 있던 트럭이 들어올려져서 도착 시간보다 몇 시간 더 빨리 도착하는 옮김을 당한 적이 있다. 또 어떤 예언자 친구는 타기로 되어 있는 비행기 시간에 늦었는데, 그가 그것을 알기도 전에, 공항에 미리 도착하여 다음 사역지로 정시에 도착할 수 있게 되었다. 그가 거기에 도착하는 것이 중요했었음에 틀림없었을 것이다.

나는 하나님 말씀을 읽을 때, 하나님의 말씀에 있는 것은 무엇이든지 내가 경험할 수 있도록 해달라고 구한다. 나는 성경을 단순히 역사책 읽듯이 읽지 않는다. 오히려 그것을 메뉴판 읽듯이 읽을 때가 있다. 나는 "이걸로 해주세요!" 하고 구한다. 여러분도 그렇게 한번 해보시라!

천국 방문

내가 그리스도 안에 있는 한 사람을 아노니 그는 십사 년 전에 셋째 하늘(heaven)에 이끌려간 자라 (그가 몸 안에 있었는지 몸 밖에 있었는지 나는

모르거니와 하나님은 아시느니라)(고후 12:2)

성경은 하늘(heaven)을 세 개로 나눈다.

1. 가장 낮은 하늘. 땅을 덮고 있는 대기 중의 하늘(sky). (마 16:1-3 참조)
2. 두 번째 하늘. 태양, 달, 별, 행성이 있는 우주의 별세계 하늘
3. 세 번째 하늘. 가장 높은 하늘, 하나님과 그분의 천사들, 성도들이 거하는 천국, 모든 왕국은 이곳을 중심으로 운행한다(시 11:4 참조).

천국 방문은 앞에서 다룬 몸 밖을 나가는 경험과 같은데, 다른 점은 사람의 영혼이 이 땅의 영역을 떠나 둘째 하늘을 통과하여 셋째 하늘로 가는 것이다. 이것은 기도할 때도 일어날 수 있고, 트랜스 혹은 주님으로부터 오는 깊은 수면, 혹은 사망 시에 일어난다.

몇 가지 성경의 예는 다음과 같다.

- 모세. 시내산에서 40일간 금식하는 동안 모세는 천국의 장막을 '보았고' 그것을 땅에 그대로 지을 수 있도록 '청사진'을 받았다. 우리가 확실히 말할 수는 없지만, 이것은 천국을 다녀온 경우일 가능성이 많다. 그것이 아니라면 적어도 천국이 열린 경험이라 할 수 있을 것이다 (출 24:18; 25:1, 8-9, 히 8:5 참조).
- 바울. 사도 바울은 "사로잡혀 셋째 하늘로 올라가" 말로 표현할 수 없는 말을 들었고 참으로 천국을 경험했다. 바울은 이 영역으로 곧장 사로잡혀 올라간 것 같다(고후 12:2-4 참조).

- 에녹. 창세기에 따르면 에녹은 "하나님과 동행했고" 하나님께서 그를 데려가셨다. 그는 죽지 않고 하늘로 사로잡혀 올라갔고 땅으로 되돌아오지 않았다(히 11:5 참조).

이와 똑같은 방식으로, 사람은 몸 밖으로 나가는 경험을 하여 셋째 하늘을 방문할 수 있고, 지옥의 여러 지역을 방문할 수도 있다. 만약 그가 죄인이라면 죽음 혹은 NDE, 혹은 초자연적 환상으로 떨어지면서 지옥에 접근하여, 회개하고 예수 그리스도를 개인의 구세주로 받아들이지 않을 때 영원을 그곳에서 보내게 된다는 것을 보게 된다. 그리고 하나님의 자비로 이 땅의 몸으로 돌아온다.

그가 그리스도인인 경우에도 저주의 고통을 보여주시고자 주님의 영이 그를 지옥으로 데리고 갈 수 있다. 그리고 다시 몸으로 돌아와 증거하며 비그리스도인들에게 회개하고 예수님을 주로 믿으라고 경고할 수 있는 것이다. 이러한 경험은 또한 그 보이지 않는 세계가 진짜라는 것을 알리면서 그리스도의 지체들을 격려하는 도구로 쓰일 수 있다. 하나님은 부지런히 그분을 찾는 자들에게 보상해 주신다(히 11:6 참조). 천국과 지옥은 사실이다! 모든 사람은 영원한 존재이기에 그 영혼의 마지막 종착지는 참으로 중요한 것이다!

나는 이렇게 천국을 방문하는 일들이 성경이 기록된 당시에만 일어난 것이 아니라 역사 가운데 계속 있었다고 본다. 그리고 그러한 경험들은 참된 사도 사역이 이 마지막 때에 일어나면서 더욱 증가할 것이다. 우리 하나님 아버지께서 여러분을 위해 준비해 놓으신 모든 것 가운데로 더욱 나아가며 하나님께 구하도록 하자.

이러한 경험들의 중요성

우리 어머니는 내가 자랄 때 매우 호기심이 많았다고 한다. 내가 항상 "왜, 뭐가?" 하는 질문을 계속했다고 한다. 그래서 나는 지금도 이런 질문을 많이 한다. "이런 모든 희한한 경험들이 의미하는 바는 무엇일까?" 성령님과의 관계에서 여러분도 그런 질문을 놓치지 않기를 바란다.

이것을 염두에 두고, 이러한 영적 경험에 관하여 우리가 꼭 물어봐야 하는 "무엇을, 왜"에 대한 질문에 요점만 짚어 명확히 답해 보겠다. 왜 하나님은 이렇게 엄청난 경험들을 허락하신 걸까?

1. 하나님의 위대한 존전에 이러한 관객들을 허락하는 것이 하나님으로서는 자랑거리이다.
2. 경험이 주관적이면 주관적일수록 계시가 더욱 순수할 가능성이 높다.
3. 우리 자신의 사고가 그 경험과 개입되지 않을 때, 영적 세계에서 더욱 명확히 집중할 수 있다.

그래서 그런 일이 일어날 수 있도록 허락하신 것조차 우린 감사해야 한다.

이 장을 마무리하면서 사도행전 2장의 권면을 생각해 보자. 막 시작한 아기와 같은 교회에 성령께서 부어지셨다. 예수님의 제자들은 성령으로 충만하였고 "새 술에 취했다"는 소리까지 들었다. 베드로는 다른 열한 제자들과 함께 서서 "너희 생각과 같이 이 사람들이 취한 것이 아니라"(행 2:15)고 했다.

제자들은 너무나 성령으로 가득 차 있어서 세상 사람들이 그렇게 오해를 할 정도였으니, 상상해 보라. 특별한 얘기 같은가? 내게는 그렇지 않다. 그때 그렇게 성령께서 역사하셨듯이 지금도 그렇기 때문이다!

여러분이 생각하는 것처럼 미친 것이 아니다!

성경의 어떤 선지자들은 미친 사람이나 바보로 언급된 경우들이 있다. 하지만 더 자세히 살펴보면 사람들이 선지자들을 그렇게 조롱하며 비난을 한 상황들 가운데 나온 내용임을 알 수 있다. 이 어려운 장을 마감하면서, 과거에 어마어마한 초자연적 경험을 했던 선배들을 사람들이 어떻게 비판하며 조롱했는지 살펴보자. 여러분도 그런 부류에 속한다면 안심하시라!

열왕기하 9장 11절은 다음과 같다. "예후가 나와서 그의 주인의 신복들에게 이르니 한 사람이 그에게 묻되 평안하냐 그 미친 자가 무슨 까닭으로 그대에게 왔더냐 대답하되 그대들이 그 사람과 그가 말한 것을 알리라 하더라."

예후는 젊은 선지자로부터 강력한 예언의 말씀을 받는다(왕하 9:1-10 참조). 그 예언에는 예후가 왕이 될 것이며 이세벨을 멸할 것이라 했다. 어떤 이들은 이 젊은이를 '미친 자'라고 불렀다.

예레미야 29장 26절에도 또 한 예가 있다. 여기서 예언하는 모든 이는 미친 사람으로 불린다는 것을 보여준다.

호세아 9장 7절도 한 예이다. "형벌의 날이 이르렀고 보응의 날이 온 것을 이스라엘이 알지라 선지자가 어리석었고 신에 감동하는 자가 미쳤나니 이는 네 죄악이 많고 네 원한이 큼이니라."

이 날카로운 내용들은 '선지자' 및 '하나님께 감동을 받은 사람'을 보는 눈이 어떤지 잘 보여준다. 그들은 '바보' '미친 자'로 불렸다. 이 하나님의 사람들은 바보도 아니고 미친 것도 아니다. 그들은 하나님께서 영감을 주신 하나님의 생기를 실은 하나님의 사람들이다. 이들은 히브리서 11장의 그 위대한 믿음의 선배들 명단에 올라가 있고 '세상이 감당하지 못한 사람들'이었다. 그들은 사람들이 생각하는 것처럼 술에 취한 것도 미친 것도 아니다! 그들은 하나님의 감동을 받은 하나님의 사람들이다.

초자연적인 하나님께서 자연적인 인간들과 일하시는 여러 가지 특별한 방식들에 대해서, 주님께서 우리에게 빛을 비추시고 계시해 주시며 깨닫게 해 주시기를….

자, 이 '기이한 경험의 통로'를 계속 전진해 가며 빔 작동-열린 하늘, 천국의 소리, 천국 방문 장을 살펴보기 위해 집의 지붕을 걷어 버리시라.

주석

1. Vine's Expository Dictionary of New Testament Words.
2. Vine's Expository Dictionary of New Testament Words.
3. Webster's Dictionary
4. James W. Goll, *Revival Breakthrough Study Guide* (Franklin, TN: Ministry to the Nations, 2000)
5. David Blomgren, *Prophetic Gatherings in the Church*.

8장

빔 작동!

줄리아 로렌

천국. 그저 그 단어만으로 하나님을 경배하는 보좌를 둘러싼 수많은 사람들, 빛을 굴절시키는 보석들, 천사와 음악 등의 화려한 이미지가 떠오른다. 하지만 천국이 성경에 묘사된 것으로만 제한될까? 아니면 훨씬 더 클까? 지난 수년간 많은 사람들은 자신이 하늘로 사로잡혀 올라갔을 때의 순간들과 거기서 받은 놀라운 환상들, 예수님과 천사들과의 대화, 개인과 교회 혹은 나라들에 대해서까지도 받은 예언의 말씀에 대해서 이야기하곤 했다. 어떤 이들은 현재 컨퍼런스나 워크숍을 열기도 하면서 사람들이 더욱 주님을 찾고 천국의 계시된 영역으로 들어가도록 북돋아준다.

어떤 은사주의 교회들은 하나님이 실제로 이 땅에서뿐 아니라 천국에서도 우리를 원하신다고 믿는 것 같다. 그들은 또한 우리가 크리스천으로서 마치 그 오래된 영화 시리즈 '스타 트랙'에서처럼 우리의 유산을 탐구할 권리가 있을 뿐 아니라, 천국에서 빛의 운반 이동기가 내려와 우리를 천국으로 쏘아

올릴 수도 있다고 본다.

　천국의 영역에서 걸어다니는 그런 환상을 경험한 이들은 "또 이르시되 진실로 진실로 너희에게 이르노니 하늘이 열리고 하나님의 사자들이 인자 위에 오르락내리락하는 것을 보리라 하시니라"(요 1:51)의 약속을 맛보게 된 것이다. 여기서 예수님께서 말씀하시는 '하늘(heavens)'은 무엇일까? 요한이 나중에 계시록에서 기록한 그 천국일까? '보좌의 방'에 들어갔었거나 '열린 천국'을 경험한 이들의 간증에 의하면, 사람들은 이 땅에서뿐 아니라 천국에서도 하나님을 만나 놀랍게 인생이 변화되는 경험을 한다. '운반기 빔'을 타고 들림을 받는 것은 제대로 된 곳에 서서 마음가짐을 바로잡기만 하면 가능할 수 있다. 그러면 당신도 사도 요한, 베드로, 바울 등의 사람들과 유사한 환상들을 받을 수도 있다.

　하나님이 계신 곳이 천국이다. 이것은 고린도후서 12장 1-4절에 셋째 하늘이라고 나와 있는데, 바울은 자신이 셋째 하늘로 올라갔던 경험을 기록하고 있다. 그 경험이 몸 안에서 일어났든(천국으로 옮김을 당한 경우) 아니면 몸 밖에서 일어났든(환상의 형태로) 그는 모른다고 했다. 하지만 그는 그것을 낙원(paradise)으로 기술했다. 하나님은 예수 그리스도께 하늘과 땅의 모든 권세를 주신 것처럼, 하늘과 땅 전체에 그분의 뜻대로 계시적 경험과 천사들을 급파하실 수 있다. 그분은 또한 믿는 자들을 셋째 하늘로 잡아 올려 그들로 하여금 하나님의 보좌가 있는 곳과 천국의 하나님 나라를 걸어다니며 보고 경험하게 하실 수 있다. '보좌가 있는 방'을 진정으로 경험하고 온 사람들은 확실히 예수님께서 누구이신지, 그리고 그분께서 현대 교회에 어떻게 말씀하시는지에 대하여 더 큰 계시를 갖고 온다.

　나는 사람들이 천국을 더욱 경험적으로 인식하게 하는 여러 집회에 참석한 적이 있다. 몇십 명이 바닥에 누워, 경배의 음악으로 그들은 잠잠해지며 고요한 상태로 들어갔다. 그들은 예수님께 주의를 집중하고 그분을 찬양하며 일상의 염려에서 벗어나 하나님의 임재하심 안으로 들어갔다. 그러면 많은 이들이 새로운 영적 단계를 경험하며 일어났다. 마치 땅이 저 밑에 있고 천국의 문이 활짝 열린 느낌을 받았다. 어떤 이들은 천사들을 만나기도 하는데 천사들이 그들을 하나님의 보좌가 있는 방으로 인도해 주었다. 어떤 사람들은 예수님과 얼굴과 얼굴을 맞대기도 했다. 약 30분 후, 찬송이 끝나면서 그들은 의자에 앉았다. 한 사람씩 앞에 나와 자신이 보거나 듣거나 느낀 것에 대해서 이야기하는 시간을 갖았다. 대부분, 자신이 염려하는 식구들에 대한 것이나 교회와 관련된 문제들, 혹은 하나님을 섬기고자 하는 진로에 대한 문제에 대해 그리스도께서 부드럽게 말씀하시는 것을 들었다. 몇 명은 영적인 은사를 받기도 했다.

　이 집회 중에 어떤 이들은 보좌의 방으로 들어가기도 했고 나는 천국의 서고(library) 중 어떤 방을 돌아다닌 경험을 했다. 하나님 아버지께서 그분 앞에 펼쳐져 있는 책을 내려다보고 앉아 계셨다. 그분의 넓은 나무로 된 책상에는 책들이 쌓여 있고 그 사이에는 문서들이 흩어져 있었다. 하나님은 손에 긴 깃촉펜을 들고 계셨다. 읽으시던 책을 덮으시며 책 겉장을 펴시는 것이었다. 그러시더니 책 쪽으로 몸을 수그리시며 그 책에 사인을 하셨다. 나는 조용히 지켜보고 있었다. 그제야 나를 보신듯 쳐다보시며 웃으시더니, "난 이 책이 맘에 들어" 하시고는 책상에 쌓인 책들을 향해 손으로 훑으시더니 "사실, 네 책은 다 좋아" 하시고 바닥에 쌓아놓은 책 더미를 보시며 고개를 끄덕이셨다.

　그 다음에는 그 펜을 내게 건네시며 선물로 땅에 가지고 가라고 하셨다. 그 펜을 내 손에 쥐고 아직 그분 앞에 말도 못하고 서 있는데, 약간 큰 천사가 내 왼쪽에 나타났다. 주님은 이 천사가 검으로 싸우는 법을 가르쳐주기 위해 내게 왔다고 말씀하셨다. 그리고 하나님은 방에서 금방 사라지셨다. 그 천사는 팔을 들어올렸다. 그 팔에는 깃털이 달려 있는 것처럼 보였다. 하얀 옷을 입은 전형적인 천사의 모습이었고 허리띠를 했는데, 천사는 검을 머리 위로 높이 들어올렸다. 나도 펜을 쥔 채로 팔을 높이 들어올려 그가 하는 대로 쳤다. 그는 팔을 왼쪽으로 기울였고 나도 그대로 따라했다. 그 다음엔 오른쪽으로 기울이며 부드럽게 내 검을 밀었다. 우리는 똑같이 움직이며, 그는 검을 휘둘렀다. 나도 내 펜을 부드럽고 강하게 흔들었다. 마치 애들이 재미있게 노는 것 같아서 나는 웃음이 나왔다. 하지만 이 환상이 매우 심각하고 아주 중요한 것임을 나는 알았다. 그리고 상당 부분은 아직도 내가 이해하지 못하는 부분이 많다.

하지만 그 환상을 보고 나서 나는 약간 화가 났다. 왜냐하면 그 당시에 그것은 마치 내가 상상하여 꾸며낸 것처럼 생각되었기 때문이었다. 작가로서의 내 운명을 내가 이미 안 것에 대해서, 신성한(sanctified) 상상력을 사용하여, 단순히 직관한 것이라는 생각이 들었다. 그런데 그 이후로 나는 좀 더 심각하게 글을 써보고자 추구하는 데 힘과 시간을 쏟으며 애쓰고 좌절했던 상태로부터 벗어나게 되었음을 알게 되었다. 하지만 그때 바닥에 누워 있던 자체보다는 천국의 장면과 소리, 냄새가 더욱 생생했음에도 불구하고, 나는 그 경험이 천국을 다녀온 것이라고는 생각하지 않았다.

나는 그 순간을 통해 하나님께서 내게 개인적으로 말씀하시고자 했다고 생각했다. 그분은 내가 그분의 임재 가운데로 들어가 그분께 가까이 가서 그분을 거기서 만나기로 하고 시간을 보낸 나의 결정에 대해서 존중해 주신 것이었다. 그것은 확실한 어떤 경험이었으나 왠지 내게 맞지 않는 것 같았다. 다른 사람들의 환상 이야기를 들어보니 말이다. 하지만 우리가 이렇게 남과 비교할 때 하나님은 싫어하시리라고 생각한다.

많은 사람들은 누가 경험한 것이 더 위대한지에 대해 비성숙하게 논의한다. 누구는 상상으로 천국에 갔고, 누구는 빔이 작동해서 갑자기 열린 환상을 보게 되었고, 하면서 말이다. 이 열린 환상은 너무나 진짜 같아서 육체의 형태로 옮김을 당한 사람은 현실이 차차 희미해진다. 그 과정 중에 어떤 사람들은 열등한 경험을 했다고 느끼면서 떠나기도 한다. 어떤 이들은 자신이 경험한 것을 과장하기도 하며 자신을 더욱 '영적' 혹은 '예언적' 인 사람으로 끌어올리기 위해 그렇게 하기도 한다.

천국의 서고에 다녀온 여행 그 이듬해에 나는 그 경험에 대한 내 분석이 잘못되었음을 깨달았다. 나는 그것이 실제로 몸 밖의 경험, 빔이 작동하여 천국을 경험한 것이 아니라 내 상상에 근거했음을 알았다. 하지만 다른 사람에 비해서 열등하지도 우월하지도 않았던 것이었다. 신성한 상상력으로 우리는 진짜 만남을 할 수 있다. 하나님께서 우리 자신과 그분의 왕국에 대해서 우리에게 주시고자 하는 깨달음의 가치를 재면서 혹은 어떤 것이 더 나은 경험인지 구분하면서, 우리는 성령을 근심케 하지 말아야 한다. 진실한 상상력은 하나님 나라의 현실을 제대로 직관하게 해주며 우리 삶의 영역으로 하나님 나라의 실재를 가져다준다.

비정규 계시와 보좌의 방 계시

나의 상상으로 말미암아 나는 하나님께서 처음부터 내게 의도하셨던 것을 추구하는 자유함을 얻게 되었다. 계속 이어진 경험과 열린 환상으로 내가 어떤 책을 써야 되는지 더욱 깨닫게 되었다. 그 후에 이어진 환상에서 보았던 숨겨진 금고에 있는 글들의 내용이나, 책의 목차라든가 재정적인 정보에 대해서 보이지 않았던 것들이 천천히 내게 열리기 시작했다. 그 경험 이후로 즉시, 하나님의 환상은 현실화되었다. 이전에 닫혀 있던 문들이 열렸고 나로 하여금 글을 쓰고 출판할 수 있게 만들었다.

사실, 본서가 포함된 *Shifting Shadows* 시리즈와 *Glimpses of Jesus* 시리즈(미국 데스티니 이미지 출판사에서 출간)는 그 천국의 서고에 대한 환상 후 나온 결과이다. 그 환상의 열매를 보면 그 환상이 하나님께서 만드신 만남이었다는 사실을 증명해 준다. 나는 이것을 예언적 비정규(back-door) 계시라고 부른다. 왜냐하면 우리가 막고 있는 것들의 뒷문을 통해 들어오셔서 우리가 결국에는 '아하!' 하고 깨닫게 되기 때문이다. 이것을 통해 우리는 자신을 더 잘 알게 되고, 내적인 장애물을 치우게 되며, 하나님에 대해서 더 온전히 깨달을 뿐 아니라 우리를 향하신 목적을 성취하고자 하는 소원을 자유롭게 풀어놓는다.

어떤 이들은 훨씬 더 심오해 보이는 천국을 방문하는 경험을 한다. 하지만 어떤 경험이 더 위대한 것인지는(상상으로 천국에 간 것인지 아니면 갑자기 위로 쏘아올려져서 하나님의 보좌로 간 것인지) 중요한 문제가 아니다. 둘 다 확실한 경험이다. 중요한 것은 어떤 천국 환상이 더 강렬했는지가 아니고 그 만남을 통해 받은 소명과 메시지, 계시, 깨달음이다. 비정규 예언 계시를 받는 것과 보좌의 방 예언 계시를 받는 것의 차이는 그것이다. 계시를 받고 그것으로 어떻게 해야 할지 알았을 때 그 책임은 상당히 무거운 것이다.

비정규 예언 계시는 이렇게 우리가 막고 있는 뒤로 들어온다. 하나님은 이런 하늘의 만남을 통해 우리 마음의 문제들에 대해서 말씀하신다. 집회 기간 동안, 계시를 위해 하나님을 구하며 그분의 임재 안에서 시간을 보낼 때 있었던, 나의 천국 서고 만남과 다른 이들의 보좌 위 경험들은 하나님께서 우리에게 필요하다고 알고 계신 것을 우리 안에서 끄집어내시며, 우리 마음의 염려와 은사, 소명에 대해서 각 사람에게 말씀하시는 예였다. 이러한 계시는 예배하며 하나님의 임재 가운데 우리가 시간을 보낼 때 시작될 수 있는데, 마치 많은 부분이 우리의 거룩한 상상을 통해 시작하고 받은 것처럼 느껴질 수도 있다.

보좌의 방의 예언적 계시는 하나님의 마음 가운데 있는 이슈에 대해서 말하는 경우가 더 많다. 하나님께서 그 만남을 주도하시며 그 느낌은 환상일 때와 달리 느낌이 더욱 강하다. 그리고 본인이 몸 밖에 있고, 다른 차원인 천국의 영역에 있음을 안다. 여기서 받은 깨달음은 대개 그 개인의 소명을 향한 하나님의 마음과 관련되며, 또한 교회 및 국가의 미래와 관련된다. 이러한 차원의 계시를 받는 이는 하나님의 마음에 있는 짐을 나눌 엄청난 책임이 있을 뿐 아니라 교회와 심지어는 어떤 국가들에 대해서 하나님의 마음과 메시지를 어떻게 표현할지 분별할 큰 책임이 있다.

책을 쓰는 것에 대해 내가 본 환상은 모두 나에 대한 것이었다. 이 비정규 예언 계시는 내가 초청 받은 것에 대해서 내가 반응할 수도 반응을 안 할 수도 있었다. 어쩌면 내가 쓰려고 했던 낭만적인 소설책 더미를 하나님께서 내게 보여주신 것이었다. 하나님께서 내게 주신 은사에 내가 반응했어야 했음을 나는 알았고 때는 된 것이었다. 나는 소설이든, 논픽션이든 내가 쓰기로 선택하는 것은 내게 달렸다는 느낌을 갖게 된 것이다. 하나님 아버지는 책을 쓰고 말하도록 내가 창조된 사실만으로 기뻐하시며 그 소명을 이루어가도록 도우실

작정이셨다.

하나님께서 나를 극적으로 들어올리셔서 천국으로 인도하시며 그 서고의 책들을 보여주시고, 하나님께서 내게 보여주신 특별한 메시지에 대해서 쓰면서 하나님과 함께 내가 동역해야 한다는 것을 발견했어야 했다면, 보좌의 방에서 직접 명령을 받았어야 했을 것이다. 보좌의 예언적 계시를 받았어야 했을 것이다. 그랬더라면 천국에서 들은 것을 그대로 정확히 썼어야 했을 것이다. 더 이상 나에 대한 것이나 내 마음의 소원에 대한 것이 아닐 것이다. 하나님에 대한 것이고 그분의 관심과 그분의 마음 가운데 있는 소원에 대한 것일 것이다.

개인에 대한 계시나 그룹에 대한 계시 모두 하나님께는 중요하다. 어떤 쪽이 더 우월하지도 열등하지도 않다. 어느 쪽이 더 중요한가를 따질 수도 없다. 하지만 아주 많은 사람들이 다 이러한 보좌의 방 계시를 받지 않는 것은 사실이다.

예언 사역자 샨 볼츠(Shawn Boltz)에 따르면, "보통 예언적 경험이나 계시와 달리, 보좌실(throne-room)에서의 만남은 영원한 특질이 있다. 이렇게 경험한 것은 아주 세밀한 것까지 잊을 수가 없게 된다. 그 기억은 마음에 새겨진다. 우리의 영원한 현실을 맛보는 셈이고 없어지지 않을 것이다. 왜냐하면 그것들은 영원하기 때문이다. 반면 환상이나 계시는 일단 성취가 되면 우리 마음에서 희미해질 수도 있다."[1]

셋째 하늘 방문이라고 하든 아니면 보좌실 만남이라고 하든 이것을 경험한 모든 사람은, 환상이나 방문, NDE, 몸 밖의 경험, 혹은 마음 안에서 천국으로 옮김을 통해 만남을 가진 것이다.

이렇게 사람들이 경험한 보좌실 계시에 대해서 살펴보자.

보좌실 만남

오늘날 예언사역에서 많은 사람들이 천국 환상을 봤고, 극적으로 천국의 긴 복도, 보좌실, 판사실에 옮김을 당했다고 말한다. 그들의 이야기들을 다 담고 싶지만, 별로 공간이 많지 않다. 하지만 확실한 것은 보좌실 만남을 경험하는 사람들의 숫자가 갈수록 늘고 있다는 것이다. 하나님은 이 땅에서 꿈이나 열린 환상, 혹은 천국을 그리며 생각하는 기도 시간 가운데 사람들의 의식 가운데로 내려주시기보다는, 보좌에서 곧바로 신선한 계시를 주고 계신다. 하나님은 "오라 이 후에 마땅히 일어날 일들을 내가 네게 보이리라" 하시며(계 4:1) 사람들을 부르고 계신다. 그리고 즉시, 그들은 "성령에 감동되어 하늘 보좌와 그 보좌 위에 앉으신 이를" 보게 될 것이다(계 4:2). 다음은 하나님의 보좌로 '쏘아올려진' 사람들의 이야기들이다.

애나 로운트리

애나 로운트리(Anna Roundtree)는 남편이 감독제(Episcopal) 교회의 은퇴한 목사님이다. 그런데 본인 스스로 생각하기에는 자신이 보좌실 계시를 받을 만한 후보자가 아니라고 생각했다. 1970년대 초 그녀는 60대였는데, 그때 천국의 환상들을 경험하기 시작했다. 그녀는 자신이 받은 계시를 담고 있는 책을 두 권(『천국방문』*The Heavens Opened*과 『그리스도의 제사장적 신부』*The Priestly Bride*) 저술했다. 그녀의 남편 알버트는 성경을 자세히 연구하여 성경구절 참조문을 그 책에 달았다. 그래서 하나님 말씀에 담긴 설명을 통해 확인해 주고 그녀가 본 것의 진실성에 신임을 더해 준 것이다. 그녀와의 전화 인터뷰에서 그녀는 보좌실 계시를 받는 것이 어떤 것인지에 대해서와 자신이 본 것을 어떻게 정확히 기록할 수 있었는지에 대해 몇 가지 알려주었다.

내가 크리스천이 된 이후로, 예언적 은사를 가진 사람을 만날 때마다 그들은 내가 천국을 보게 될 것이라고 말했고, 나는 그들이 이상한 사람들이라고 생각했었다. 환상은 너무나 많다. 두 책 모두 그런 환상들을 경험하면서 저술했고 주님께서 책에 담기를 원하신다고 생각하는 것을 기록했다. 하나님은 어떤 것이 책에 들어가기 원하시는지 가르쳐주신다.

"환상은 일종의 경험과 같아요"라고 그녀는 설명했다. "내가 내 자신 밖에서 뭔가를 보는 것이 아니라, 나는 정말 그 안에 있고, 거기로 옮겨져서, 그것을 경험하는 거예요. 나는 사실 그것들을 통해 걷고 있는 것이지요. 하늘(heavens)이 처음 내게 열렸을 때, 나는 그 경험에서 일어나 기록할 수 있었어요. 그것은 길지 않았지요. 그리고 이런 것을 더 주실 것인지 주님께 물어봤지요. 저는 그분께서 말씀하신 것이나 천사들이 말한 것을 정확히 기록할 수 있기 원했어요. 그래서 하나님이 제게 허락하셨죠. 그것은 마치 내가 그 안에 있으면서 페이지를 내려다보고 무엇을 들었는지 기록하는 것과 같은데, 때로는 몇 마디일 뿐이었어요. 그 경험을 겪고 있었으나, 동시에, 저는 그것을 기록하고 있었죠."

애나의 환상에 대해서 가장 놀라운 것은 그녀가 동시에 두 곳에 있을 수 있었다는 것이다. 환상을 경험하면서 천국에 있으면서 한편으로는 그것을 기록하면서 땅에 있었던 것이다. 하지만 항상 그런 것은 아니었다. 그녀가 더 많이 계시를 보면서 그녀는 동시에 이 두 세계에서 어떻게 기능하는지 배우게 되었다. 이 영적인 세계에서 어떻게 사는지를 배우는 데는 연습이 필요하다. 마치 다른 대기 중에서 수영을 하는 것과 같다. 그 대기에 더욱 거할수록, 그것에 더욱 익숙해지고, 움직이는 방법이나 생각하는 법, 중력의 제한을 벗어나는 새로운 방법들을 발견하며 하나님의 임재 안에 떠다닐 수 있게 된다. 애나는 처음에 자신이 그런 것들을 경험하기 시작했을 때 환상 안에서 다니는 방법을 어떻게 배웠는지에 대해서 이야기했다.

알버트와 나는 기도를 하고 있었고 우리가 기도하는 동안 내 눈은 감겨져 있었다. 나는 한 천사가 영적 영역에서 내 앞에 서 있는 것을 보았다. 그 천사는 말했다. "**앞으로 나오렴.**" 나는 내가 일어나서 몸 밖으로 나갈 수 있었다는 것을 몰랐었다. 나는 일어나 이 천사를 따라갔다. 그리고 커튼을 가르는 천사가 둘이 또 있었다. 나는 속으로 큰 갈등을 일으켰다. 나는 이것이 실제로 영적인 세계를 방문하는 것일 수가 없다고 생각했다. 왜냐하면 그것은 예수님이 오셔야만 가능하다고 생각했었기 때문이다. 그 천사는 이렇게 말했다. "**그만 고민하고 앞으로 나와.**" 그것은 아주 사실이었다. 다른 청색 커튼들이 열리더니 더 밝은 곳이 나왔다. 세 번째 다음에는 더욱 빛나는 빛이 나왔다. 그 때 어떤 목소리가 들렸다. "**어떤 것을 갖겠니?**" 그때 나는 내가 하나님의 보좌 앞에 서있음을 깨달았고, 어떻게 해야 될지를 몰랐다. 그래서 나는 남편과 함께 소리를 내어 계속 기도했다.

내가 기도를 하면 천사는 이렇게 말했다, "**그것은 이제 됐어. 그 다음.**" 나는 이렇게 생각했다. '그것이 이루어질 것이라고 말씀하시는 하나님 앞에 내가 지금 서 있네.' 나는 어안이 벙벙했다. 나는 남편과 내가 항상 기도했던 것의 마지막에 다다랐고 천사가 "**앞으로 전진**"이라고 하는 것이었다. 빛으로부터 큰 빛의 두 손이 내 머리 위에 내려와 온갖 힘과 전기가 내 안으로 흘러들었다. 그분은 손을 거두시고 천사가 나를 뒤로 들기 시작했다.

그 환상 이후로 일련의 환상들이 보이기 시작했다. 환상을 받는 많은 사람들처럼, 혹은 천국으로 들어올림을 받아 주님을 만나는 보좌실 경험처럼, 애나는 그것이 평생의 유일한 경험이 될 줄로 생각했다.

나는 이것이 한 번으로 끝날 줄로 알았고 그래서 다 놓치지 않기를 원했다. 하지만 주님이 이렇게 말씀하셨다. "이제 네 앞의 길이 열렸으니, 내게 묻기를 잊어버린 것이 있으면 다시 물어도 좋다." 그제서야 나는 언제든지 다시 갈 수 있음을 깨달았다.

이 계시의 계절 중 어떤 시점에서 애나는 천국에 걸어들어가, 천사들과 얘기하며, 주님을 만난 적이 있다. 한번은 어떤 천사가 주님을 만나도록 그녀를 초청했다. 그 천사는 "…내게 미소짓더니 조용히 말했다. '우주의 창조주께서 너와 함께 하시기를 원한다. 그분을 기다리게 하지 말라.'"[2]라고 했다. 이 간단한 말로 주님 앞에 나아가 담대히 그분과 얼굴과 얼굴을 맞대는 능력이 애나 안에 열렸다. 천국은 천국의 영역으로 과감히 나아가고자 하는 모든 이들의 삶에 이와 같이 초청하고 있다. 많은 예언적 사역자들은 하나님께서 우리가 그분께 나오기를 기다리신다고 믿는다. 길은 열렸다. 하늘(heavens)은 열려 있다. 우리가 하나님께 가까이 가기만 하면 그분은 우리에게 가까이 오실 것이다(약 4:8 참조).

그런데 왜 애나일까? 이러한 연속적인 계시를 받도록 왜 그녀가 선택되었을까? 그녀 자신도 이것을 의아해 했고 그래서 이것에 대해 주님께 여쭈어 보았다.

우리 하나님 아버지께서 계속 말씀하셨다. "너는 네가 보고 들은 것을 말하라. 너는 내 마음을 드러내고 '고향'을 다른 이들에게 보여주며 소망을 주어라. 너의 말은 전쟁터에 있는 이들에게 온 고향의 편지와 같을 것이다. 병사가 싸움터에 있을 때 고향에서 편지가 와, 고향 집의 소식과 사람들 이야기를 읽으면 큰 소망을 갖게 되듯이 말이다. 그는 고향을 사모하며 자신이 얼마나 사랑받는 존재인지를 깨달을 때 계속 전진하게 된다. 애나, 소망은 인류에게 큰 선물이다. 소망이 없으면 그들은 번민한다."

"왜 저를 택하셨나요?"

"왜냐하면 너는 단순하기 때문이지, 애나. 그리고 많이 알지 않기 때문이야. 세상의 창조 전에 나는 너를 불렀지. 네가 지혜롭거나 영리해서가 아니고 내가 너를 기뻐하기 때문이지. 내 아들은 너를 기뻐한단다. 성령은 너를 기뻐한단다. 내가 오늘 너를 내게 부른 것은 네 도움을 청하기 위해서란다."[3]

보좌실 계시는 주님께서 기뻐하시는 자에게, 마음이 겸손한 자, 통회하는 자에게 온다. 자신에게 주의를 집중시키는 자들이 아니라, 주님께서 원하시는 대로 순종하며 하나님께 영광을 돌릴 자들에게 말이다. 보좌실 계시는 국제적인 예언 사역을 하는 이들에게만 제한되지 않는다. 그것은 우리 모두에게 열려 있다. 그러한 경험은 예언적인 성격이나 시각에만 제한된 것도 아니다.

NDE와 관련된 이야기를 가진 많은 이들이 자신들도 이 땅의 몸 밖에서 나와 천국으로 들어올림을 받아, 빛을 봤고 하나님의 영광을 봤으며 그분의 음성을 들었고 초자연적 하나님의 세계를 경험했다고 보고한다. 이들의 경험으로 본다면 하나님께서 존재하신다는 것을 우리가 확신하기 위해서 죽음까지 기다릴 필요가 없다는 것이다. 우주의 창조주는 당신과 함께 하기를 원하신다. 그분을 얼마나 기다리시게 할 것인가? 우리는 찬양과 감사로 그분의 궁정에 들어갈 수 있다. 기도와 예배로 그분의 임재 가운데 들어갈 수 있다. 애나는 매일 기도의 훈련을 쌓았을 때 환상이 시작되었다. 여러분은 기도의 자리에 들어가기를 얼마나 지체할 것인가? 여러분은 우주의 창조주와 함께하기를 얼만큼 원하시는가?

래리 랜돌프

래리 랜돌프(Larry Randolph)는 자신의 생애 가운데 있었던 계시적 경험에 대하여 유머와 겸손으로 메시지를 전달하는 예언 사역자이다. 사람들이 자신의 경험들을 그대로 전하려고 애쓰는 것을 보면, 청중들은 한 인간이 하나님의 영광 가운데 있는 것과 하나님이 얼마나 광대하신지, 또한 하나님을 그렇게 개인적으로 경험하는 것이 어떤 느낌인지를 제대로 묘사하는 것이 얼마나 어려운지를 알게 된다. 여기 래리는 하나님의 임재 안으로 빠져들었을 때의 충격과 경외감을 묘사한다. 그는 또한 이성을 초월한 세계에서 하나님과 한 번만 만나도 인생의 목적과 의미를 깨닫게 될 것이라고 한다.

나는 시간과 공간을 지나 환상 가운데 내던져졌다. 나는 어마어마한 대리석 안뜰에 손과 무릎을 땅에 대고 착륙했다. 이때 나는 그 경험이 주는 경외감에 완전히 사로잡혀, 거대한 바닥에 엎드러졌다. 나는 내가 천국의 궁정에서, 전능하신 하나님의 보좌 앞에 얼굴을 바닥에 대고 엎드려 있음을 깨달았다. 더 놀라운 것은 계시록 8장 1절에 묘사된 금빛의 고요함이라고밖에는 묘사할 수 없는 것 외에 아무런 소리가 없었다. 그곳은 하나님의 영광으로 가득 차서, 전능하신 하나님이 그분의 보좌에 앉으셔서 인간과 천사들의 일을 다스리고 계신다신 것을 인정하는 것 외에는 아무 말도 할 필요가 없었다. 그날 이후로 나는 내가 받은 소명의 가치와 내 인생의 의미를 더욱 깊이 깨닫게 되었다.[4]

존 샌드포드

존 샌드포드(John Sandford)는 아내 폴라와 함께 엘리야 하우스의 공동 설립자로 수십 년간 예언 및 치유사역을 해왔으며, 그들은 오늘날 많은 저명한 예언 사역자들에게 멘토로 봉사하고 있다. 예언자들은 많은 신자들에게 낯설어 보이는 영의 영역인 천국과 땅 사이의 공간에 사는 경향이 있다. 영의 세계를 다니고 천국을 방문하는 것이 그에게는 흔한 경험이 되었다. 스스로를 '실용주의 예언자'라고 하는 존은 이 땅에서보다 천국에서 시간을 더 보냄으로써 얻는 것이 거의 없음을 깨달았고, 그는 자신의 신비주의에 균형을 잡으려 애썼다. 이 균형이란 자신이 천국에 가기보다는 천국을 이 땅에 더 많이 가져오기 위한 것이었다. 그는 여기 지혜의 샘을 제공하고 있다.

나는 뜻대로 영의 세계를 다니는 것을 배웠고 또한 언제든지 하늘에 올라가는 힘을 갖게 되었다. 나는 여러 번 그분을 방문했다. 그것은 아주 멋진 일이었지만 나는 매우 실용적인 영감의 사람이라 그것이 중보를 위해서나 다른 이들의 성화를 위해서 별 득이 되지 않는다는 것을 깨달았다. 그래서 그것을 그만두었다. 그것은 재미있었다. 천국의 잔디는 봄과 같다. 그것은 살아 있어서 우리를 환영한다. 강 속에 뛰어들 수도 있고 그 속에서 숨을 쉴 수도 있다. 천국은 참으로 새 힘을 준다. 하지만 나 아닌 다른 이들에게 무슨 소용이 있단 말인가?

다른 이들에게 얘기를 해주면 거리감만 생긴다. 하나님께서 우리가 위로 가서 뭔가를 보라고 부르시면, 우리는 그렇게 할 것이다. 하지만 단지 우리가 그렇게 하는 것이 가능하다는 이유만으로 그것을 하지는 않을 것이다.[5]

당신도 올 수 있어요

뉴질랜드의 예언 사역자 이안 클래이튼(Ian Clayton)은 우리가 왕 되신 하나님의 아들 딸로서 천국의 세계를 탐험하며, 하나님의 임재와 계시, 권능을 가지고 이 땅으로 돌아올 권리가 있다고 믿는다. 클래이튼이 걸어들어가는 천국의 세계에는 에덴 동산의 모습과 하나님의 보좌실, 거의 사람들이 보지 못했고 아무도 묘사할 수 없는 하나님 나라의 영역이 포함되어 있다.

오늘날 그의 사역 대부분은 크리스천들이 왕 되신 하나님의 아들딸로서 갖고 있는 유산을 나타내는 데 초점을 맞추고 있다. 그는 또한 사람들이 스스로 천국의 영역을 갈 수 있게 되고 환상의 경험이 초자연적이 될 때까지 멘토링을 해주며 사람들을 초자연적 세계의 사역으로 인도해 준다. 클래이튼은 "하늘에서 이룬 것같이 땅에서도"라는 기도 그대로 그리스도와의 큰 친밀함을 누구나 배워서 이룰 수 있다고 믿는다. 클래이튼은 천국에 들어가는 것은 배워서 가능한 경험이라고 설명하면서 이러한 경험을 신비화하지 않는다.

하나님 나라를 들어가는 것은 배워서 가능한 것이다. 영의 사람은 성령님께서 그 사람의 몸 안에 계시기 때문에, 예수님과 갈 수 있고 하나님과 얘기할 수 있다. 나는 하나님의 영광을 부여잡고, 그분과 함께 걸어간다. 그분이 그것을 시작하신다. 나는 하나님의 나라에 하나님 아버지와 같이 있기를 소원하는 마음으로 따라간다. 아이들처럼 우리는 천국에 하나님 아버지와 같이 있을 권리가 있다. 천국의 영역을 발견할 권리를 아들인 내게 주신다. 나의 유일한 소원은 그분을 친구로 알고 경험하는 것이다. 그분께서 하시는 모든 것을 알고 그분에 대한 모든 것을 아는 것이다. 내가 천국의 영역으로 들어갈 때마다 하나님의 더욱 깊은 사랑으로 이끌어 주시며 하나님을 만나게 된다.[6]

그래서 하나님 나라의 더욱 위대한 경험으로 우리는 어떻게 들어갈 수 있는가? 상상의 기도 경험에서 우리 눈을 크게 열고 천국으로 휙 솟아오르는 것과 같은 느낌으로, 경외로운 하나님과 만나는 경험으로 어떻게 전환되는가?

보좌실 경험을 여러 번 한, 예언 사역자 샨 볼츠에 의하면, "보좌의 방 경험을 하는 사람을 구별 짓는 주된 한 가지 특성이 있다. 천국을 실제로 경험하고자 갈급해 하는 사람들은 예수님을 향한 열정과 사랑을 상으로 받고 그 상을 나누고자 하는 사람들이다. 그들은 그저 미래의 일을 알기 위해서 은사를 나타내고 일시적인 경험을 하는 것이 아니다. 그들은 예수께서 원하시는 것처럼 예수님을 알고자 하는 소원함이 있다."[7] 볼츠는 다른 많은 이들과 마찬가지로, 이러한 경험이 전 세계에 흩어져 있는 몇몇 개인들에게로 제한되기보다는, 집단에게 풀어지는 계시가 증가될 것이라고 본다.

하나님은 보좌실의 임재를 드러내시며 한 세대를 방문하실 예정이다. 이전보다 훨씬 더 많은 사람들이 이러한 현실을 경험할 것이다. 이것은 특히 천국이 이 땅 위에 나타나는 세대에 살고 있기 때문에 더욱 그렇다. 그 목표는 천국에 계신 하나님의 소원과 이 땅을 다니는 우리의 삶 사이에 그 어떤 세대에 있었던 것보다 더 큰 일치와 교제를 가져오는 것이다. 당신은 천국을 볼 준비가 되었는가?

주석

1. Shawn Bolz, *Throne Room Encounters*, 2004년 6월.
2. Anna Roundtree, *The Heavens Opened*(Lake Mary, FL: Charisma House Publishers, 1999), 7.
3. Anna Roundtree, *The Heavens Opened*, 92.
4. Larry Randolph, *Sprit Talk: Hearing the Voice of God*(Wilksboro, NC: Morning Star Publications, 2005), 38.
5. John Sandford와의 인터뷰에서.
6. Ian Clayton과의 인터뷰에서.
7. Shawn Bolz, *Throne Room Encounters*, 2004년 6월, 2004-07-22.

9장

무아경, 속삭임과 중얼거림 그리고 예언

줄리아 로렌

　수천 명이 하나님을 예배하며 서 있는 가운데 그곳은 하나님의 임재로 가득 찼다. 사람들의 얼굴은 천국을 향하였고, 어떤 이들은 마치 그분을 더욱 환영하듯이, 두 팔을 위로 혹은 옆으로 벌리기도 했다. 마음속의 걱정거리들과 염려, 어두움을 제치고 그들은 만왕의 왕, 만유의 주께 집중했다. 그들은 그들의 영혼이 사모하는 그분께 사로잡혔다. 어떤 이들은 더욱더 강렬히 찬양하며 더 가까이 가려 했다. 온갖 생각과 산만하게 하는 것을 버리고 모든 찬양이 하나님께 집중되도록 말이다. 살아계신 하나님의 생생한 임재하심은 그곳을 가득 채울 뿐 아니라 사람들의 마음을 휘감은 듯하여 어떤 이들은 마치 트랜스(trance, 입신) 상태에 있는 듯 완전히 쓰러져 움직이지도 않았다. 어떤 이들은 선 채로 영적 무아경(ecstasy)에 빠지기도 했고, 하나님의 사랑으로 말미암아 그들의 영혼 가운데 상처가 사라지듯 고요히 눈물을 흘리기도 했다. 그들 사이로 다니시는 위로자 성령님으로 말미암아 말로는 다 표현할 수 없는 치유가 일어났다.

"나를 가까이 하라. 그리하면 내가 너희를 가까이 하리라"고 주님이 모두에게 약속하신다(약 4:8 참조). 어떤 사람들은 아직도 더 가까이 가려 한다. 그분의 임재를 얼핏 보는 것만으로, 평화나 기쁨, 사랑의 순간적인 물결을 느끼는 것만으로는 충분치 않다. 우주의 창조주는 당신과 함께 하기를 원하신다. 당신은 얼마나 가까이 다가갈 것인가?

몇 명이 모여 혹은 많은 사람들이 모여 하나님의 임재하심을 너무나 확실히 느낄 수 있는 가운데로 들어갈 때, 하나님께 가까이 나아가는 것은 더 쉬워진다. 많은 이들이 예배나 기도 시간에 마치 현실이 일시 정지된 듯한 상태로 들어간다. 이때 사람들은 하나님과 하나 된 느낌을 받으며 이 땅의 염려거리들이 신기하게 정지된 것과 같은 트랜스 상태로 들어가고 마치 천국이 아주 가까이에 있는 것처럼 느낀다. 이것은 하나님께서 놀라우리만치 자주 사람들과 만나시는 것에 대한 이야기다.

이 트랜스라고 하는 이상한 정신적 정지 상태는 어떤 것일까? 트랜스는 현실이 단순히 정지된 상태이다. 그것은 환상(vision)이 아니고 환상의 전조일 때가 많다. 하지만 그것이 참된 영적인 경험이 되기 위해서는 하나님께서 주도하셔야만 한다. 분리 혹은 초월을 위해 일부러 연습하는 것으로 된 트랜스는 위험으로 가득 차 있다. 왜냐하면 이 시대의 마귀의 영이 사람들의 마음을 왜곡시키고 인성을 파괴하려고 사람들의 삶에 들어갈 구멍을 찾기 때문이다. 따라서 트랜스 상태를 유발하려고 노력하는 것은 영적으로나 정서적으로 매우 위험하다. 하지만 하나님께서 세상을 초월한 곳으로 당신을 이끄신다면 그것은 놀라운 영적 만남의 시작이 될 수 있다.

사람들은 트랜스 상태를 정신적 정지 상태로 설명한다. 이것은 생각이나 감정이 없거나 혹은 그 반대로 상상이나 황홀감으로 가득 찬 느낌이다. 어떤 이들은 천국으로 들어올림을 받은 느낌이라고 말한다. 성령 안에서 정신이 아주 또렷해진 것 같은 느낌이라고 한다. 하지만 또 어떤 사람들은 영적인 깨달음은 명료해지는 반면 그들의 몸은 아주 깊은 잠에 빠지거나 혹은 마치 진정제를 마신 듯한 느낌이라고 말한다.

성경에는 사무엘과 같이 트랜스와 같은 경험을 한 예가 많이 나와 있다. 사무엘이 잠에서 깬 후, 계시의 상태로 들어갔는데 거기서 그는 하나님께서 말씀하시는 것을 들었다. 트랜스와 같은 상태는 또한 사람들을 깊은 수면 상태로 빠져들게도 한다. 창세기 15장 12절은 아브람이 계시의 전조로 '깊은 잠'에 빠졌다고 묘사한다. 다니엘도 '깊은 잠'에서 환상의 계시를 받았다. 또 몸 밖의 경험을 하기 전 전조로 트랜스 상태를 경험한 예는 바울이 있는데, 그는 "셋째 하늘에 이끌려 간 자"라고 설명한다. 그는 그런 상태를 '몸 안에' 있었는지 '몸 밖에' 있었는지 모른다고 말한다(고후 12:2 참조).

나는 가끔 아침에 깰 때, 어떤 영적인 마취가 내린 듯하여 트랜스와 같은 상태로 내 몸이 진정된 듯한 느낌을 받는다. 누워 있으면서 정신적으로는 깨어서 성령께서 펼치시는 것들에만 집중하게 된다. 내 곁에 서서 앞으로 일어날 일이나 누군가에 대해서 내게 이야기하는 천사들의 영적 영역을 듣거나 보면서 말이다. 내가 깊이 자다가 깨서 내 곁에 천사가 서 있는 것을 보면, 너무나 놀라서 비명을 지르거나 아니면 내가 자다가 죽어서 지금 천국에 가는 길인가 하고 생각할까 봐, 하나님께서 나를 약간 마취 상태로 두시는 것 같다.

이러한 형태의 트랜스는 나의 생각이나 느낌, 감정이 깨어 있는 듯하면서 약간은 마취된 것 같은 상태여서 내 영이 가까이에 있는 계시를 잡을 수 있도록 현실이 일시 정지된 상태라 할 수 있다. 이유가 어떻든 간에, 트랜스는 영적인 마취 상태와 같아서 몸이 '놀래지' 않고 영으로 볼 수 있게 해준다.

9장 무아경, 속삭임과 중얼거림 그리고 예언 201

트랜스는 환상 혹은 영적인 경험을 하기 전에 일어날 때가 많지만, 예배나 기도 때 단순히 일어나는 상태이기도 하다. 예배 가운데 하나님의 임재로 내가 흠뻑 젖는 것을 느낄 때면, 계시적 기름부으심으로 가득한 것 같은 하나님의 임재 가운데로 나아가는 듯하다. 이 땅과 영적인 감각이 모두 정지된 곳에 서는 것이다. 처음에는 아무것도 보이지 않다가 내가 트랜스 상태에 있음을 알게 되고, 나는 하나님께 더 계시해 주시도록 그저 구한다.

트랜스 상태에서 내게 일어나는 일은 아주 다양하다. 드문 경우에는 내 영이 천국으로 발사되어, 내 몸은 가만히 서 있거나 땅에 누워 움직이지 않게 되고, 이 트랜스 상태는 곧 환상으로 바뀐다. 하지만 더 자주 경험하는 것은 몇 시간을 집중하여 묵상기도를 한 것 같은 깊은 평강 외에는 아무것도 모르는 것이다. 이것은 마치 내 두뇌에서 부단한 달그락거림을 갑자기 멈춘 듯한 느낌이다. 이 시간 동안 내 마음에는 흐릿한 이미지들이 나타난다.

나는 트랜스 상태의 초기 순간에, 이러한 이미지들과 그것들 뒤에 있는 영을 테스트하는 법을 배웠다. 그것들이 이탈, 분리(좋지 않은 느낌이나 생각을 막는 것, 고통으로부터의 회피, 혹은 집중해 달라고 애걸하는 이 흐릿한 이미지들을 분출하면서 현실을 더 통제하고자 하는 것)와 같은 것은 아닌지 말이다. 하나님을 예배하면서 그분을 기쁘시게 하려는 데 집중하기보다는 나의 일상에서 빠져나오기 위해 하나님의 임재에만 초점을 맞추려고 하는 것은 아닌가? 우리는 때때로 이렇게 이탈하여 '멍한 상태' 혹은 정신적으로 정지된 상태가 되기도 한다. 현실 도피를 위해 이러한 정지 상태가 자주 될수록, 이러한 이탈은 위험하게 된다.

예배는 즐거운 도피를 위한 것이 아니다. 그것은 우리가 하나님께로 더 가까이 가기 위한 것이고 하나님은 우리를 더욱 깊은 현실로 부르신다. 이 현실에는 하나님께서 우리 마음 안에 치유의 은혜로 일하시며, 우리를 온전케 하시고 우리를 들어 그분의 시야를 갖게 하시며, 그분의 웅장하심과 그분의 영광 가운데 그분을 살짝이나마 볼 수 있게 하신다. 예배는 무아경의 상태에 서 있는 시간이 아니다. 우리는 영과 진리로(신령과 진정으로) 적극적인 예배를 드려야지 활기 없는 예배를 드려서는 안 된다. 내가 예배를 그저 세상에서 빠져나오려는 어떤 도피로 사용하는 것을 깨달았을 때, 그 예배는 하나님에 대한 것이 전혀 아니고 전부 나에 대한 것이 되어버린다는 것을 깨달았다.

그래서 나는 주님의 임재를 초청하여 나를 그분의 사랑으로 적셔주셔서 그분께 다시 그것을 내어드릴 수 있도록 그분의 깊은 평강과 사랑이 나를 가득 채워주십사 한다. 어떤 때는, 어둑한 이미지들이 주의를 산만하게 할 때, 순전한 하나님의 계시를 주십사 기도한다. 이렇게 예배하는 가운데, 하나님은 내게 염려가 되는 어떤 문제에 대해서나, 내 마음에 있는 귀한 사람에 대해서, 아니면 내 인생에 다뤄져야 할 문제에 대해서 가장 명확한 말씀으로 말씀해 주신다. 혹은 **"나의 사랑하는…내 아름다운, 네가 며칠 전 아무도 모르게 내게 준 것을 참 귀하게 본단다"**와 같이 격려해 주는 말씀을 주시기도 한다. 또한 이렇게 예배하는 가운데 환상이 펼쳐지면서 하나님의 나라가 어떻게 우리의 삶을 침노하여 그분의 계획과 목적을 펼치시며 깨닫게 하시는지 그 실재를 보게 된다.

하나님의 마음은 예배하는 곳에서 우리의 마음을 어루만지신다. 우리는 내적인 소리에 귀 기울이기만 하면 된다. 이렇게 내면세계로 들어설 때, 우리는 트랜스와 같은 상태에 들어갈 수도 있고 하나님의 사랑의 임재에 전적으로 집중하게 되며, 그분의 음성을 듣고, 그분을 섬기며, 그분을 바라보게 된다.

하나님의 임재가 가까이 올 때 어떻게 하나님께 반응해야 하는지 알기 위해서는 연습이 필요하다. 트랜스 상태에서 아무것도 안 보이고 안 들리는 것은 마치 사무엘이 어렸을 때 자신의 이름을 누가 부르는 것을 들었지만 어떻게 해야 할지 몰랐던 상태와 같은데, 이때 더 큰 계시 안으로 밀고 들어갈 필요가 있다는 것을 보여준다. 예언자 사무엘이 어릴 적에 누워서 자고 있을 때 누군가 자기 이름을 부르는 것을 들었다. 그는 제사장이 자기를 부른 줄 알고, 일어나 제사장 곁으로 갔다. 세 번이나 이렇게 부르는 소리를 듣고 제사장은 주님께서 이 아이를 부르고 계신 것을 깨닫고는 다음에 소리가 나면 그때는 "예, 주님, 종이 듣겠습니다"라고 답하고 말씀하시는 것을 들으라고 얘기해 주었다. 하나님께서 이런 경험을 주도하시고 그분은 좋은 기회를 놓치기 원치 않으신다는 것을 아는 사람은 바로 그렇게 외치며 반응한다.

본인이 유발하는 트랜스의 위험성

조지 오티스(George Otis)는 영적 영역에 대해서, 그리고 왜 악한 것들이 특정한 곳에 거주하는지에 대해서 많은 연구를 하고 저술한 분이다. 그는 어떤 특별한 트랜스 상태에서 받는 계시가 모두 하나님으로부터 온 것은 아니라고 한다. 그는 이 상태를 '마이크로슬립(microsleep, 깨어 있을 때의 순간적인 잠, 깜박 졸기)'라고 부른다.

그는 이렇게 쓴다. "크리스천 중보자들도 마이크로슬립이라고 알려진 짧은 자각의 상실 상태에 빠질 염려가 있다. 이러한 증상은 극한 피로가 원인이 될 수 있고, 기도 모임이나 대화 도중, 심지어는 운전 중에도 일어날 수 있다. 마이크로슬립은 짧고 몇 초 이상은 지속되지 않지만, 망각의 기초요소가 되는

막연한 형태의 빨리 지나가는 최면의 심상이 풍부하다. UCLA의 로널드 시겔 교수는 '피로한 두뇌는 이렇게 모호한 형상들을 구체적인 모습으로 과장할 수 있다'며 이러한 증상의 위험성을 지적했다. 적절한 쉼이나 튼튼한 지지 그룹(현명한 리더 및 사랑하는 친구들)이 없이 장기간 중보자의 역할을 한다는 것은 거짓의 희생양이 되고, 심지어는 마귀의 영향을 받을 수도 있다."[1]

마이크로슬립과 이탈의 상태는 본인 스스로가 트랜스를 유발한 두 가지 형태이다. 이것은 결국 마음으로 일어나게 만든 계시 혹은 마귀의 계시에 빠질 수 있다. 어떤 문제 혹은 사람과 직면하기를 원하지 않기 때문에 '멍한 상태'로 있거나 이탈하는 것이라면, '이탈 상태'라고 부르는 형태의 트랜스로 들어가는 것이다. 분열 증세를 가지고 이렇게 이탈을 하는 사람들은 확실히 분열병적인 상태부터 정체 장애 및 망상증 등 여러 가지 형태의 정신병에 빠지게 된다.

중보에 집중하는 사람들 혹은 자기 삶의 어떤 영역에서 돌파구를 찾고자 밤늦은 시간에 기도하는 사람들은 이렇게 마이크로슬립의 희생이 될 수 있다. 이때 희미한 이미지를 보면 "주님 이게 하나님입니까 아니면 제가 하는 겁니까?" 하고 질문해야 한다. 하나님은 혼돈의 하나님이 아니다. 하나님께는 회전하는 그림자도 없으시다. 계시의 순결함은 가장 신비로운 순간에 조용히 들어온다. 내가 요구해서 나타나는 적은 거의 드물다.

신비주의자와 정신적으로 아픈 것 사이에는 명료한 차이가 있다. 계속적으로 영적인 경험 가운데 들어갈 때, 하나님 말씀 가운데 깊이 거하고 더 말씀을 깊이 깨달아가며, 주변의 믿는 선후배들과의 관계들로부터 체크를 받으면서 영성을 관리하는 것은 매우 중요하다. 어떤 것이 하나님께서 주도하신 것이고 어떤 것이 내가 주도한 것인지, 혹은 마귀가 준 영감으로 받은 계시인지를 잘 분별하기 위해서는 본인의 경험에 대해서 남들에게 피드백을 받아야 한다. 하나님의 말씀을 잘 아는 사람조차도, 의지적으로 트랜스 상태 혹은 이탈 상태에 들어가면, 마귀의 영감에 빠질 수 있고 악한 것의 영역에 빠질 수 있다.

또한 신비주의자와 무당 사이에도 명확한 차이가 있다. 뉴에이지 종교나 점성술 등에서는 이탈의 테크닉을 계획적으로 연습하는데 이것은 무저항적으로 영을 초청할 수 있는 상태로 들어가기 위해 고안된 것이다. 영이 들어와서 그들을 몸 밖의 여행으로 데리고 가서 영적 세계로부터의 안내를 듣거나 무아경의 공(nothingness) 안으로 들어간다. 이것은 마귀들이 스며들도록 초청하는 아주 위험한 것이다. 신비주의 경향의 크리스천들은 하나님의 임재를 연습하는 것이지 공의 상태를 추구하는 것이 아니다. 또한 크리스천은 마귀의 존재가 자신의 영, 혼, 육을 소유하도록 계획적으로 초청하지도 않는다. 환상이나 기적은 우리 스스로가 주도하는 것이 아니라 하나님께서 하시는 것이다.

트랜스 영매(무당) 및 심령술사

트랜스 영매 및 심령술사들은 영이 들어가 그들을 통해 말하고 행동할 수 있도록 공간을 만들어주기 위해 트랜스 상태로 자진하여 들어간다. 언론에 '잠자는 예언자'라고 별명이 붙은 에드가 케이시(Edgar Cayce)는 1877년 켄터키의 홉킨스빌에서 태어났다. 이 당시는 종교적인 부흥 집회가 그 지역을 휩쓸 때였다.[2] 성경을 읽는 데 깊은 관심을 갖고 크리스천으로 성장한 그는 어렸을 때부터 꿈이 의료선교사가 되는 것이었다. 여섯 살이 되었을 때 그는 환상이 보인다고 부모님에게 말했고 가끔 죽은 친척들과도 이야기한다고 했다. 13세에는 그의 인생이 변하는 환상을 보았다. 그 환상에서 아름다운 여인이 나타나 이 세상에서 가장 원하는 것이 무엇이냐고 물었다. 그는 무엇보다도 다른 사람들 특히 아픈 아이들을 돕고 싶다고 대답했다.

얼마 후, 케이시는 모든 학생들이 꿈꾸는 소원을 이루게 되었다(아름다운 여인이 나타난 것 말고). 학교에서 배우는 책을 베고 자면 그 책의 전체 내용이 사진처럼 머리에 박히는 것이었다. 결국 그는 어떤 책, 신문, 자료도 베고 자면 자신의 제한된 교육배경과 상관없이 내용 전체를 그대로 되풀이할 수가 있게 되었다. 이 재능은 케이시가 졸업을 하여 가족 농장에서 삼촌을 도와 일하면서 점점 희미해졌다. 그는 계속 교회에 다녔고, 결혼을 했으며, 두 아이의 아버지가 되었고, 사진사로서 꾸준히 일했으며 결국에는 성경을 듣는 이들에게 생생히 전달하는 인기 있는 주일학교 교사가 되었다.

나중에 케이시는 최면술사의 쇼에 참석했고, 오랫동안 치료하려고 했던 자신의 후두염을 고치기 위해 최면술을 반복하여 시도했다. 그후 그는 최면 상태에 있는 동안 자신을 고칠 수 있는 정보를 받았다. 다시 말을 할 수 있게 된 후, 그는 자신이 최면 상태로 들어가서 의료적 해석(각종 병이 있는 이들을 진단하고 처방을 내림)을 하는 새로운 능력이 생겼음을 알게 되었다. 그는 자신이 수면 상태에 들어가, 처음에는 '심령 해석'이라고 알려진 상태가 되어, 받은 모든 질문에 답할 수 있었다. 처음에는 의술과 관련된 문제나 해결책만 다루었으나 결국에는 명상, 꿈 해석, 미래의 사건을 내다보는 주제로 확대되었다.

그는 크리스천 신앙에서 멀어지게 되었고, 그의 '인생 해석'은 전생, 그 사람의 현재 잠재력과 목적, 잃어버린 아틀란티스(Atlantis:바닷속에 잠겨 버렸다는 대서양의 전설의 섬-역주) 대륙과 그것이 다른 문화에 미친 영향력,

잠재 사고력이 '집합' 영적 영역으로 들어가는 등의 접신학 고유의 용어와 많은 주제를 반영하기 시작했다.

　이 치유와 예견의 능력으로 온 나라가 깜짝 놀라게 되었다. 그는 세계 제1차 대전 및 2차 대전의 시작과 끝, 1933년의 대공황이 끝날 것, 또 유럽에 있을 대학살을 예견했다고 주장했다. 또한 그의 다른 예견을 보면 중국이 기독교의 요람이 될 것이고 러시아가 자유독립의 선두주자가 될 것이며, 러시아로부터 '세계의 희망'(적그리스도 형태의)이 나올 것과, 중동 지역에서 일어날 세계 제3차 대전의 가능성과 같은 오늘날 세계 동향을 반영한다.

　1944년에 그는 과로로 쓰러졌고 곧 사망했다. 오늘날까지 많은 이들은 그의 능력의 출처가 그리스도의 진짜 힘에 근거했다고 본다. 그러나 그의 어릴 적 경험을 자세히 보면 그렇지가 않다. 그가 어린 시절, 아름다운 영의 여인, 죽은 친척들과의 대화, 환상의 경험은 예수 그리스도의 계시나 예수님을 영화롭게 하는 소명을 나타내지 않는다. 오히려 그의 경험을 보면, 마귀가 그를 성공적으로 잘 속여, 그의 성경적인 성장배경과 명백히 맞지 않는 영적 세계로 데리고 들어가 어린 시절의 종교적 부흥으로부터 빗나가게 만들었다.

　누군가 교회에서 죽은 사람과 대화해서는 안 된다고 가르쳤다면, 그리고 천사와 마귀, 친숙한 영 사이의 차이와 그 영들을 테스트해야 하는 것, 예수 그리스도만이 참된 능력과 환상의 합법한 출처라는 것을 가르쳤다면, 케이시는 지난 세기의 가장 확실한 크리스천 예언가가 될 수 있었을 것이다. 마귀의 세력은 케이시가 진정한 예언가로서의 부르심을 이루어서 자기들의 큰 원수가 되지 못하도록 확실히 개입했던 것이다.

　(트랜스를 통해서가 아니라 성령님의 임재와 권능을 완전히 의식한 채로) 진정한 치유의 은사를 발하지 않고 그는 기만에 빠졌고 점술의 능력에 지배받

게 되었다. 자신을 이탈 상태의 트랜스에 넘겨주면 줄수록 자신은 더욱 마귀의 영 아래 지배받게 되었고 마귀는 듣는 자들에게 동양 종교 및 접신론적 기초에 근거한 새로운 사고방식으로 영향을 미치려 한 것이다. 마귀적 힘의 특징 중 하나는 사람들을 왜곡된 다른 사고방식으로 사로잡아 그들의 자유를 빼앗아가는 것이다.

케이시는 참된 예언자로 기억되기보다는 이제까지 미국 역사 가운데 가장 거짓된 선지자로서 남을지 모른다. 마귀의 영으로 일한 예언가로서 그의 임무는 어둠의 그림자를 그리스도의 권능의 빛에 던져 점성술로 받은 계시를 미국의 주류로 확립하는 것이었다.

16세기에 프랑스 의사, 미셸 노스트라다무스(Michel Nostradamus) 또한 오늘날 주간지 등에서 아직도 표제로 삼는 아주 유명한 '예언가' 중 하나이다.[3] 흑사병이 유럽을 휩쓴 동안, 그는 타고난 치유자로 명성을 얻었다. 아이러니하게도 그 전염병으로 그는 첫 번째 아내와 딸을 잃었다. 상실감에 망연자실한 그는 점성학에 더욱 집중했고 트랜스에 빠지기 시작하면서 처음으로 환상을 보기 시작했다. 그가 본 대부분의 환상은 백 편의 사행시로 기술하여 묶어 놓았다. 사람들의 말에 의하면 핍박을 방지하기 위해 일부러 글을 애매모호하게 기록했다고 한다.

그의 시를 연구하는 사람들은 노스트라다무스가 히틀러가 일어날 것과 세계 제2차 대전, 2001년 뉴욕의 쌍둥이 빌딩이 폭파한 911사건 등 수많은 세계적인 사건들을 예언했다고 믿는다. 주간지 같은 신문들은 계속해서 그의 시가 예언했다는 구절들의 내용을 바꾼 번역판을 재발행하는데, 그의 예견기사는 대개 예언된 사건이 일어난 후에 신문에 나온다. 노스트라다무스의 말은 너무나 신비적이어서 거의 모든 것을 의미할 수가 있다는 것을 많은 이들은 보게 된다. 모든 독자가 동의할 수 있는 한 가지는 계시적 시가 전부 파멸과 암흑에 대한 것이라는 점이다.

그가 쓴 환상과 자신의 개인적인 삶의 역사적인 기록(여기까지는 언급하지 않겠다)을 보면 이 예언가의 우울한 상태뿐 아니라, 그의 무너진 관계에서와 애매모호한 말로 속삭이고 중얼거리는 것에 입증된 정신 이상 상태의 초기 증상을 나타낸다.

구약의 선지자 이사야는 하나님의 진정한 권능(새벽빛을 주는 하나님의 말씀에 근거한 계시로, 모두에게 명백하게 말씀하시는 권능)을 찾기보다는 점성술의 어두운 능력에 기꺼이 자신을 바치는 예언자들에게 있는 이러한 정신 분열의 과정에 대해서 말한다.

> 어떤 사람이 너희에게 말하기를 주절거리며 속살거리는 신접한 자와 마술사에게 물으라 하거든 백성이 자기 하나님께 구할 것이 아니냐 산 자를 위하여 죽은자에게 구하겠느냐 하라 마땅히 율법과 증거의 말씀을 따를지니 그들이 말하는 바가 이 말씀에 맞지 아니하면 그들이 정녕 아침 빛을 보지 못하고 이 땅으로 헤매며 곤고하며 굶주릴 것이라 그가 굶주릴 때에 격분하여 자기의 왕과 자기의 하나님을 저주할 것이며 위를 쳐다보거나 땅을 굽어보아도 환난과 흑암과 고통의 흑암뿐이리니 그들이 심한 흑암 가운데로 쫓겨 들어가리라(사 8:19-22)

JZ 나이트(Knight)와 같은 인기 있는 무당은 람따(Ramtha, 많은 가운데 특히)라고 하는 마귀의 영을 불러내듯이, 무당들은 이렇게 영을 불러내어 자신들에게 그리고 자신들을 통해 이 영들이 말하도록 하는데, 이러한 것은 오늘날

아주 흔한 일이다. 해외에 흔한 심령술사들은 영들에게 사로잡혀, 그 영들이 치유를 위해 약을 처방하거나 수술을 하는 경우가 많다. 주로 이러한 영들이 일하기 전의 과정으로 이들은 모두 트랜스 상태에 빠지는 것으로 보인다.

신의 존(John of God)이라고 불리는 브라질 심령술사는 '무의식의 영매'라고 불린다. 16세에 솔로몬 왕의 '존재(entity)'가 그의 몸에 들어와 기적적인 치유를 행했으며, 그는 그 영의 인도로 브라질 순회 치유자가 되었고, 마침내 고원 지역의 집에 자리를 잡아 '신의 존'이라고 알려지게 되었다. 오늘날 그는 그의 몸에 들어갈 수 있는 의사나 저명인사 등, 30개가 넘는 영들에 열려 있어 암, 에이즈, 맹인, 천식, 마약 중독, 알콜 중독, 종양, 각종 신체적 문제 및 심리적 문제 혹은 영적 문제 등을 치유한다. 전 세계로부터 절실한 사람들이 그가 살고 있는 곳을 찾아와 기적의 치유를 구하고 있다.

이 '영적인 일'은 아무런 징후가 없이 순식간에 일어난다. 호아오(존의 브라질식 이름)가 수술할 준비를 하면 그의 몸은 갑자기 흔들린다. 그 안에 들어가는 영의 존재에 따라 성격이나 심지어는 눈동자 색깔까지도 변한다.

수술에 대해서 그는 이렇게 말한다. "내가 하는 게 아니에요. 신과 영들이 하는 것이죠." 그는 자신이 수술을 집행하는 비디오를 보기만 해도 구역질이 난다고 한다. 그는 어떤 일이 있었는지 전혀 기억을 못한다고 한다. 그는 '프라임타임 라이브(Primetime Live's)'의 존 킨요네스에게 "나는 무의식 상태가 되죠"라고 말했다. 그는 그렇게 잠든 상태가 좋다고 말했다.[4]

구약과 신약 성경에서도 이러한 영매들에 대해서 많이 보여준다. 이들은 하나님의 권능을 도전하며 사람들을 유혹하여 하나님과의 관계에 더 깊어지게 하기보다는 마귀의 힘을 더 따르게 만드는 일을 한다.

마음과 영이 황폐해진 사울은 자신을 처음에 기름 부어주는 역할을 했던 사무엘 선지자로부터 말씀을 받고자 갈망했다. 하지만 그때 사무엘은 죽고 없었다. 자신의 필요한 때에 하나님이 말씀하시는 것 같지 않고 가까이에 있는 다른 선지자들도 자기를 위로해 주는 말을 하지 않았다. 그는 외롭고, 버림받은 느낌이었고 앞날이 두려웠다. 그 지역에 다른 선지자들이 없자 그는 무당을 찾아가 그녀가 사무엘의 영과 통하기를 요청한다. 그녀는 동굴에 거했는데, 그것은 사울이 무당과 영매들을 다 죽이라고 했기 때문에 자신의 직업을 숨기기 위해서였다. 그래서 그녀는 처음에 이 손님의 청을 받아들이기를 주저했으나, 손님이 사울인지 몰랐기 때문에 결국은 하기로 했다.

그녀는 이제 의자에 깊숙이 앉아 눈을 감고, 사무엘의 삶에 대해서 아주 잘 알고 사무엘의 목소리도 가장 잘 흉내를 낼 수 있는 사무엘과 같은 비슷한 영이 나타나기를 바라면서, 주문 같은 몇 마디를 하더니 사무엘의 영을 부른다. 갑자기 그녀는 동굴에 누군가 나타난 것을 느꼈다. 어두움 속에서 누가 나타났다. 그녀는 놀라 외마디 소리를 지른다. 사무엘과 비슷한 영이 아니라 사무엘 자신이 죽음에서 일어난 것이었다. 그때 그녀는 자기 앞에 있는 손님이 사울이라는 것을 깨달았고 매우 두려워하게 되었다.

영매, 무당, 심령술사에게 이러한 능력이 있는 것은 사실이다. 하지만 그 원천은 마귀인 것이다. 예배 때 크리스천들에게 오는 사랑과 빛, 평화를 경험하고 하나님과 친밀한 영적 경험을 하기보다, 그들은 그 반대를 경험하며 어둠의 지배자와 그의 유사한 영들에게 노예가 된다.

계시의 근원을 분별하는 일

이러한 영적인 힘의 근원에는 어떤 차이가 있으며, 무엇이 하나님의 힘이고 무엇이 그들 자신의 힘인지 혹은 마귀의 힘인지 어떻게 알 수 있을까?

많은 크리스천들은 최초의 인간이었던 아담이 무제한적인 인식력과 과학적으로 알 수가 없는 능력을 가졌었다고 믿는다. 하나님과 직접 대화를 나누고 광대한 동산을 관리했던 능력이며, 모든 동물들에게 이름을 지어줄 수 있었던 일을 보면서 그가 무제한적인 기억력을 소유하고 먼 곳이나 사건들을 정신적으로 알 수 있으며, 염력으로 다른 장소로 옮겨가는 등 많은 능력들을 소유했었음에 틀림없다고 추론한다.

타락 이후, 아담은 에덴동산에서 추방당했는데, 이때부터 그의 정신적 힘이 제거되었거나 아니면 잠복 상태가 되었다고 많은 이들은 생각한다. 그러나 마귀와 같이 타락한 천사들이나 피조물들은 기적과 능력을 위조하는 능력을 보유한 것이다.

크리스천 저자 워치만 니(Watchman Nee)의 『혼의 잠재력』(The Latent Power of the Soul)에서는 아담이 원래 가졌던 능력들이 우리의 마음속에 깊이 묻혀있다고 말한다. 세대가 지나면서 아담의 영적 및 인지적 능력은 우리 삶에 잠재능력이 되었다. 하지만 이것은 개발되어서는 안 되는 능력이다. 워치만 니에 따르면 "오늘날 마귀가 하는 일은 사람의 혼 안에 있는 잠재능력을 불러일으켜 영적인 힘처럼 기만하려고, 사람의 혼을 자극시키는 것이다."[5]

하나님께서는 우리가 자기 안에 있는 혼의 능력을 끌어내는 것이 아니라 성령의 힘을 요청하도록 우리를 초청하신다고 워치만 니는 믿는다. 원수 사탄은 인간들로 하여금 성령의 힘이 아닌 그와 비슷해 보이는 대안으로 혼의 힘을 의지하도록 사람들을 현혹시킨다.

사람은 한쪽 힘으로 끌리기 마련인데, 하나님의 힘이든지 사탄의 힘인 것이다. 따라서 사람의 마음은 마귀의 영향을 통하거나 아니면 성령님의 힘을 구하든가 해서 둘 중 하나로 영혼의 힘이 연습되고 개발되도록 한쪽으로 기울어질 때까지는 중립 상태인 셈이다. 트랜스 상태는 정신적 활동이 정지된 중립 상태로서, 하나님의 순수한 계시나 마귀의 영감으로 가득 찰 수 있는 공의 순간이다. 스스로 유도되어서도 안 되며 즐기기 위해서 하는 것도 아니다. 하나님의 계시적 경험은 우리가 아닌 하나님이 주도하셔야만 하는 것이다.

이렇게 나타나는 힘은 두 나라에서 온다. 하나는 모조품으로 하나님의 참되고 진정한 힘을 위조한 것이다. 과학적으로 알 수 없는 온갖 뉴에이지 활동을 보면 하나님의 나라에 있는 거기에 상응하는 참된 능력을 찾아볼 수 있는데, 이것을 보면 사탄이 하는 것은 질투심에 불탄 풋내기가 순간적인 마술로 계교를 부리는 것 같다. 하나님의 선지자들과 치유자들, 새로운 창조의 힘을 전달하는 자들을 통해 나타난 진정한 권능이 사회를 흠뻑 적실 때까지는 사람들은 뉴에이지나 텔레비전에 과시된 신기한 능력과 점술 등, 눈에 보이는 힘의 원천 쪽으로만 계속해서 향할 것이다.

세상이 더욱 어두워질수록 우리는 기만의 그림자를 분별하고, 우리에게 말하는 힘의 근원을 판단해야 한다. 물리학의 자연적 법칙이 있듯이 영계에도 영적 역학이 있다. 우리들 대부분은 육안으로 보이지 않기 때문에 그 결과만 관찰할 수 있다. 참된 예언자와 마귀의 트랜스 영매 및 무의식 치유자들에게 연료를 공급하는 계시의 원천은 모두 원래는 하나님이 만드신 영적 계시의 영역이다.

영을 시험하기

요한나 마이클슨(Johanna Michaelson)은 심령술사인 일명 파치타(Pachita) 밑에서 젊어서부터 전적으로 트랜스 영매로 훈련받았다. 그녀는 어둠의 영들이 얼마나 변덕스러운지 직접 알게 되었다. 금방 고쳤다가 그 다음에는 또 인생을 파멸하는 식으로 말이다. 그녀는 나중에 이 마귀의 집단에서 나와 크리스천이 되었다. 그녀가 쓴 책 『The Beautiful Side of Evil』(악이 빛으로 나타날 때)은 이러한 치유자들의 뒤에 있는 영들을 폭로하며, 크리스천들에게 하나님 말씀에 따라, 영적인 경험을 할 때 그 뒤에 있는 영을 시험하라고 권장한다. 데살로니가전서 5장 19-20절은 성령을 소멸치 말고 모든 것을 면밀히 시험하라(examine)고 한다. 하나님은 우리에게 성경을 날마다 상고하는(examine) 능력과(행 17:11 참조) 성령께서 말씀하시는 것을 주의 깊게 찾는 능력을 주셨다(벧전 1:10-11 참조). 하나님이 주시는 영적 경험만 달가워해서는 충분하지 않다. 우리는 그 경험의 근원을 깨닫도록 찾아야 하며, 선례가 성경에 있는지 알아야 하며, 영적 경험 혹은 만남의 의미를 풀어야 한다. 그때, 우리는 하나님께서 우리가 깨닫기 원하시는 것을 온전히 이해할 수 있게 된다. 요한나에 따르면 우리가 그렇게 할 때 하나님을 기쁘시게 한다.

테스트하는 것에 대해서 꺼리는 사람은 성경을 모르는 사람이다. 왜냐하면 우리가 영을 테스트할 때 그것이 참된 것인지 알 수 있고 그래야 하나님을 기쁘시게 한다. 교회가 이것을 깨닫고 주님 앞에 회개하여, 가짜와 거짓 교리에 오염된 그리스도의 몸을 지금 회복하지 않으면 어떻게 우리가 오늘날 살아남겠는가?

실제로, 점술가들이 우리 집회 때, 성령이 내려오시는 것을 보며 약간의 분위기 조작으로 손을 '제어할 수 없을 만큼' 흔들며 트랜스 같은 상태에 빠지면서 어떤 무당들처럼 '지식의 말'을 외치고, 마치 자기 안방처럼 느낀다. 그들은 백주술가(치료, 구제 등을 하는 마술사)들이 자기들 의식 가운데 하나님의 이름, 예수, 성령을 사용하는 것처럼 우리가 하나님께서 즉각적으로 일을 수행하시도록 요구하는 것을 본다. 그들은 우리가 보이지 않는 힘에 의해서 땅바닥을 차고 올라가는 것을 보는데, 나는 파치타가 귀신이 들리면 이렇게 하곤 했던 것을 자주 본 적이 있다. 마치 주님이 귀머거리인 듯 옆에 사람들보다 제각기 더 큰 소리로 소리를 지르며 귀청을 터지게 하는 주절거리는 방언 가운데 혼란한 소리를 그들은 듣는다. 그들은 우리가 무차별적으로 치유를 위해 안수하는 것을 본다. 죄의 고백이나 회개 등 아무것도 없이 그들이 하는 것처럼 말이다(약 5:14-17 참조).[6]

나는 요한나에게 어느 정도 동의한다. 우리는 사람들이 죄를 고백하고 회개하도록 초청해야 한다. 하지만 또한 사람들이 주 예수 그리스도의 임재와 권능이 있는 곳으로 오도록 격려해야 하며 거기서 그들이 하나님의 인자하심으로 말미암아 하나님의 품 안으로 들어가도록 해야 한다. 왜냐하면 그분의 인자하심이 그들을 회개하도록 인도하기 때문이다. 우리는 그들이 하나님을 만나고 경험하여, 하나님의 강력한 사랑의 임재와 그들이 경배하는 거짓 신 및 마귀의 영들이 어떻게 다른지 알게 해야만 한다. 점술가들은 오순절 및 은사주의 집회에 와야 한다. 거기서 그들은 왕 중의 왕이시고 주의 주이신 하나님을 만나게 될 것이며, 원수에게 노예 된 상태로부터 자유해지고 그들의 영혼에 치유를 받게 될 것이다.

　그러한 집회에서 하나님의 임재하심은 권능으로 오는 것 같다. 하나님께서 각 개인에게 어떤 일을 하시는지 분별하고, 우리 모두 치유가 필요하고 어떤 이들은 축사가 필요한 것을 인식하는 것은 절대적으로 필요하다. 요한나가 말한 것처럼, 집회 가운데 일어나는 어떤 증상들은 하나님의 임재가 각 개인의 삶 가운데 깊은 상처를 만지실 때, 단순히 그 영혼의 상처가 큰 울부짖음이나 비명으로 나오는 것이다. 어떤 모습은 상징적 혹은 예언적 행위 및 중보로서 나타나기도 하는데 거기서 그 사람의 움직임은 그 자체로 의미가 있다. 어떤 것은 마귀를 나타내며 축사가 필요한 경우이다. 어떤 이들은 트랜스로 빠지면서 거기서 참된 하나님께서 주도하신 환상을 본다. 어떤 이들은 하나님께서 주도하신 트랜스라고 생각하면서 이탈 상태에 빠진다.

　불행히도, 하나님의 임재하심이 눈에 보이게 나타나는 것을 환영하는 대부분의 교회들에는 사람들에게 무슨 일이 일어나는지 분별할 수 있는 훈련을 받은 이들이 매우 적다. 하나님은 우리 모두보다 훨씬 크시며 그분의 길은 우리의 길과 같지 않다. 하나님의 백성들이 치유되고 축사받는 일이야말로 그분의 마음 가운데 일순위이다. 그것이 비록 우리에게는 지저분해 보일지라도, 그분의 임재와 능력은 결국 우리 모두를 다루실 것이다.

그리스도의 빛 가운데 서는 것

　왜 우리는 마귀의 영향과 하나님으로부터 온 진정한 계시의 힘이 어떻게 다른지와, 속삭이며 중얼거리는 무당 및 점술가들에 대해서 신경을 써야 되는가? 이 시대가 마지막을 향하여 나아갈수록 성경은 초자연적 힘의 회전하는 그림자가 점점 더 맞서게 될 것이라고 보여준다. 어두움은 더욱 어두워질 것이다. 그렇다면 빛은 더 밝아질 것인가? 당신은 세상의 빛이다. 예수 그리스도의 빛은 당신 안에서 어느 때보다 더 밝게 타올라야만 할 것이다.

당신은 하나님 사랑의 모닥불에 얼만큼 가까이 가고 싶은가? 예배 가운데 들어가는 것이 첫 번째 단계이다. 거기서 당신의 마음은 하나님의 사랑의 불을 만지며, 당신 앞에 펼쳐지는 경이로운 환상 가운데 서 있거나 혹은 열정적인 사랑으로 불타오르는 자신을 발견할 수 있을 것이다.

하나님께서 우리의 영적 경험을 주도하신다는 것을 알면 초자연적인 경험의 회전하는 그림자를 두려워할 필요가 없다. 왜냐하면 그분은 빛이시고, 그분 안에는 어두움의 그림자가 전혀 없기 때문이다.

주석

1. George Otis, *The Twilight Labyrinth* (Grand Rapids, MI: Chosen Books, 1997), 252.
2. 케이시의 생애를 기록한 책이 많지만, 이 내용은 온라인 Wikipedia 백과사전 http://en.wikipedia.org/wiki/Edgar_Cayce에서 발췌함.
3. 노스트라다무스에 대한 책은 많지만 이 내용은 Nostradamas Society of America의 웹사이트 http://www.nostradamususa.com/html/biography.html에서 발췌함.
4. "John of God은 치유자인가 돌팔이 의사인가?:외진 브라질 마을에서 희망과 건강을 찾는다" ABC News Internet Ventures, "Primetime"에서, 2005년 2월 10일.
5. Watchman Nee, *The Latent Power of the Soul* (New York: Christian Fellowship Publications, 1972), 44, 19-20.
6. Johanna Michaelson, *The Beautiful Side of Evil* (Eugene, OR: Harvest House Publishers, 1982), 191.

10장

몸 안에서 아니면 밖에서

줄리아 로렌

주님의 손이 나를 침대에서 들어올리셨고 나는 천천히 천장을 향해 올라갔다. 나는 이것이 꿈이 아니라는 것을 깨달았다. 나는 깨어 있었고 움직일 수 없었으나 정신은 말짱했다. 갑자기 급하게, 내 영혼이 천장을 뚫고 나갔다. 뭔가 보이지 않는 힘이 나를 밤하늘로 끌어당겼고 내 추진력으로 생긴 바람은 내 얼굴을 지나가면서 큰 소리를 냈다. 보통은 교회까지 40분간 차를 타고 갈 거리를 1초 만에 여행했다. 교회 천장을 통해 들어가 나는 한쪽 구석의 위에서 떠다니며 여자들이 모여 있는 것을 내려다보았다. 그들은 등을 내 쪽으로 하고 기도하고 있었다. 어떤 이들은 울고 있었다. 어떤 이들은 그곳에 있는 어떤 여인에게 손을 대고 그녀를 위해 중보하고 있었다.

결국 나는 이들이 교회의 리더들인 것을 알았고 이들은 어떤 큰 문제를 위해 기도하고 있었다. 내가 잠시 거기 천장에서 있는 동안, 그 여인들은 돌아다니며 기도를 하고 있었는데, 이제 그들의 얼굴을 볼 수 있었고 그들의 이름도 알 수 있었다. 하지만 그들이 뭐라고 하는지는 아무 소리도 들리지 않았다. 갑자기 확 잡아당긴 듯한 느낌이 들더니, 나는 침대 위에 앉아 있었다. 나는 이 한밤중의 여행에 깜짝 놀라게 되었다.

그 다음 주일이 되어 나는 교회에 가서 한 친구를 봤는데, 그녀는 그날 밤 기도 모임에서 내가 보았던 사람 중의 하나였다. 주저하며 나는 그녀에게 다가가 며칠 전 밤에 특별기도 모임이 있었는지 물어보았다. 그녀는 그렇다고 대답했다. 그들은 모여서 암 말기로 진단받은 어떤 목사님의 사모님을 위해 기도했다는 것이다. 나는 그 이름들을 대며 그들이 거기 같이 있었는지 물었다. 그녀는 내가 그날 밤 영혼의 여행에서 본 것을 확인해 주었다.

왜 하나님은 이 특정 사건을 얼핏 보게 하셨을까? 그즈음에 나는 많은 초자연적인 사건들을 경험했다. 그것은 마치 앞으로 일어날 일의 전조를 내게 주시는 것과 같았다. 예언적 꿈과 환상, 천사의 방문, 내 삶 안으로 그리고 내 삶을 통해 들어온 정확한 지식의 말씀은 마치 하나님의 임재가 내 작은 집에 이사를 오셔서 자리를 잡으신 것과 같았다. 나는 몇 달 동안을 그렇게 제한된 이 땅보다는 천국의 대기를 더욱 의식하며 살았다. 기쁨과 평강, 빛이 내 안에서 흘러넘쳤다.

그 기간을 지나면서 내게 일어나는 일들에 대하여 나는 아무에게도 말하지 않았다. 왜냐하면 그것을 설명할 길이 없었고, 또 내가 아무리 말하려 해봤자 아무도 이해할 수 없기 때문이었다. 하지만 나를 알고 있던 모든 이들은 내가 달라진 것을 알았다. 나를 몰랐던 이들은 내게서 나오는 빛과 평강, 계시에 이끌렸다. 하나님의 임재 가운데 온전히 민감하면서 내가 경험하고 있던 것에 대해 아무 말도 할 필요가 없다고 느꼈다. 나는 계속적으로 그분과 함께 하는 것을 그저 즐거워했다. 그분과 동행하고 얘기하는 것이 꽤 자연스러운 것 같았다. 그런데 왜 하나님과 함께 날아가는 것과 그분이 보시는 것을 보는 것이 부자연스러워야 하는가! 나는 그 경험을 내게 주신 것은 단지 예수님께서 나와 함께 하시는 것과 그분의 영역을 나와 함께 나누시는 것, 그분의 마음과 관점을 내게 보여주시는 것을 기뻐하시기 때문이라는 것을 알게 되었다. 그분과 친밀한 관계 가운데 있으면 겪을 수 있는 것들일 뿐이었다.

아주 놀라웠던 것은 내가 몸을 떠나 실제 그 모임을 볼 수 있었다는 것이 아니고, 내가 거기 '도착' 했을 때에는, 시간상으로는 그 모임이 이미 끝났을 때였다라는 점이다. 나는 그날 자정에 잠자리에 들었고 막 잠이 들기 전에 곧바로 내 영혼은 여행을 한 것이었다. 그 모임은 그때 이미 끝났을 때였다. 나는 그 모임을 보러 시간을 거꾸로 흘러간 것이었다!

하나님은 인간이 만든 시간의 스케줄을 상관하지 않으신다. 성경은 몸 밖의 경험으로 사람이 미래로 갈 수도 있고, 현재 시간에 한 곳에서 다른 곳으로 급히 옮겨질 수도 있다고 보여준다. 그러면 가까운 과거나 가까운 미래에 일어나는 일을 얼핏 보는 것은 왜 불가능하겠는가? 하나님의 길은 우리의 길과 다르다.

과학적 연구 해석

몸 밖으로 나가는 경험(OBEs, Out-of-body experiences)은 인류의 역사만큼이나 오래되었다. 공식 비공식 여론조사 및 연구를 한 연구원들은 영혼이 몸을 떠났던 감각을 한 번 이상 경험한 인구가 5내지 10퍼센트 정도 된다고 한다. 어떤 이들은 육체 가까이에서 떠다니다가 나중에 그 경험이 마치 상태 혹은 NDE의 결과로 생긴 것임을 알게 되었다는 것이다. 어떤 이들은 시간과 공간을 초월해서 다니는데 마치 그들의 영혼이 자신의 육체를 떠나 멀리 여행한 듯하다. 몸 밖 경험은 신앙 배경에 상관없이 사람들이 느끼는 가장 흔한 영적 경험 중 하나이다. 우리는 모두 영적인 존재이다.

몸 밖으로 나가는 경험(OBE)은 쉬고 있을 때나 자고 있을 때나 혹은 꿈을 꿀 때 등 거의 어떤 환경에서든지 누구에게나 생길 수 있는 것 같다. 조사 연구에 의하면 대부분의 OBE는 사람들이 자고 있을 때, 병상 중에 있거나 쉬고 있을 때 혹은 마취 상태 혹은 약물 복용 상태일 때 일어난다. 하지만 그것들은 거의 모든 활동 중에도 일어날 수 있다. 나는 길을 걸으며 모퉁이를 돌다가, 내 영혼이 갑자기 환상 가운데로 날아 올라가는 것을 경험한 적이 있다. 오토바이를 타는 사람들이 보고한 바에 의하면 고속으로 달리다가 그들은 갑자기 자신이 오토바이 위에서 날아가면서 자기 몸은 아직도 오토바이 위에서 운전을 하고 있는 것을 발견한다고 한다. 고공비행의 비행기 조종사들 또한 비행기 밖에 있는 자신을 발견하고 안으로 들어가려 애쓰는 경험을 한다고 한다. 그룹으로 중보기도를 하는 사람들은 동시에 단체로 다른 장소로 그들의 영이 옮겨가기도 한다.

OBE는 마치 자신의 정신이 몸과 분리되는 것과 같이 느낄 때 일어나는 잠깐 사이의 감각이다. OBE 기간 중 사람들은 자신의 몸을 자기가 떠다님을 느낀다. 아무도 그 원인은 모르지만 어떤 사람들은 OBE가 종교적 혹은 영적 사건이라고 믿는다. 흥미롭게도 죽음을 가까이 했던 많은 이들이 OBE를 경험했다고 보고한다.

과학적 조사 연구원들은 수년간 이 현상 뒤에 감춰진 신비를 풀어보려 애쓴 가운데 다양한 신경 이론학적 해석을 내놓았다.

스위스의 제네바 로잔 대학 병원의 연구가들은 특정한 두뇌 부위에 직접 전기 자극을 받으면 OBE가 생길 수 있다는 것을 발견했다. 올라프 블랑케(Olaf Blanke) 박사와 그의 동료들은 오른쪽 측두엽 간질을 앓는 43세의 여자 환자를 대상으로 연구했다. 간질이 일어나는 위치를 알아내고자 이들은 환자의 경막 아래 두뇌 위에 전극을 심었다. 환자가 깨어 있는 동안 연구가들은 각 전극 밑에 있는 두뇌 부위의 기능을 알아내고자 전극에 전류를 흘렸다.

환자 두뇌 우측의 뇌회(angular gyrus)에 전기 자극을 주자 특별한 감각이 일어났다. 약한 자극을 주면 환자는 마치 '침대 속으로 꺼지는' 듯한 혹은 '높은 곳에서 떨어지는' 듯한 느낌을 받았다. 전기 자극을 더 세게 주면 OBE가 일어났다. 예를 들면, 환자는 이렇게 말했다. "내 자신이 침대에 누워 있는 게 위에서 보여요. 그런데 내 다리하고 하반신만 보여요." 다른 때에 여러 번 뇌회를 자극한 결과 그 여인은 침대 위에 한 2미터 정도 '떠 있는' 느낌 혹은 '가벼운' 느낌을 받았다.

뇌회는 대뇌 피질의 전방(균형) 부분 근처에 있다. 뇌회에 전기 자극을 주면 균형 및 촉감과 관련된 정보를 이해하는 두뇌의 능력을 방해하는 것 같다. 이러한 방해가 OBE를 일으킬 수 있다. 뇌회 안의 혈액 순환이 바뀌면서 NDE 기간 중의 두뇌 활동을 바꿀 수 있다. 그래서 그런 경험을 하고 살아남은 사람들이 보고하는 OBE가 일어날 수 있다.[1]

많은 과학자들은 우리가 단순히 생물학적 존재라고 믿게 하려 하면서 믿음이란 순전히 원시적인 사고방식이라고 비난하지만, 어떤 과학자들과 지식인들은 의견을 달리한다.

믿는 이들은 믿음과 신앙이 우리의 두뇌보다 더 크다고 주장한다. "두뇌는 그것을 통해 종교가 경험되는 하드웨어이다"라고 캔자스 대학의 다니엘 뱃

슨은 말했다. 그는 사람들에게 미친 종교의 영향을 연구했다. "두뇌가 종교를 만들어낸다고 말하는 것은 피아노가 음악을 만들어낸다고 말하는 것과 같다."²

풀러 신학교의 심리학부 인지신경심리학자 워렌 브라운(Warren Brown)은 "내가 지금 앉아 있는 곳에 앉아서, 신학 및 크리스천 종교 전문가들을 대하면서 볼 때, 믿지 않는 사람들은 종교에 대해서는 알지만 아주 현명한 것 같지 않다. 그들은 세련된 신경과학자들이지만, 여러 가지 형태의 종교와 관련된 영역에서는 학자들이 아니다"라고 말했다. 세인트 루이스 대학의 어떤 신학자는 이것을 '단세포주의(nothing-butism)'라고 불러 이러한 새로운 두뇌 연구를 잘 비판했다. 단세포주의란 모든 현상을 측정 가능한 가장 기본 단위로 줄여서 이해할 수 있다는 뜻이다.

결국 믿는 이들은 하나님이 존재하시고 우주를 창조하셨다면 신비적인 경험을 할 수 있는 장치를 우리 두뇌 속에 설치하시는 것이 당연하지 않겠느냐고 말하게 될 것이다.³

영적 해석

사람의 영혼이 몸을 떠나는 감각이 일어날 때 영적으로는 어떤 일이 벌어지는 것일까? 성경에 의하면 우리의 영혼은 하나님이 불어넣으신 숨결이다(창 2:7 참조). 그것은 우리의 생명의 숨결이다. 많은 이들은 우리 영혼이 몸을 떠나면 우리가 죽는다고 생각한다. 하지만 우리 영혼이 몸을 떠나는 감각은 환상의 형태도 아니고, 우리가 지금 이해하고 있는 것처럼 물리학의 법칙을 넘어서는 방식으로 육체적으로 영적으로 옮김을 당하는 것과 같은 초자연적인 경험도 아니다. 성경은 여기에 대해서 명확한 설명을 해주지 않는다. 사실 성경에 나온 영적 경험 및 환상에 대한 대부분의 일들은 일부러 모호한 것 같다. 원래 아주 솔직한 사도 바울조차 고린도후서 12장 2절에서처럼 이 OBE에 대한 묘사를 정확히 해주지 않는다. "내가 그리스도 안에 있는 한 사람을 아노니 그는 십사 년 전에 셋째 하늘에 이끌려간 자라 (그가 몸 안에 있었는지 몸 밖에 있었는지 나는 모르거니와 하나님은 아시느니라)."

이 본문은 또한 우리 영혼이 몸 밖에서 기능할 수 있다는 사실을 암시해준다. 신학자들은 인간이 육, 혼(생각, 의지, 감정), 영 세 부분으로 나뉠 수 있는지 아니면 두 부분(육과 영혼)으로 나누어야 하는지 아니면 우리는 그저 낡은 마른 뼈일 뿐인지에 대해서 삼분법 논의를 하며 혼돈스러워 한다. 많은 교회에서 가르치는 표준 교리는 하나님께서 인간을 세 부분으로 만드셨다는 것이다. 하나님은 우리의 몸을 만드셨고, 우리에게 혼을 주셨으며, 우리 안에 생명을 불어넣으셨다. 즉 그분이 주신 생명의 숨결은 우리의 영이다.

익스트림 프로페틱(Extreme Prophetic)의 설립자이며 예언 사역자인 패트리샤 킹(Patricia King)은 우리가 공상에 잠기면서 우리 생각은 제한된 몸을 벗어나는 것처럼 우리의 영혼도 몸을 넘어서 기능할 수 있다고 한다.

그녀의 책『그리스도인의 영적 혁명』(Spiritual Revolution)에서는 자신이 경험한 OBE에 대해 언급하는데 거기서 그녀는 친구 린다를 만나 대화까지 했다. 이 OBE 기간 중 그녀는 밴쿠버까지 가서 친구가 치유될 것을 위해 기도했다. 그리고 그 친구는 치유가 되었다. 그녀는 이렇게 기록한다. "에베소서 1장 3절의 온전한 영적 경험을 하는 중에, 그리고 상징적으로 치유의 축복을 주는 중에, 나는 내 주변의 자연세계를 인식하고 있었다. 나는 이때 계속해서 린다에게 얘기까지 했다. 내 영혼은 내 몸을 떠나지 않았으나 나는 내 영혼 안

에 뭔가 내 육체가 개입되지 않은 어떤 것을 경험하고 있었다."⁴

뉴에이지나 점술에서 행하는 기만의 영적 행위들과 관련된 많은 사람들은 자신이 의지적으로 '그들의 영체 혹은 영혼을 투사' 해서 여행하는 것을 배울 수 있다고 믿는다. 이탈의 형태를 연습하고 긴장을 푼 편한 상태로 들어가면서 원하는 결과를 가져온다. 그들의 영혼은 마치 몸을 떠나 제한된 시간과 공간을 떠나 돌아다니는 것처럼 느낀다. 그들이 '유체이탈(astral projection)'이라고 하는 상태에서 천상의 영역을 돌아다니며 그들은 OBE가 시작되도록 도와준 마귀의 영향력에 열리게 되고 그들의 공격에도 열리게 되는 셈이다. 하나님 대신에 자신의 영혼을 어두움의 능력에 맡기는 이들은 마귀로부터 보호를 받을 수가 없다. 사탄은 사람들이 만군의 주이신 하나님을 알지 못하게 하고 하나님 나라의 영역을 경험하지 못하도록 속이려고 모든 것들을 복제한다.

아내 폴라와 엘리야 하우스를 시작한 존 샌드포드는 수십 년간 예언 및 치유 사역을 하면서 오늘날 많은 저명한 예언자들의 멘토로 섬겨왔다. 존은 오랜 세월에 걸쳐 자신이 체험한 다양한 영적 경험들을 회상하며 많은 것을 배웠다. 그러면서 그는 이러한 영적 세계로 초청받지 않은 상태에서 모험으로 들어가려고 하는 이들에게 경고의 말을 한다.

선지자들이 영적 상태에 있을 때 주님은 그들을 데리고 여행을 가실 수 있다. 외경에서 빌립이 그 한 예이다. 하박국도 사로잡혀 올라가 사자 동굴에 있던 다니엘에게 식사를 주었다는 기사가 있다. 구약에서 나아만을 쫓아갔던 게하시에게 엘리사는 "내 영이 너와 함께 있었다"고 증거했다(왕하 5:26). 이렇게 선지자는 주님께서 부르실 때 여행할 수 있다. 또한 자신의 의지로 할 수도 있지만 주님이 부르시는 것이 아니면 해서는 안 된다.

또한 사탄은 모든 것을 흉내한다. 사탄이 모방하는 것은 유체이탈이다. 이것은 사탄이 그의 영이나 몸을 투사하는 것이다. 성령님의 초청으로 우리가 한 것은 유체이탈이 아니다. 그것은 성령님께서 '이리 와라, 네게 보여줄 것이 있다' 하시는 것이다. 그분이 나를 부르시면 나는 내가 여행하는 느낌을 받으며 그 사람을 본다. 그리고 나중에 나는 그들에게 무슨 일이 일어났는지 묻는다. 그러면서 나는 "맞아, 내가 거기 있었기 때문에 알지"라고 한다.[5]

패트리샤 킹과 존 샌드포드는 영이 몸 밖에서 기능할 수 있다고 믿을 뿐 아니라 먼 곳으로 가서 치유를 행할 수도 있으며, 먼 곳으로 여행하여 다가올 일을 보는 일도 가능하다고 믿는 많은 은사주의 사역자들 가운데 하나이다.

와라, 네게 보여줄 것이 있다!

몸 밖의 경험은 하나님의 마음에 있는 것을 우리가 얼핏 보게 해주는 환상의 한 형태이다. 다가올 것을 보도록 데리고 가서서 그 상황 가운데 하나님의 목적을 우리가 알 수 있도록 경험하게 하신다. 요한계시록 21장 9-10절에서 천사가 요한을 데리고 간다. "일곱 대접을 가지고 마지막 일곱 재앙을 담은 일곱 천사 중 하나가 나아와서 내게 말하여 이르되 이리 오라 내가 신부 곧 어린양의 아내를 네게 보이리라 하고 성령으로 나를 데리고 크고 높은 산으로 올라가 하나님께로부터 하늘에서 내려오는 거룩한 성 예루살렘을 보이니."

브라질 단기선교 여행 중 비행기를 타고 여러 도시를 다닐 때였다. 나는 엠피스리를 켜놓고 음악을 들으며 예배 상태로 조용히 앉아 있었다. 내 주변에는 다른 선교팀원들로 자리가 꽉 차고 빈자리가 없었다. 내 헤드폰에서 나오는 소리로는 그 친구들이 브라질에서 경험한 이야기들을 하느라 웃고 떠드는 소리를 거의 들리지 않게 할 수가 없었다. 나는 그들이 브라질 사람들은 눈이 크고 아름다운 갈색으로 얼굴이 순진하게 보인다, 멋있게 영구 선탠을 한 그들의 피부는 혼혈 종족의 예술적인 색소 결과라는 등, 또한 성령에 대한 그들의 열린 마음 등에 대해 얘기하는 것을 들었다. 어떤 이들은 그들이 본 여러 가지 의료적 문제들과 치유의 기적이 일어난 것 등을 얘기하기도 했다. 그곳은 흥분의 도가니였다. 나는 그것들을 막고 그 비행 시간 동안 예배를 드리며 조용히 앞으로 있을 집회를 위해 기도하려 하고 있었다.

잠시 나는 기체가 약간 흔들리는 것을 느꼈고 내 자리가 흔들리는 것을 깨달았다. 그리고 마치 기내에 비가 내리는 듯 내 뺨이 신기하게도 젖어 있는 것을 느꼈다. 하나님의 임재가 내 안으로 넘쳐 들어왔고 나는 비행기를 떠나고 있음을 깨달았다. 내 영은 하늘 속으로 발사된 듯 우리의 목적지인 도시를 향해 먼저 급히 갔다. 나는 사람이 잔뜩 모인 어떤 공간에 들어갔다. 청년들이 한 줄로 서서 예배드리고 있었는데, 하나님의 권능이 그들 가운데 일하고 계셨고 한 여학생은 큰 소리로 울게 되었고 한 큰 청년은 자기 발이 탄다면서 껑충껑충 뛰었으며 또 어떤 사람은 앞뒤로 몸을 흔들며 방언으로 통성기도를 하고 있었다.

사람들이 내적 치유와 축사를 경험하자 방 전체는 큰 울음바다가 되었다. 그 소리는 크고 뜨거웠다. 나는 그것을 모두 듣고 느꼈다. 하지만 내 주의는 다른 사람들보다도 이 젊은 청년들에게 이끌렸다. 그야말로 그들을 위한 때였다. 이 순간은 그들이 영원한 목적을 향해 발진되는 시간이었다.

그때 갑자기 나는 다시 한 번 기체가 내 좌석을 흔드는 것을 알게 되었다. 내 뺨은 더 젖었다. 내 몸은 뜨거웠다. 내가 눈을 뜨자 내 옆에 앉아 있던 여자가 나를 뚫어지게 쳐다보고 있었다. 알고 보니 기체가 흔들린 것이 아니었다. 내가 내 좌석에서 흔들렸던 것이다. 그 여자는 내가 괜찮은지 물었다. 그녀는 내가 방금 하나님이 주신 어떤 경험을 한 것을 깨닫고는 지혜롭게 더 이상 묻지 않았다.

그 다음날, 우리는 버스를 타고 브라질 중부의 먼지가 많은 한 소도시의 사람이 많이 다니는 거리에 자리한 교회로 갔다. 그 안에는 서 있을 자리밖에 없을 정도로 많은 사람들이 모여 큰 기대감을 갖고 기다리고 있었다. 하나님은 그들을 실망시키지 않으셨다. 그들의 믿음에 따라 움직이시며 그분은 내가 이미 방문했었던 그 똑같은 무리에게 권능으로 오셨다. 나는 그 청년들 곁에 섰는데, 그 얼굴은 '기내에서' 본 얼굴들과 똑같았고 그들이 보이는 반응도 내가 봤던 것과 똑같았다. 나는 그 순간 어떻게 그들을 위해 기도해야 하는지, 어떻게 돌파구를 얻는지 알았고 다른 사역 팀 멤버들도 이 사역을 돕도록 요청했다.

이러한 경험은 믿는 자들에게 정상적인 경험이 되기로 되어 있다. 성경은 이러한 초자연적 경험에 대한 이야기로 가득 차 있다. 이러한 경험은 언제나 개인이나 국가의 운명에 하나님의 목적을 성취한다. 하나님과의 만남 혹은 경험이 그것을 받는 사람만의 흥을 돋운다면, 그것이 실제로 하나님께서 주도하신 것인지 의심할 필요가 있다. 이러한 경험의 열매와 그리고 그 경험을 어떻게 사용하는지는 그 경험의 출처에 대해서 더 잘 말해준다.

사탄이나 우리의 혼 모두 초자연적인 경험을 만들어내어 그 후에 오는

10장 몸 안에서 아니면 밖에서

영광과 영예를 얻으려 할 수 있다. 하지만 하나님이 주도하신 참된 영적 경험은 본인의 삶이 아닌 다른 사람들의 삶 가운데 하나님의 목적을 이룬다. 성경에 기록된 OBE, 환상, 꿈, 방문 등은 그 사람의 영성을 칭찬하고자 기록된 것이 아니며, 땅과 하늘을 다니시며 모든 인류에게 그분의 사랑과 권능, 계획을 계시하시는 초자연적인 하나님께 영광을 돌리기 위한 것이다.

몸 밖의 단체 환상 경험

몇 년씩 함께 기도했던 사람들은 함께 중보기도를 하는 중에 갑자기 성령 안에서 연합체가 된다. 마음에 염려되는 식구들이나 교회에 대해서 혹은 마음에 생각난 문제에 대해 기도하는 것이 아니라, 그 순간 때를 맞춰 하나님 마음의 단체 환상 안으로 들어간다. 이것은 그들이 똑같은 문제에 대해서 기도할 부담을 갖는 특별한 경우이다.

어떤 이들은 이러한 경험을 똑같은 친밀함의 문을 통과하여 천국 경험을 하는 것처럼 묘사한다. 거기서 그들은 동시에 예수님이나 천국의 같은 환상을 본다. 어떤 이들은 그들의 영혼이 이 땅에서 어떤 다른 곳으로 옮김을 당한 것처럼 느낀다.

패트리샤 킹은 1년 동안 매주 함께 만났던 중보자들 모임에 대해서 이야기한다. 한번은 그 모임 중에, "그들은 모두 기대치 않게 성령에 이끌려 중국의 감옥으로 가게 되었다. 그들의 육체는 미국에 있었으나 영은 중국에 가 있었다. 그들은 믿음 때문에 감옥에 갇힌 크리스천이 지내고 있는 감옥에 가 있는 자신들을 발견하게 되었다. 그들은 모두 거기서 서로를 보았다. 그들은 그에게 사역한 후 동시에 그 환상에서 모두 빠져나왔다."⁶ 그 모임의 리더는 모두에게 그 경험에 대해서 토론하기 전에 자신이 본 것을 기록하도록 했다. 그들이 각자 쓴 것을 다 읽자 모든 이야기는 서로 다 맞았다.

존과 폴라 샌드포드 또한 수년간 경험했던 단체 환상에 대해서 이야기한다. "폴라와 나는 영으로 여러 번 여행을 했다. 우리는 우리 몸에 무슨 일이 일어나는지 알았지만 우리는 영으로 우리가 여행을 하고 있다는 것을 알았다. 우리 네 명은 어느 날 중보기도를 하고 있는데 우리 영이 천국으로 여행을 했고 거기서 우리는 같은 것을 보았고 나중에 그것에 대해서 이야기했다."⁷

최근 수년간 많은 그룹들이 기도를 하면서 이런 환상의 경험을 많이 했다. 그들은 동시에 모두 같은 것을 보고 듣는다. 나는 이러한 연합의 영이 그들을 서로 하나로 묶어 천국의 영역으로 데려가 그들이 함께 보고 들을 수 있도록 한다고 본다. 그룹이 연합된 데서 오는 친밀감은 종종 이렇게 단체 계시를 받게 한다. 기도 가운데 최고의 계시를 받은 자에 대한 허울뿐인 보상을 위해 아무도 다투지 않고, 아무도 자기 말을 들어달라고 싸우지 않는 분위기에서 연합의 영은 드러난다. 이 연합은 모두 함께 친밀함의 문을 통과하여 하나님의 기도 동산으로 인도해 준다. 거기서 하나님은 그들을 한꺼번에 만나거나 그들을 하나님께서 보시는 것을 보도록 데리고 가시며, 전 세계에서 하나님께서 하고 계신 일에 동참하도록 하신다.

옮김(Translations) 및 복소재(Bi-location)

전세계의 무당들은 그들의 힘과 마귀와의 동맹을 아주 철저히 개발하여,

그들의 영이 다른 곳을 다니는 경험을 할 뿐 아니라, 그들의 몸 또한 그 뒤에 붙어 다닌다고 한다. 바누아투 제도로 간 단기선교 여행 중에 나는 솔로몬 제도에 있는 무당들에 대한 얘기를 호주 선교사님들에게 들었다. 그 무당들은 걸어가면 몇 시간 될 거리에 갑자기 나타나곤 한다는 것이다. 그 선교사님들은 또한 무당들이 동물의 모습으로 변해서 밤에 번쩍이는 눈으로 그들을 지켜보는 것을 보았다고도 한다. 이것이 단순히 두려움이나 미신적인 이야기에서 나왔다고 생각하는가?

선교사들은 놀라운 이야기들을 전해준다. 때로 그들은 그 문화를 덮고 도전하는 마귀의 영향력에 맞서고자 하나님의 권능이 일어날 때, 가장 뛰어난 무당에게 맞먹는 일을 경험하기도 한다. 대부분 선교사들의 경험은 두세 사람 이상의 간증으로 입증될 수 없는 경우가 많다. 왜냐하면 그들은 정글이나 사막에 혼자 있으면서 우리 서구의 세계관에 도전하는 마귀의 영적 실체를 직면하기 때문이다. 그들은 또한 긴급한 대책이 필요한 극적인 상황에 직면하기도 한다. 하나님의 나라를 확장시키기 위해서 그들은 하나님의 권능이 필요하다. 하나님은 그들이 기대했던 대로 모습을 나타내신다.

한곳에서 다른 곳으로 옮김을 당한 선교사들의 이야기는 수십 년 동안 많이 있었다. 정글 속에서나, 강물이 넘쳐 홍수가 났을 때와 같은 극한 상황에서 그들은 옮김과 같은 기적을 경험한다. 존 크라우더(John Crowder)는 그의 저서 『The New Mystics』(새로운 신비)에서 한곳에서 다른 곳으로 초자연적인 옮김을 당한 선교사들의 사건들에 대하여 기록한다.

옮김은 최근 몇 년간 일어나는 흔한 일 중 하나가 되었다. 많은 사람들은 몸에서 나와 영적으로 다른 곳으로 옮겨가 사역을 하거나 어떤 사건이 일어나기 전에 그 사건을 미리 본다. 하지만 그들의 육체가 옮겨가는 일도 있다. 크리스천 선교사 갈록(H. B. Garlock)은 아프리카에서 홍수가 난 강을 따라 걷고 있었는데 건너갈 길이 전혀 없었다. 그런데 그는 갑자기 강 건너편에 와 있었고 옷은 땀 때문에 축축한 것 외에는 물에 젖은 흔적이 없었다. 또 다른 사역자 두플레시스(David J. DuPlessis)도 아프리카에서 사역하는 동안 옮김을 당한 적이 있었다. 그는 사역을 하기 위해 어떤 곳을 향하여 매우 급히 서둘러 걸어가고 있었다. 그는 친구들과 함께 걷고 있었으나 갑자기 자신이 가고 있던 곳으로 들어갔다. 그 친구들은 20분이 지나서야 도착해서 그를 발견했다."[8]

신기하게 강을 재빨리 건넌다든가 하는 최근의 선교사들 이야기뿐 아니라, 주님의 일을 성취하기 위해 광대한 거리를 가로질러 옮겨진 사람들의 보고도 있다. 천사들만 물리학의 법칙과 대기를 넘어, 시간과 공간을 지나 여행할 수 있는 것은 아닌 것처럼 보인다.

예언 사역자 존 폴 잭슨(John Paul Jackson)은 하나님께서 어떤 사람을 보내셔서 자신을 위해 기도하라고 하셨던 이야기를 한다.

하나님은 또한 어떤 사람을 보내셔서(옮기심) 나를 위해 기도하도록 하셨다. 1990년 나는 유럽으로 21일간 사역을 떠났다. 그런데 스위스 제네바에서 말씀을 전한 후, 통증이 심하게 왔는데 나중에 알고 보니 췌장염이었다. 격심한 통증을 느끼며 밤에 침대에 누워 있는 동안 나는 하나님께서 치료해 주시지 않으면 나머지 여행 일정을 취소하고 입원하겠다고 말씀드렸다.

새벽 2시 30분경, 나는 누군가 침대 곁에 서 있는 것을 느꼈다. 오랜 세월로 인해 거친 피부와 두껍고 울퉁불퉁한 손가락을 가진 노인이 내 오른쪽에 있었다. 먼저 나는 내가 환각을 보고 있나 했다. 그런 다음에는 아니 천사구나 하고 생각했다. 그 노인이 내게 손을 내밀면서 "당신을 위해 기도하러 왔소" 하고 말했다. 그의 손을 내 배 위에 놓으며 그는 기도하기 시작했다. 나는 그의 손에서 열이 나와 내 속으로 들어가는 것을 느꼈다. 그것은 꿀처럼 진하고 열처럼 화끈하게 느껴졌다. 그 열은 두루마리처럼 내 다리부터 발쪽으로 펼쳐지더니 복부와 머리 위로 펼쳐졌다. 그것이 쫙 펼쳐지면서 극심하던 통증이 없어졌다. 그 후 우리는 서로 바라보았고 그는 내 눈 앞에서 사라졌다.

나는 침대에서 내려와 천사를 보내셔서 치료해 주신 하나님께 감사하며, 방에서 덩실덩실 춤을 추기 시작했다. 그때 하나님은 그것이 천사가 아니라고 말씀하셨다. 그리고 마귀도 아니라고 하셨다. 그러고는 손을 뻗치고 눈물을 흘리며 하나님께 얘기하는 사람의 모습이 환상으로 내게 나타났다. "저는 당신께 쓰임받기만을 원합니다. 하지만 저는 작은 촌의 노인입니다. 사람들은 제가 미쳤다고 생각합니다. 저를 쓰실 수 있나요, 주님?" 하나님은 내게 말씀하셨다. "나는 그를 멕시코의 외진 마을에서 데려와 사용한 후 그를 다시 돌려보냈다."

하나님은 이렇게 초자연적인 일들을 하신다. 하나님께는 이런 일도 대수롭지 않다. 우리는 이런 일이 물리적 법칙을 위반하기 때문에 대수로 만든다. 우리에게는 특별한 것처럼 보이지만 하나님께는 그렇지 않다. 우리에게 비정상적인 것이 하나님께는 정상적이다.[9]

최근 은사주의 그룹들에게 알려진 정말 희한한 이야기 중 하나는 제프 잰슨(Jeff Jansen)의 이야기다. 그는 정말 "몸 안에 있었는지 몸 밖에 있었는지 나는 모른다"고 말할 수 있는 사람이다. 어떤 이들은 그가 테네시의 고향에서 신시내티에서 열린 컨퍼런스로 옮김을 당해 적어도 40명 앞에 나타났고 여러 명과 대화도 나누었다고 한다. 어떤 이들은 복소재(bi-location)와 같은 초자연적인 경험을 했다고 믿는데, 이것은 한 번에 두 장소에 있는 것이다. 어떤 실용주의 신비주의자들은 신시내티 컨퍼런스에서 본 그 사람은 그의 천사라고 믿는다. 또 어떤 유명한 예언 사역자는 주님이 그 사람의 모습을 하고 다른 이들이 그 컨퍼런스에서 받을 수 있는 모습으로 사역을 하셨다고 믿는다.

제프에 의하면 그는 신시내티에 있는 패션 앤 파이어(Passion and Fire) 워십 센터에서 열리는 "하늘의 계시적 영역에 참여하라"는 컨퍼런스의 목요일 저녁 모임에 참석하려고 했었다. 그런데 내쉬빌에 있는 부부와 저녁 약속이 잡혀 갈 수가 없었다. 제프는 그 컨퍼런스에 참석하는 많은 목사, 리더들에게 잘 알려진 예언 사역자였다.

저녁 후 그들은 그 다른 부부와 함께 제프의 집으로 돌아왔고 함께 성만찬을 하기로 했다. "나는 하나님의 임재가 내 위에 오는 것을 느꼈고 그것은 불처럼 다가왔다. 그전에 전혀 느끼지 못했던 것이었다. 나는 사람들에게 무슨 일이 일어나고 있다고, 정말 이상하다고 말하던 것을 기억한다. 여기 있지만 왠지 여기 있지 않은 느낌"이라고 제프는 설명했다.

"나는 몇 시간 동안 잠이 들었고 새벽 2시에 일어나 신시내티에 있는 컨퍼런스로 운전해 갔다. 거기 도착했을 때 컨퍼런스는 이미 시작되었었고, 그래서 나는 등록을 하고 이름표를 달고 하루 종일 거기 있었다. 그날이 끝날 무렵, 주최측 목사님들이 나를 보고 이렇게 말했다. '안녕하세요, 오늘 아침까지 못 오시는 줄 알았더니 어젯밤에 오셨더군요.' 나는 새벽 2시에 일어나 운전해서 도착했고 지금 호텔에 가서 쉬려 한다고 했다. 그들은 내 말을 믿지 않으며 이렇게 말했다. '무슨 말씀을 하시는 거예요? 어젯밤에 여기서 당신을 봤는데요.'"

제프는 목요일 밤에 자기가 거기 없었고 자기는 아내와 다른 부부와 함께 내쉬빌에 있었다고 주장했다. "주최측 목사님이 말씀하셨다. '우리 대화한 것 기억 안 나세요? 이름을 등록하시고 제가 이름표를 달아 드렸고 목사님이 그날 밤 저를 위해서 기도해 주셨잖아요.' 나는 목요일 밤에 내가 얘기하고 사역하고 안수한 사람이 40명이 넘는다는 것을 나중에 알게 되었다. 이것은 초자연적인 사건이었다. 이 사건에 대해서 그때 나타난 것이 내 천사라는 황당한 소문이 나돌기도 했다. 나는 그것이 무엇인지 몰랐다. 나도 모든 사람들처럼 혼돈스러웠다. 내가 지금 아는 것은 그것이 내가 아니었다는 점이다."

이런 경험을 어떻게 이해할 것인가? 이것이 옮김과 같은 것일까? 아니면 복소재(동시에 두 곳에 존재함)라고 하는 현상일까? 아니면 수호천사가 그 사람의 모습으로 본인도 모르는 사이에 나타난 것일까? 혹은 예수님이 그 사람의 모습으로 나타나 예수님을 사람들이 받아들일 수 있도록 사역하기 위해 오신 걸까? 아니면 유사한 영 혹은 마귀의 영이 인간의 형태로 변한 것일까?

제프의 경험 기간 중에 있던 하나님의 임재와 그 경험의 열매 혹은 결과를 보아 그 출처는 하나님인 것이 분명하다. 제프와 똑같은 사람이 그 컨퍼런스에서 여러 사람에게 예언 사역을 했다. 그 예언의 말씀은 신시내티에서 하나님께서 하시고자 했던 것을 계시해 주었다. 그 계시는 이 도시에 하나님의 임재하심이 강하게 드러나도록 기도하고 애써온 이들에게 격려가 되었고 하나님께 영광을 돌리는 계시였다. 사탄은 하나님께 영광 돌리는 일을 할 수 없다. 더군다나 신자들의 믿음을 고양시키고 그들을 격려하는 데는 관심이 없다. 그의 본성은 하나님의 일을 훼손할 뿐 축복하지 않는다. 제프의 경험은 그의 천사가 그 날 밤 컨퍼런스에서 말씀을 전한 것인지 아니면 복소재였는지 확실히 단정 지을 수 없지만 그 경험의 열매로 보아 그 출처를 증명하고도 남는다.

하나님의 초자연적인 계시의 영역을 경험한 많은 우리들은 제프가 다음과 같이 말한 것에 동의한다. "말라기 3장 16-18절에서 하나님은 그분의 귀하고 특별한 보물, 인장 반지를 보여주실 준비를 하고 계신다. 우리는 영광의 새 계절 가운데 있다." 이보다 더 이상한 일들이 앞으로는 우리를 더 놀라게 할 것이다.

이러한 경험이 어떻게 일어나는 것인지 우리가 다 이해하기란 거의 불가능하다고 생각한다. 더군다나 우리의 제한된 이성으로 영적인 경험들을 정확히 구분하는 것은 어리석은 일이다. 하나님의 길은 우리의 길과 다르며 그분의 생각은 우리의 생각과 같지 않다(사 55:8-9 참조). 비밀(mystery)은 아직도 많지만 하나님은 다가오는 시대에 우리가 더욱 깨닫기를 원하신다. 하나님께서 자신을 초자연적으로 만나고 경험하게 하시는 데는 목적이 있으시다. 우리가 계속 비밀을 추구하며 깨닫게 하시고자 하는 목적이다.

> 이는 그들로 마음에 위안을 받고 사랑 안에서 연합하여 확실한 이해의 모든 풍성함과 하나님의 비밀인 그리스도를 깨닫게 하려 함이니 그 안에는 지혜와 지식의 모든 보화가 감추어져 있느니라(골 2:2-3)

마귀의 위조

우리는 비밀을 추구하며 깨닫는 동시에 모조품과 마귀의 영향력을 알아차릴 수 있어야 한다. 마귀는 복음을 왜곡하여 어둠의 모양으로 만들려 한다. 사실 어떤 것이 하나님의 것이고 하나님의 것이 아닌지 분별하는 것을 배우는 것은 중요하다. 하나님의 것이 아닌 것으로 우리 속의 욕망에서 나왔거나 아니면 확실히 마귀에게서 나온 것이 있다. 마귀의 위조 경험과 진짜 하나님에게서 온 경험 양쪽을 다 경험한 요한나 마이클슨은 저서 『The Beautiful Side of Evil』에서 멕시코 심령술사의 개인 비서로 있었을 때 경험한 내용을 기록한다.

모임 중에 그녀는 완전 트랜스 영매가 되는데, 그녀는 스스로 OBE를 유도하는 방법에 대해서 어떻게 훈련받았는지 기록한다. 이것은 그녀의 첫 번째 OBE 경험이다.

그때는 이미 내게 익숙했던 그 과정을 따랐다. 나는 특정한 영적 레벨로 가서 기다렸다. 갑자기 나는 더 깊고 깊은 곳으로 가라앉는 느낌이었다. 내 안의 깊은 뭔가가 비틀어 잡아 떼어지는 느낌이었다. 내 몸은 희미해지는 듯했다. 나는 내려다보았고 나의 빈 껍질이 의자에 똑바로 앉아 있는 것을 볼 수 있었다. 손은 손바닥을 위로 하고 공중에 떠 있었다. 나는 내가 전에 있었던 곳을 초월하여 새로운 공간인 먼 곳에 있음을 알았다. 나는 깊은 어두움을 지났지만 이제 모든 것이 맑은 흰 빛으로 가득 찼다. 나는 이제 내 본질, 내 영혼이 내 육체에 얽매일 필요가 없음을 완전히 깨달았다. 내 숙명을 다하고 내 영혼을 깨끗하게 하여 신과 다시 연합할 수 있도록, 내 앞에 놓인 일을 할 수 있도록 내게 주어진 것이다. 하지만 나는 살아 있는 그 힘과 떨어질 수 없는 영원한 일부였다. 나는 무아경으로 가득 찼고, 내게는 시간도 없으며, 슬픔, 고통도 없는 오직 내가 여태 경험한 어떤 것보다 더 설레는 견딜 수 없는 기쁨과 빛, 평화만 있었다. 나는 내려다보았다. 고요하고 눈부신 모습이 내 몸 옆에 기다리고… 기다리고… 하지만 아직 나를 소유하지 않은 채로 서 있었다."[10]

그녀는 이 땅의 음성들이 그녀를 다시 그녀의 육체와 의식으로 불렀을 때 육체로 '되돌아왔다.' 요한나는 트랜스와 OBE를 주도하는 것이 위험하다고 주장하면서, 교회에 다니면서 크리스천이라고 하는 많은 이들도 점성술의 이러한 거짓된 영적 경험들을 행한다고 한다.

오늘날 우리는 많은 기사와 기적을 보고 있다. 그것들은 예수의 이름으로, 그리고 '위에 계신 하나님의 영광을 위해' 행해질 수 있다. 하지만 어떤 예수이고 어떤 하나님 아버지인가? 그분의 이름을 쓴다고 해서 그 원천을 확실히해주는 것은 아니다. 오늘날 많은 이들이 성경과 다른 '예수'를 스스로 만들어낸다. '모르는 다른 신들'을 섬기면서도 분간하지 못한다.

만일 누가 가서 우리가 전파하지 아니한 다른 예수를 전파하거나 혹은 너희가 받지 아니한 다른 영을 받게 하거나 혹은 너희가 받지 아니한 다른 복음을 받게 할 때에는 너희가 잘 용납하는구나(고후 11:4)

우연히도, 바울은 '모든 은사에 부족함이 없는' 교회에 이 말을 전하고 있으며(고전 1:7), 이 교회는 주님에 대한 헌신이 신실했다(고전 1:4-8 참조). 하지만 바울은 말하기를, 아무리 은사가 있고 신실해도, 경험에 대하여 비성경적으로 강조하며 분별력이 부족하면, 속임을 당하며 헤맬 수가 있다고 한다.[11]

성경이 규정하는 것 이외의 경험에 대한 비성경적 강조와 분별력의 부족은 하나님의 초자연적 및 계시적 영역에 열려 있는 은사주의 및 오순절파의 많은 크리스천들에게 큰 걸림돌이 될 수 있다. 재미있는 것은 사도바울이 고린도전서 12장 10절에서 기적의 능력, 예언, 방언에 대해서 기록하면서 같은 본문에 분별력의 영적 은사를 함께 언급하는 것이다. "어떤 사람에게는 능력 행함을 어떤 사람에게는 예언함을 어떤 사람에게는 영들 분별함을 다른 사람에게는 각종 방언 말함을 어떤 사람에게는 방언들 통역함을 주시나니."

기적의 능력 및 예언의 은사들을 교회에서 잘 사용하려면, 양 무리를 잘 돌보기 위해 분별하는 은사를 가지고 훈련된 성숙한 자들이 필요하다. 또한 하나님의 임재하심과 그 능력이 전 세계에 더해 갈수록, 앞으로 다가오는 시대에는 분별하며 방향을 제시할 수 있는 사도적 목소리가 필요하다. 자신의 혼과 마귀의 힘으로 모조판 능력이 판을 치는 세상의 **가라지**와 함께 커가려면 말이다. 지금 현재는 안타깝게도, 분별 및 정정의 문제에 대해서 사랑으로 진리를 말할 수 있는 존경받는 사도적 리더들이 너무나 적다. 또한 교파, 네트워크, 동맹그룹에 상관없이, 사도적 리더들로부터 마음을 열고 정정을 받을 만큼 겸손한 교회 리더들 또한 너무나 적다.

여기서부터 당신은 어디로 날아가겠는가

그래서 당신의 영혼이 캐나다에서 워싱턴 혹은 테네시에서 신시내티로 날아간다면 어떻게 하겠는가? 뭐가 달라지겠는가? 일단 그 느낌이 멈추면 솟던 아드레날린이 가라앉고 경험은 희미해진다. 다시 하루의 염려가 쳐들어오면, 당신은 언제나 이런 질문을 하게 된다. '그런 경험은 도대체 해서 뭐해?' 바꿔 말하면 이제 어디로 날아가겠는가?

첫째, 그 원천을 분별하라. 짐 골은 본서의 마지막 부분에 분별력을 향상시키기 위한 놀라운 체크리스트를 제공하고 있다.

둘째, 의미를 따져본다. 어쩌면 하나님의 계시가 당신의 개인적인 것과 관련될 수도 있다. 깨닫게 해주시거나 치유하시려고 뭔가를 보여주실 수 있다. 아니면 당신을 통해 하나님께서 계시하시는 것일 수 있다. 혹은 어쩌면 다른 사람이 영적 은사를 발견하도록 하기 위해서 당신이 받는 것일 수도 있다. 하나님께서 주시는 것을 온전히 이해하는 데는 시간이 걸린다. 의미를 찾기 위해 시간을 내어 기도하며 다른 이들에게 도움을 구하기도 하라.

마지막으로, 의심이 나면 과감히 버리라.

예언 사역자 그래함 쿡(Graham Cooke)에 따르면, "뭔가 이해가 가지 않는 것은 어떻게 하려고 하지 말라. 그저 '주님, 이것을 주님께 다시 드립니다. 무슨 뜻인지 깨닫게 해주세요'라고 기도한다. 그분이 가르쳐주실 때까지 아무것도 하지 않는다. 때로, 우리가 잘못된 길로 가게 하려고 원수는 애쓴다. 나는 확인 혹은 확신을 받는다. 하나님은 둘 다 주신다. 기드온의 양털은 하나님의 뜻을 아는 것에 대한 것이 아니었다. 그는 이미 하나님의 뜻을 알고 있었다. 그것은 확신에 대한 것이었다."

주석

1. http://faculty.washington.edu/chudler/obe.html,September 27, 2002.
2. Tracing the Synapses of Our Spirituality: Researches Examine Relationship Between Brain and Religion
3. Shankar Vedantam, *Washington Post*, Sunday, 2001년 6월 17일
4. Patricia King, *Spiritual Revolution* (Shippensburg, PA: Destiny Image Publishers, 2006), 76.
5. 존, 폴라 샌포드와의 개인 면담
6. Patricia King, *Spiritual Revolution* (Shippensburg, PA: Destiny Image Publishers, 2006), 77-78.
7. 존, 폴라 샌포드와의 개인 면담
8. John Crowder, The New Mystics(Shippensburg, PA: Destiny Image Publishers, 2006), 180-181.
9. John Paul Jackson, "Naturally Supernatural",
   http://streamsministries.com/blogger/2000_08_01_archive.html,August 4, 2000.
10. Johanna Michaelson, *The Beautiful Side of Evil*, 103.
11. Michaelson, *The Beautiful Side of Evil*, 174-175.

11장

기적

줄리아 로렌

대부분의 영적 경험들은 우리 안에서 일어나는 반면, 기적이라고 하면 외부에서 일어나는 사건을 말한다. 기적은 우리에게 일어난다. 그것은 자연을 초월하고 물리적인 법칙을 넘어서는 물질적 사건이다. 구약 및 신약 모두 기사와 기적들을 보여준다. 기적은 모든 것을 능가하는 예수 그리스도의 권능 및 사랑과 하나님의 말씀을 확인해 주는 데 사용되었다. 어떤 이들은 이러한 기적 이야기를 읽으며 흥분하지만 어떤 이들은 원시적 사고에 지나지 않는 신화에 불과하다고 무시한다. 수많은 세월 동안 성경에 나온 기적의 사건들을 의심하게 하거나 과학적 분석을 통해 논박하려는 시도로 수많은 저서들이 나왔다.

사람들은 언제나 자신들이 믿고 싶은 것을 믿을 것이다. 내가 아는 의사 친구가 이런 말을 했다. "사람들은 자기들이 원하면 치유의 기적을 믿을 거야. 기적의 신빙성을 증명하는 문서를 제공할 수 있다 해도, 회의론자들의 마음은 바꾸지 못해. 믿는 것은 선택이니까."

　이성적인 사고방식에 젖어 있는 우리 사회에서, 자연의 법칙을 초월하는 사건의 경험, 치유의 기적, 초자연적인 공급하심과 같은 터무니없고 증명할 수 없는 주장에 대해서 믿기로 선택하기란 더욱더 어려워진다. 우리들 대부분은 보는 것이 믿는 것이다. 하나님이 살아계시고 권능에 찬 분이시며, 우주의 창조주는 아직도 그분의 손에 우주의 법칙을 쥐고 계신다는 것을 믿기 전에 우리는 스스로 그것을 보거나 경험해야만 한다. 아니면 적어도 그 기적이 현대 과학의 힘을 초월하는 진짜 사건임을 증명하는 의학상의 서류나 증언을 통해 진실성을 말해주는 진술서를 받아야 한다.

　그러나 많은 기적의 이야기들은 입증될 수 없는 경우가 많다. 아무도 목격하지 않은 개인적인 사건이기 때문이다. 어쩌면 그들은 어떤 개인 혹은 그의 사역에 주의를 끌기 위해서 날조될지도 모르겠다. 실제로 기적을 경험한 어떤 사람들은 그들을 비웃는 회의론자들의 태도에도 불구하고, 듣는 사람의 믿음을 더해주려는 동기로 이야기를 밝히기도 한다. 이때 듣는 사람에게 믿을 수 있는 선택권을 주는 것이다. 이 장에 기록된 이야기들을 통해 독자들도 하나님의 모든 것을 초월하는 권능의 영광에 집중하여 자신도 언젠가는 이러한 기적을 직접 경험할 수 있으리라는 믿음을 갖기 바란다.

　나같이 '믿음이 적은 자'들에게는 보는 것이 믿기가 더 쉽다. 듣기만 한 이야기를 의심하거나 비판하기란 쉽다. 하지만 본인이 직접 본 것을 비판하기가 더 어렵다. 보통 인터넷이나 이 사람 저 사람에게 말로 전해진 이야기를 내가 믿는 경우는 그 이야기를 뒷받침해 주는 놀라운 증거가 있는 경우이다. 입증될 수 없는 이야기인 경우 조작하기가 더 쉬워진다. 그리고 이 사람 저 사람에게 옮겨가면서 이야기가 변하고 왜곡되면서 과장된다.

그렇기 때문에, 공신력이 있고 확실히 신뢰할 만한 사역자들의 이야기들만을 기록했다. 왜냐하면 그런 사역자들은 자기 사역을 키우기 위해서 이야기를 위조할 필요가 없기 때문이다. 그들의 이야기는 잘 문서화되어 있다. 내가 여기 포함시킨 이야기들은 내 자신이나 다른 사람들이 목격한 것들이며, 모두 출판되어 나온 책에 실린 내용들이다(책에 나왔다고 다 믿을 수 있다는 얘기는 아니다). 또한 이야기를 감동적으로 기록하려 하지 않았고, 단순히 서술했다.

우리들 대부분은 스카이다이빙이나 물 위를 걷는 것과 같은 모험적인 일보다는 집에서 안전하게 쉬는 것을 더 좋아하는 경향이 있다. 사람들과 모여 파티를 하거나 손님을 초대하여 점심을 함께 할 때, 우리는 음식이 모자라지 않도록 충분히 준비한다. 북미에는 밥이 없어서 굶기보다는 굶고 싶어서 굶는 경우가 더 많을 것이다. 식료품을 살 돈이 없으면 식량 은행(food bank: 극빈자용 식량 저장 배급소-역주)이나 집 없는 이들을 위한 임시 수용소 등에서 먹을 것을 준다. 북미에서 굶주리는 사람들은 대개 중독자이거나 혹은 정신병에 걸려 거리에서 헤매며 먹는 것을 잊어버리는 경우, 혹은 보살핌을 받지 못한 아이들, 혹은 집에 틀어박히거나 잊혀진 노인들이다. 개발도상국에서는 수백만 명이 굶주림에 시달리고 있다. 하지만 많은 경우에 초자연적으로 하나님께서 배가해 주시거나 기대치 못한 순간에 특히 해외로부터 음식이 기적적으로 공급되는 경우가 있다. 성령께서 무리를 먹이기 위해 음식을 배가하시면 무리는 그분을 따르기 위해 돌아선다.

북미에서 간단한 병은 온갖 약으로 웬만하면 다 고칠 수가 있다(아니면 적어도 증상을 크게 완화시킬 수 있다). 그러나 해외에서는 종종 간단한 병만 걸려도 나이에 상관없이 죽음을 의미하기도 한다. 하나님께서 치유하시기 위해 권능을 펼치실 때마다 사람들의 마음은 움직인다. 예수님께서 나타나 리더를 치료하시면 사람들은 그 리더를 따른다. 신실한 몇 사람의 기도로 재앙이 멈춰지고 장님이 눈을 뜨며 귀머거리가 듣게 된다. 때로, 제3세계에서는 죽은 자가 살아나기도 한다! 기적이 일어나면 불가능한 것을 보는 믿음이 더욱 커진다.

선교사들은 돈이나 음식이 다 떨어질 때 믿음이 커지는 것을 종종 보게 된다. 그때 그들은 믿음으로 기도하며 하나님의 긍휼하신 사랑에 호소하고 응답을 받는다. 그들의 믿음은 처음에 절망 가운데 있다가 결국에는 자신을 초월한 것으로 꽃피어난다. 그들은 기도할 때 하나님께서 응답하신다는 것을 발견한다. 배에서 발을 떼어 걸어 나올 때 하나님께서 그들을 붙잡으실 것이다. 성경에 나온 예수님에 대해서 미미했던 믿음으로 선교지에 발을 디뎠다가, 기적적인 방식으로 그들과 동행하시는 예수님의 강력한 현실을 보게 되는 것이다.

예수님은 그분의 기사와 기적을 베푸시며 믿지 않는 자들의 마음을 그분께로 향하게 하시며 우리 모두의 믿음을 크게 하신다. 제3세계에서 기적은 불가능한 것을 보는 믿음을 키울 뿐 아니라, 이것이 정상적인 생활의 일부가 된다. 그들의 믿음이 커지면서 초자연적인 것들은 그들에게 더욱 자연적인 일이 되는 것이다.

이제, 선교 현장에서 다른 이들이 목격한 몇 가지 기적들을 소개하겠다.

자연을 초월하셔서 역사하시는 하나님

여호수아 10장 12-15절에서 하나님은 한 사람의 말을 들으시고 그의 요청을 들어주셔서 태양을 24시간 이상 멈추게 하셔서 이스라엘이 전쟁에서 승리할 수 있도록 하신다. **태양은 하늘 한가운데서 멈춰서서 하루 종일 내려가지 않았다.** 그들의 원수는 도망갔고 주님은 큰 우박을 내리셔서 이스라엘 백성이 검으로 죽인 숫자보다 더 죽이셨다(수 10:11 참조). 이것은 일식이나 월식의 반대 현상이었다. 밝은 태양빛 가운데 우박이 내리면서 퇴거하는 적군을 완전히 물리칠 수 있었다.

성경의 또 다른 본문에 보면, 하나님은 태양을 멈추셨을 뿐 아니라 뒤로 돌리신 경우가 있다. 주님은 또 한 사람, 이사야의 기도를 들으셨다. 주님께 히스기야 왕이 치료될 것이라는 징표를 주십사 구한 것이다. 열왕기하 20장 9-11절에서 히스기야는 하나님께서 태양을 앞으로 가게 하실 것인지 아니면 뒤로 물러가게 하실 것인지 선택할 수 있었다. 히스기야는 태양을 앞으로 가게 하는 것은 너무 쉽다고 말한다. 그래서 그는 시간이 뒤로 가면서 해시계의 해 그림자가 열 칸 뒤로 물러나는 것을 보게 된다.

구약에서 우리는 하나님이 사람들의 기도를 들으시고 그들의 믿음에 응하시어 자연의 법칙을 초월하시는 것을 볼 수 있다. 이렇게 하나님께서 자연의 법칙을 초월하시는 것처럼, 신약에서는 예수님이 자신의 권위로 움직이시는 것을 본다. 예수님은 배에서 일어나 바람에게 명하셨고 파도를 멈추셨다. 그분은 폭풍을 잠잠케 하셨고 성난 자연에 대해 권세를 취하셨다(막 4:35-41 참조). 또 예수님은 제자들이 거친 바람으로 배에서 고생하고 있을 때, 호수 위를 걸어서 제자들에게로 가셨다. 베드로는 "주님, 정말 주님이시라면 저에게 물 위로 걸어오라고 하소서!" 했고, 주님이 "오라" 하시자 그는 배에서 내려 물 위를 걸어 예수님께로 향했다. 잠시 물 위에 발을 내디디며 물이 딱딱하게 느껴지자 몇 발자국 더 내딛는 모험을 한다. 그런데 갑자기 거센 바람을 보자 겁이 났다. 즉시로 예수님은 손을 뻗어 그를 잡아주신다. 그러면서 "믿음이

적은 사람아, 왜 의심하느냐?" 하고 책망하셨다.

베드로는 교회의 전형(epitome)이다. 그는 교회 안에 있는 우리 모두를 상징한다. 베드로가 **"주님, 정말 주님이십니까?"** 했을 때 그는 예수님을 의심하고 있었는가? 아니면 베드로가 자신도 예수 그리스도를 믿는 자로서 그분의 권세를 사용하여 물 위를 걷고, 죽은 자를 살리고, 병든 자를 치료하며, 마귀를 쫓아내는 등 기록되지 않은 수많은 기적들을 볼 수 있는지 없는지 의심했는가? 베드로가 의심했듯이 우리도 모두 그런 의심을 한다. 우리가 기적을 보거나 혹은 들을 때, 우리는 "주님 정말 주님이십니까?" 하고 묻는 경향이 있다. 우리는 "내가 기도하면 응답을 받을 수 있을까?" 하고 생각하면서, 다른 사람의 치유를 위해 기도하거나 어떤 기적을 위해 기도할 때, 정도는 다르지만 다들 불신앙과 의심으로 고통한다. 우리가 안전지대의 배에서 나와 두려움과 떨림 속으로 들어갈 때, 우리는 "내가 실패하면 주님이 날 잡아주실까?" 하고 불안해 한다.

2005년 9월 8일 브라질 임파라트리즈에서, 전 빈야드 크리스천 펠로우십의 목사이자 글로벌 어웨이크닝(Global Awakening)의 부사역자인 게리 오츠(Gary Oates)는 커다란 하나님의 성회 교회에서 3천 명 가량이 모인 가운데 설교를 위해 섰다. 교회는 작은 종합 운동장 같았고 건물의 층층마다 벽에는 큰 구멍이 나 있어 공기가 통할 수 있게 되어 있었다. 우리가 교회에 도착했을 때, 별이 반짝이는 밤하늘에는 구름 한 점 없었다. 오직 은빛 초승달만 깜박이며 하늘에서 인사를 했고 거기 뭐가 쌓여 있는지 아무런 힌트도 주지 않았다. 그리고 그때는 가문 계절이었다. 거리마다 먼지가 자욱했고, 길에는 흙이 잔뜩 쌓여 있고, 집집마다 담에는 도둑이 들어오지 못하도록 깨진 유리를 박아놓고 가시 돋친 철망을 쳐놓았다. 그 도시와 사람들은 뜨겁고, 목말랐으며, 서로를 두려워했다.

　게리는 엘리야에 대해서 설교했다. 비가 억수같이 쏟아지는 소리와 하나님의 치유하시는 임재의 비를 위해 끈질기게 기도하는 것에 대한 말씀이었다. 게리는 엘리야가 비를 위해 일곱 번 기도했고 매번 손바닥만한 구름 조각이 와서 사람들에게 풍성한 비를 내려주어 가뭄이 그칠 것인지 기대하며 보았다고 설명했다. 게리가 이야기를 마칠 무렵 우리는 바람에 실려 온 큰 빗소리를 들었다. 갑자기 돌풍이 그 벽에 있던 구멍들 속으로 차고 들어와, 그 큰 빌딩 안에서 급하게 시계 반대 방향으로 돌았다. 야자수가 굽어지고 요동하며 바람에 마구 흔들렸다. 하나님의 임재를 확실히 느낄 수 있었고 그 임재가 교회 전체를 휩쓸었다. 그리고 사람들은 일어나 박수갈채를 보내기 시작했다. 게리는 강단에 그대로 서 있었다. 그가 약 10분간 높이 팔을 들고 있는 동안 비와 바람은 계속되었다.

　하나님은 완전히 자연의 법칙이 통하지 않게 하셨다. 그 지역에서 늘 그렇듯이 비가 오면 보여야 할 보름달이 아닌 초승달 아래 때 아닌 비가 왔을 뿐 아니라, 성령님의 바람도 불어들어 왔다. 중보기도 그룹이 목사님 사무실에서 모여 기도를 하고 있었는데 거기서 한 여인이 걸어 나왔다. 그녀와 그녀의 가족은 새부족선교회(New Tribes Mission) 파송 선교사로 그 지역에서 21년간 섬겨 왔었다. 그녀는 무릎을 꿇으며 이렇게 말했다. "이런 일은 있을 수 없어요. 이것은 진짜 기적입니다."

　빗방울은 계속 내리쳤고 야자수는 마침내 잠잠해졌다. 이제 가벼운 바람만 밖에서 불고 있었다. 결국 바람마저 잠잠해지자 청중은 조용해지면서 놀라워했다. 게리 오츠 목사님은 주님이 치유하시기 위해 지금 임하신다며, 사람들에게 하나님의 임재로 인한 치유를 받으라고 초청했다. 참으로 하나님은 그분의 메시지를 기사와 기적으로 방금 보여주신 셈이었다. 수백 명의 사람들이 즉각적인 치유를 받았다. 그날 밤 수백 명도 더 되는 사람들이 예수님을 영접했고 구원에 들어왔다.

당신은 이 이야기를 믿는가? 나는 믿는다. 나는 북미주 팀과 함께 거기 있었고, 그 팀도 이 사건을 증명할 수 있다. 내가 기적을 지켜보고 있다는 사실을 깨달은 것은, 21년 이상 그 지역에 살았던 선교사님이 무릎을 꿇으며 이런 일은 결코 일어날 수 없다며 인정했을 때였다. 수많은 사람들이 즉각적인 치유를 받은 것도 부인할 수 없는 기적의 사건이었고, 이것은 내 뇌리에 영원히 박히게 되었다.

그러면 너희가 먹을 것을 주라

사람들은 예수님의 말씀을 듣기 위해 몇 킬로 되는 거리를 걸어갔다. 대부분은 마실 물이나 간식, 점심을 싸오지 않았다. 어쩌면 그들은 그렇게 오래 머무르리라 생각하지 못했는지도 모른다. 그런데 그분의 말씀이 너무나 따스하게 그들의 가슴을 감쌌기에 그들은 머물렀다. 그분께서 말씀하시는 것과 그 말씀하시는 투가 왠지 그들의 믿음을 키웠다. 그런 후 기적이 일어나기 시작했다. 아무도 떠나기를 원치 않았다. 하지만 제자들은 배가 고프기 시작했고 먹을 것이 없으니 무리가 마을에 들어가 먹을 것을 사먹게 하시라고 예수님께 요청한다. 그러자 예수님은 이렇게 대답하셨다.

갈 것 없다 너희가 먹을 것을 주라(마 14:16)

그의 제자들은 빵 다섯 덩이와 생선 두 마리를 모았다. 그리고 돌아서서 무리를 세어보았다. 여자와 아이들을 빼고도, 남자들만 5천 명이 넘었다. 갑자기, 이전에 예수님께서 물을 포도주로 바꾸셨던 일이 떠올랐다. 그렇다면 이 작은 도시락을 수천 명이 먹을 수 있는 잔치로 왜 못 바꾸시겠는가? 그들은 빵과 생선을 떼어 계속해서 줄줄이 나눠주게 되었고 모두가 음식을 먹을 수 있게 되었다. 그들 뒤에 얼마간의 사람들이 움직이며 남은 작은 빵조각을 광주리에 담았다. 몇 시간 동안 모든 이들은 자신들이 초자연적인 공급의 기적을 목격했음을 알았다.

예수님은 모두를 먹이셨을 뿐 아니라 제자들이 한 광주리씩 들고 갈 수 있을 정도로 음식이 많이 남았다. 그것은 마치 예수님께서 이렇게 말씀하시는 것 같았다. "너희가 무리를 먹이라, 그러면 내가 너희를 먹이리라. 네가 무엇을 먹을지에 대해 염려하지 말라. 네게 무엇이 필요한지 내가 알기 때문이다. 그저 구하라. 그리고 믿으라. 초자연적인 것을 받기 위해 네 육신의 눈에 보이는 것을 무시하기 시작하라."

마태복음에는 이렇게 예수님께서 무리를 먹이신 기사가 두 번 나온다. 그래도 여전히 제자들은 깨닫지 못했다. 전에 다리를 절던 이들이 치유를 받고 춤을 추는 것을 보고서도, 귀머거리가 치유되어 기뻐서 어쩔 줄 모르는 것을 보고서도, 장님이 눈을 뜨고 지팡이를 집어던지며 감격의 눈물을 흘리던 것을 보고서도, 벙어리가 말을 하기 시작하는 것을 보고서도 그들은 "이렇게 많은 사람들을 무슨 수로 우리가 먹입니까?" 하고 물었다.

제자들은 기적의 현장에 서서도 예수님께서는 우리 각 사람의 영적, 정서적, 신체적 필요에 신경 쓰시는 것처럼 우리에게 매일 음식이 필요하다는 것도 아신다는 것을 잊었다. 제자들은 빵 일곱 덩이와 생선 두 마리를 모아 또한 번의 기적으로 나아갔다. 한 사람이 손으로 들기에는 조금 더 많은 음식으로 큰 무리를 먹이는 기적이다. 치유하시는 하나님은 또한 풍성히 음식을 공급하시는 하나님이시다. 하지만 여전히 예수님은 제자들이 초자연적으로 배고픈 자들을 먹여야 하는 이들이라고 말씀하셨다.

선교사들과 구호 단체들은 가뭄이나 홍수 혹은 부족한 농사기술로 인한 기근의 희생자들을 먹여 살리기 위해, 매주 외딴 곳으로 많은 식량을 공수한다. 때로 식량을 제대로 대지 못하거나 다른 길로 혹은 다른 곳으로 대야 할 때도 있다. 때로 선교사들은 수많은 굶주린 아이들을 지켜보며, 자신에게는 아무 것도 없고, 심지어는 자기 자식들도 빵 한 조각 먹을 것이 없어 절망의 눈물을 흘리기도 한다. 그들은 예수님을 바라보며 이렇게 묻는다. "이 무리를 먹일 식량을 어디서 구하나요?"

하이디 베이커는 모잠비크와 아프리카 전역에서 일하는 선교사로 그 질문에 대한 답을 안다. 그녀는 모잠비크에서 오랫동안 있으면서 수년간 그런 상황이 닥칠 때 하나님 아버지께서 항상 공급하실 것을 알고, 절망의 눈물을 흘릴 것이 아니라 기뻐해야 할 것을 배웠다. 눈에 보이는 것과 귀에 들리는 것으로 마음이 압도당할 때, 눈물 콧물로 추저분한 무리를 보고 어찌할 바를 모를 때, 수천 명이 자신의 앞에서 음식을 구하며 서 있을 때, 엄청난 질병과 상처투성이와 죽음의 냄새가 그녀를 엄습할 때, 그녀는 눈을 예수님께로 돌려 그분의 얼굴을 바라본다.

그저 그분의 얼굴에 집중하라. 그분의 얼굴에 집중할 수 있기만 하면 끝까지 성공하게 될 것이다. 그분의 아름다운 얼굴에 집중하라. 당신이 가난한 자들을 먹이는 것이 아니고 당신이 빈민 사역을 하는 것이 아니다. 그분의 얼굴을 바라보지 않으면 아무 일도 일어나지 않을 것이다. 그분의 눈을 한 번 보기만 해도 우리는 필요한 모든 것을 갖게 된다."[1]

그녀가 마푸토에서 치항고 아동 사역(버려진 거리 아이들 위주의 빈민 사역-역주)을 하고 있을 때 심한 핍박을 받게 되었다. 48시간 내에 건물을 비우고 마을을 떠나라는 통고를 받은 것이다. 그래서 그들은 물건을 압수당하거나 잃어버리지 않도록 쉴새없이 48시간 동안 물건을 정리했다. 그들은 아무 데도 갈 곳 없는 아이들을 어떻게 해야 할지 대책이 안 섰다. 아이들도 어떻게 해야 될지를 몰랐다. 결국 전체 아동 중 백여 명이 하이디와 롤랜드 베이커의 작은 집으로 따라나섰다. 일부 아이들은 집으로 쏟아져 들어왔고 어떤 아이들은 얼굴이 문에 짓눌린 채 거기 서 있었다.

사실 베이커의 두 친자식도 이런 혼란과 지친 상황 가운데 엄마 아빠처럼 어찌 할 바를 모르고 짓눌린 채 서 있었다. 하이디는 집 안에 있는 아이들 무리와 거리로 넘쳐난 아이들을 바라보며 쓰러질 것만 같았다. 가진 음식도 없었고 그 많은 아이들에게 필요한 음식을 해줄 냄비도 없었다. 그때, 길 건너편의 미국 대사관에서 온 여인이 문을 똑똑 두드렸다. 그녀는 베이커 씨 가족을 위해 약간의 음식을 갖다 주러 들린 것이었다. 그 음식은 칠리(콩과 고기를 넣고 양념을 한 걸쭉한 음식-역주)와 밥이었다. 꼭 네 명이 먹으면 충분할 분량이었다.

하이디는 이렇게 쓴다.

우리는 며칠 동안 못 먹고 있었다. 나는 물을 열고 그녀에게 우리

11장 기적 **255**

아이들 모두를 보여주었다. "우린 식구가 많아요!" 지쳐 있었으나 온전한 진심으로 나는 아이들을 가리키며 그렇게 말했다. 내 친구는 심각해졌다. "음식이 충분하지 않은데. 내가 집에 가서 더 음식을 해야겠어요!" 하지만 나는 그녀에게 그저 식기도만 해달라고 부탁했다. 우리는 음식을 아이들에게 나눠주기 시작했다. 나는 첫 아이부터 그릇에 가득 담아 주었다. 나는 아찔해지며 감격하게 되었다. 얼마나 멋진 일이 벌어지고 있는지 당시는 거의 이해가 안 되었다. 그런데 우리 아이들 모두가 먹고, 직원들이 먹고, 우리 친구도 먹고, 우리 식구 네 명도 먹을 수 있게 되었다. … 왜냐하면 그분께서 죽으셨고, 말씀하신 대로, 언제나 충분하기 때문이었다.[2]

직원들과 베이커 선교사님의 사역을 자원하여 돕는 이들의 추가 보고에 의하면, 이렇게 음식이 배가되는 기적은 그때 말고도 또 일어났다고 한다. 많은 사람들이 이 기적들을 몸소 체험한 것이다.

죽은 사람이 살아나는 기적

엘리야 선지자는 가뭄이 끝나기를 기다리며 과부의 집에 묵게 되었다. 과부를 위해 기적을 베푸신 하나님의 은혜로, 그는 묵을 곳을 찾았을 뿐 아니라 먹을 것이 하나도 없던 때에 음식이 기적적으로 배가하는 체험을 하게 되었다.[3] 어느 날 과부의 아들이 죽었다. 그 아들이 죽었으니 과부는 자신이 늙으면 아무도 자신을 돌봐주거나 위로해줄 사람이 없다는 것을 깨달았다. 엘리야가 성령에 감동되어 그 아이의 몸 위에 세 번 엎드리며 기도하자 아이가 다시 숨을 쉬기 시작했다. 아이가 살아난 것이었다.

나중에 그의 후계자 엘리사는 그를 후원하던 수넴 여인의 아들이 죽었다는 소식을 들었다.[4] 죽은 자를 살리던 엘리야의 믿음을 따라 엘리사의 믿음도 고양되어 있었다. 엘리야가 죽은 자를 살리기 위해 기도하던 본을 따라 그는 일에 착수했다. 수넴 여인의 아들은 이 땅에 다시 살아나 살게 되었다.

몇 세기 후, 예수님이 그 마을에 오셨다. 그분은 엘리야나 엘리사의 이야기들을 알고 계셨지만 그들이 사용했던 테크닉을 사용하기를 좀 꺼려 하시는 것 같았다. 그분은 틀을 깨고, 참된 권위는 테크닉을 넘어선다는 것을 사람들에게 가르치셨다. 그분은 아마도 마을의 어떤 의사들이 바리새인들과 단순한 터치나 명령의 가치에 대해서 토론하는 것을 들으셨을지도 모른다. 단순한 터치나 명령이야말로 더 위대한 선지자의 권위를 증명해 주기 때문이다. 옛 선지자들의 이야기를 단순히 인공호흡으로 사람을 살렸다고 추측하면서 투덜거리는 지식인들도 어쩌면 예수님을 보았을 것이다.

죽었던 어린 소녀를 살릴 기회를 만난 예수님은 자신이 모든 선지자 중의 선지자이며 바로 하나님의 아들인 것을 알았기에 간단히 기도를 하심으로 아이를 살리셨다.[5] 사람들은 갖가지로 반응했다. 어떤 이들은 아이가 죽었던 것이 아니라고 했으며, 어떤 이들은 동네방네 다니며 죽은 자가 살아난 기적을 외치고 다녔다.

나중에 예수님은 관이 지나가는 것과 한 과부가 관에 들어간 죽은 자식을 애도하며 우는 것을 보았다.[6] 분명한 것은 예수님이 이 관 속에 있는 사람을 살리면 아무도 그가 죽었던 것이 아니었다고 말할 수 없을 것이었다. 왜냐하면 그는 이미 죽어서 무덤에 묻히기 직전이었기 때문이다. 성령의 감동을 받은 예수님은 그 청년의 몸에 생명이 다시 돌아오도록 명하신 후 그분의 즐거운 길을 계속 가셨다.

이러한 기적의 신빙성에 대하여 사람들은 여전히 토론하고 있었다. 이때, 바리새인들과 의사들은 이렇게 말했을 것이다. "첫 번째 것은 아주 의심스럽지. 소문에 의하면 그 소녀가 죽었다 살아났다고 하지만 그 방에 예수와 몇 명 있지도 않았고, 어쩌면 아이가 자다가 깼을 가능성이 많아. 두 번째 것은 좀 더 진짜 같기는 하지만 그 청년이 죽은 지 24시간이 안 되었다고 하지. 실수였을 수도 있어. 어쩌면 예수가 관 속에서 청년이 쾅쾅 치는 것을 들었고, 그 어미는 우느라 쾅쾅 소리는 안 들렸기 때문에 예수가 행렬을 멈추고 관만 열어서 죽은 자를 살린 척을 한 게 아닐까. 내가 진짜 보고 싶은 것은 그 예수라는 작자가 무덤에서 푹푹 썩은 시체에다 대고 나오라고 한번 하는 것을 봤으면 좋겠는데. 그렇다면 예수가 죽은 자를 살릴 수 있다는 것을 내가 믿겠어."

그 후 나사로가 죽었다. 예수님은 기다렸다. 그리고 더 기다렸다. 넷째 날까지 기다리셨다. 시체가 이제 썩고 부패하여 냄새가 지독했다. 이 위대한 기적이 일어나기 전에 예수님은 마리아에게 이렇게 선포하셨다. "나는 부활이요 생명이니."[7] 그리고는 예수님께서 나사로를 부르셨다. 그가 죽었다는 것은 아무도 부인할 수 없는 상태였다. 바리새인들이 지켜보던 가운데 무덤에서 썩어가던 나사로가 걸어 나오자, 하나님에 대한 두려움이 그들의 혈관을 통과하면서 그들은 깜짝 놀라 덜덜 떨게 되었다.

나는 예수님이 기적을 행하신 이유가 그저 기적을 보여주시기 위해서거나 혹은 어느 누구에게, 특히 그 당시의 바리새인들에게 뭔가를 증명했어야 했기 때문은 아니라고 생각한다. 예수님이 보여주신 이 기적들은 그분 자신의 부활을 미리 보여주신 것이었다. 이 기적들은 예수님의 참된 권위와 구원의 메시지를 증명해 주었다. 내가 이 사건들을 여기 기록하는 이유는 보통 지식인들이나 회의론자들이 하나님께서 그분의 아들을 우리에게 보내셔서 우리 안에도 이러한 모든 것을 초월하는 권위가(병든 자를 치유하고 마귀를 쫓아내며 죽은 자를 살리는)[8] 내재되어 있다는 것을 보여주셨다는 사실을 믿는 데에 얼마나 오래 걸리는지 나타내기 위한 것이다.

소수의 신자들만이 이 메시지를 깨닫고 있다. 이들은 부활이고 생명이시며, "무엇이든지 기도하고 구하는 것은 받은 줄로 믿으라 그리하면 너희에게 그대로 되리라"[9]고 하신 분께서 자기 안에 살아계시기에 자신도 부활의 능력으로 기도할 수 있다는 것을 깨닫고 행하는 자들이다. 심지어 지금도 죽은 자식이 살아나 돌려받은 여인들이 있으며 이러한 일들은 그들이 미래에 소망을 품고 믿음으로 천국을 향하도록 만들어 준다.

저명한 국제 전도자인 라인하르트 본케는 나이지리아의 한 교회에서 설교하고 있었다. 당시 같은 교회의 어떤 방에서 완전히 죽은 사람이 많은 사람들의 기도로 살아나는 기적이 일어났는데, 그는 전혀 모르고 있었다. 나중에 크라이스트 포 올 네이션스(Christ for All Nations)라는 그의 사역은 그 사건의 극적인 비디오 장면을 입수했다.[10] 자신들이 기도한 이에게 생명의 숨이 돌아온 것을 보고 충격과 감동을 받아 눈물을 흘리며 소리를 지르는 모습이었다. 죽었던 사람의 팔다리가 사후 경직된 것을 마사지하는 느리고 오랜 과정과 더불어 기적이 일어났다. 본케의 사역단체에서 만든 그 DVD 가운데 내게 충격적이었던 것은 죽은 사람이 살아났을 때의 그 어안이 벙벙하고 혼돈스러운 표정이었다. 그 사람의 이야기는 다음과 같았다.

나이지리아 출신의 다니엘 에케추콰우 목사는 2001년 11월 30일

아프리카 나이지리아의 오니차 근처에서 차 사고로 치명적인 부상을 입게 되었다. 나이지리아의 오웨리에 있는 병원에 황급히 옮겨가는 동안 아무런 생명의 표시도 없게 되었고 나중에 두 병원에서 두 명의 의료진이 사망 판정을 내렸다. 이들은 의료 보고서를 작성하고 시체를 영안실로 넘겼다.

다니엘의 몸이 안치된 나이지리아의 구식 영안실에는 냉동 시설이 전혀 없었기 때문에, 장의사는 다니엘의 시체에 시체방부제 주사를 놓았다.

하지만 다니엘의 아내는 히브리서 11장의 말씀, "여자들은 죽은 가족이 다시 살아나는 것을 보았습니다"(쉬운성경, 35절)를 기억했다. 그녀는 전도자 라인하르트 본케가 설교하기로 되어 있는 집회에 대해서 들었기 때문에, 다니엘의 시체를 관에 넣은 채, 그 집회가 있는 곳으로 옮겨갔다.

그때는 이미 다니엘이 사망한 지 28시간도 더 지났을 때였다. 사후 경직으로 시체는 완전히 딱딱해져 있었다. 12월 2일 주일 아침, 앰뷸런스를 불러 시체를 넣은 관을 싣고 오니차에 있는 그레이스 오브 갓 미션(Grace of God Mission)으로 향했다. 그곳에서는 라인하르트 본케가 오후 예배 때 설교할 참이었다.

안전요원들이 앰뷸런스나 함께 온 사람들을 교회 안으로 들이려 하지 않았다. 이에 큰 소란이 일어나 담임 목사님에게 얘기가 들어갔다. 목사님의 아들은 다니엘의 아내에게 관은 빼고 다니엘의 시체만 교회 안으로 옮겨서 지하실에 놓도록 허락해 주라고 지시했다. 그래서 주일학교 교실에 시체를 들이고 책상을 두 개 붙인 후, 그 위에 시체를 놓았다.

어떤 신자들은 다니엘의 시체 주변에 모여 라인하르트 본케가 설교하며 기도하는 동안 기도했다. 물론 사역자 본케는 교회 지하실에 있는 시체에 대해서는 전혀 모르고 있었다. 마침내 사람들은 다니엘의 시체가 움직이며 불규칙적인 호흡이 시작된 것을 보았다. 함께 있던 신자들은 더욱 열심히 기도하기 시작했다. 그의 몸이 딱딱하고 차가웠기 때문에, 그들은 그의 목과 팔다리를 마사지하기 시작했다. 본당에 있던 사람들이 죽은 자가 밑에서 살아났다는 소리를 전해 듣자, 지하실 방은 군중으로 가득 차기 시작했다. 갑자기 다니엘은 기침을 하더니 벌떡 일어났다. 그러더니 천천히 의식이 돌아왔다.

하이디와 롤랜드 베이커 부부나, 데이비드 호간과 같은 다른 많은 선교사님들과 제3세계의 목사님들은 사역을 하면서 죽은 자가 살아나는 경우를 많이 경험한다. 어떤 이들은 천국과 지옥의 환상을 보고 와서 부활의 놀라운 간증을 할 뿐 아니라, 어떤 메시지와 인생의 소명을 받아 돌아오기도 한다. 어떤 이들은 슬퍼하는 어머니와 아버지에게 그저 돌아온다. 믿음이 클수록 기적의 기사들도 많아진다. 하지만 서구의 이성적 세계관이 판을 치는 회의론이 넘치는 곳에서는, 사람들이 고칠 수 있는 질병보다 더 많은 질병의 진단을 내리는 의료계의 전적인 존엄성을 믿기 때문에, 우리는 극적인 기적을 거의 보지 못한다. 왜 그럴까? 마태복음 13장 58절에서 그 해답을 준다. "그들이 믿지 않음으로 말미암아 거기서 많은 능력을 행하지 아니하시니라."

치유의 기적

　북미에는 의료적 치유와 같은 기적이 많이 일어난다. 사실 치유 운동은 은사주의 및 오순절 교회에 아주 자리를 잡아 이들 대부분의 교회에는 1년에 한 두 번씩은 큰 치유의 기적이 일어나는 것을 볼 수 있다. 어떤 교회에서는 물론 더 많이 일어나기도 한다. 전국의 치유 복음전도자나 예언 사역자들은 앞으로 일이십 년 동안 우리 모두를 놀라게 하는 수많은 치유와 기적 기사 등이 일어날 것이며, 세상 사람들에게 예수님이 살아계시고 성령께서 움직이고 계심을 선포하게 만들 것이라고 예측하고 있다.

　한편 치유의 소수 개척자들은 각자 지역교회에서 치유 사역을 하면서 인증된 치유의 기적에 대한 자료를 수집해 왔다. 그들은 성령의 은사가 모두에게 해당된다는 것을 참으로 아는 사람들이다. 구원받는 사람이 전도자의 믿음에 따라 구원받는 것이 아닌 것처럼, 치유 역시 치유자의 믿음에 달린 것이 아니다. 하나님의 은사는 모두를 통해 나타날 수 있다.

　노스 캐롤라이나의 올 네이션스 교회(All Nations Church)의 마헤쉬 및 보니 차브다 목사님 두 분은 치유 전도의 개척자로서 모임에서 정기적으로 일어나는 치유들이 진실임을 확인하고 문서화했다. 이들이 성공한 비밀은 예수님이야말로 치유하기 원하신다는 것을 안 것에 있다. 그분의 속죄로 말미암아 우리에게 치유받을 수 있는 길이 열렸기에, 교회는 함께 사랑으로 서로에게 사역할 책임이 있다. 그들은 교인들의 더 큰 회복과 치유를 위해 금식하며 기도할 것을 교회 전체에 요청하고 그 결과 계속적인 열매를 보고 있다.

　「카리스마」지에 내가 이 교회에 대해서 쓴 기사 중 어떤 가족에 대한 이야기가 있다. 그 집 아들은 투렛증후군이라는 신경 관련 질병을 앓고 있었는

데, 교회가 이 아이를 위하여 단체 금식을 한 후 치유가 되었다.[11]

피터와 모니카 플로이드는 교회가 그들의 아들 마이클을 첫 기도제목으로 두고 21일 금식기도를 했을 때 단체에 대한 공동의 기름부으심의 권능을 알게 되었다. 마이클은 투렛증후군으로 진단받았는데 이것은 언어 및 운동 근육의 틱을 일으키는 신경 장애이다. 여기에는 주의력결핍 과다행동장애 및 강박신경증상(생각이나 행동을 반복하여 통제하지 못함)도 포함된다.

6년 동안 마이클의 틱은 악화되었고 마침내 거의 1초에 한 번씩 하게 되었으며 학교까지 그만두게 되었다. 그는 증상을 고쳐보려고 많은 약을 써봤으나 부작용으로 급속한 체중증가 혹은 쇠약증을 유발했다. 한때 마이클은 삼키거나 숨을 쉴 수도 없었다.

"거의 4년 동안 온갖 여러 전문의들과 상담자들을 만나본 후, 우리는 녹초가 되었어요" 하고 피터가 말했다. "교회에서는 이미 우리를 위해서 많이 기도해 주었었는데, 21일간 특별 금식기도를 하기로 작정했지요."

그 금식 기도가 끝난 지 얼마 되지 않아서 플로이드 가족이 저녁 식사를 하려고 앉아 있었을 때였다. 피터는 아들을 보며 이렇게 말했다. "어, 틱이 전혀 안 일어나는데." 피터는 그때 일을 이렇게 회상한다.

"우리 집에서는 아들이 틱을 일으키는 것에 대해서 너무 익숙해져 있었기 때문에 언제 정확히 멈췄는지 몰랐어요. 완전히 없어진 것을 우리가 깨달았을 때는 몇 주가 지났을 때였죠."

그의 소아과 의사는 마이클의 치유가 기적이라고 믿는다. 하지만 전문가들은 마이클의 증세가 단순히 완화된 것일 수 있으니까 약을 천천히 끊으라고 했다. 마이클이 모든 약을 끊은 지 1년이 되었을 때도 틱은 여전히 재발되지 않았다.

마헤쉬는 교회에서 일어나는 마이클의 경우와 같은 치유에 대해서 이렇게 말한다. "교인들이 영광의 왕이신 그분을 높이며 그 기름부으심을 사모하고 환영하도록 훈련합니다. 공동의 기름부으심을 받도록 우리가 배우면 배울수록 더 나아지니까요."

캐더린 쿨만은 20세기 선두의 치유 전도자였다. 그녀는 우리 당대의 어떤 전도자들보다도 국가의 불신앙에 도전했다. 의료계에서 치료가 불가능했던 사람을 하나님께서 치료하신 것을 입증하고 문서화한 의사들에 대해서 어떤 의사들은 불신앙으로 반대하고 일어났다. 하지만 그녀의 집회 동안 일어난 치유의 기적은 엄청난 양으로 확실히 문서화되었으며, 많은 이들이 하나님은 긍휼하시고 능력 있는 분이심을 믿을 수 있도록 믿음의 분위기가 고조되었다. 여전히 그녀는 자신이 치유를 한 것이 아니라고 믿었다. 그녀는 기적을 만들어낼 능력이 없었다. 기적을 행하신 분은 성령님이셨다. 누구나 구하면 성령께서 일을 하실 수 있다. 그녀의 전기 작가는 캐더린이 성공한 비밀에 대해서 이렇게 썼다. 그녀는 단순히 하나님께서 하시는 일을 인정했을 뿐이라고. 능력은 그녀의 것이 아니었다.

기적의 예배를 일으키는 캐더린의 은사는 치유의 은사가 아니었다. 오히려 사도 바울이 고린도 교회에 보낸 서신서에 나열한 것 중, "믿음"과 "지식의 말씀"(고전 12:8)의 은사였다. 캐더린은 치유자가 아니었다. 바울이 말한 치유의 은사들에 대해서 그녀는 믿었고 그 은사는 병자들에게만 왔다. 치유의 은사가 필요한 사람들은 병자들이었다. 그녀가 가진 것은 믿는 믿음이었고 그 은사가 주어진 곳에 대한 지식의 말씀이었다. 이 이유에 대해서 그녀는 다음과 같이 여러 번 반복해서 말했다. "나는 치유자가 아닙니다. 저는 치유하는 능력이 없습니다. 어떤 치유하는 힘도 없어요. 저를 보지 마세요. 하나님을 보십시오."

기적의 예배 중 믿음의 파도가 높아질 때 하나님의 임재가 실제로 건물에 밀어닥친다. 하나님 백성들의 찬양이 있는 그곳으로 말이다. 캐더린은 갑자기 사람들 가운데 일어나고 있는 치유를 인식하기 시작할 수 있게 된다. 그것은 기적 예배의 특징이었다. 그녀를 비난하는 사람들은 그녀를 '심령술사'라고 불렀다. 토론토「스타」지(지역 신문-역주)의 알렌 스파그렛은 그녀가 점술사와 같은 투시력이 있다고 말했다. 하지만 캐더린은 그것이 단순히 성령님의 권능이었음을 알았고 성령님의 권능은 값을 지불하는 자에게는 누구에게나 가능한 것이라고 했다.[12]

성령님께 열린 사람은 누구나 그리고 어떤 교회나 기적을 볼 수 있고, 다른 이들에게 기적이나 치유를 행할 수가 있다. 하나님께서 한 지역의 수천 명에게 치유의 능력으로 임하셔서 기적을 행하시든 그렇지 않든 상관없이, 우리 모두의 안에는 "예수의 이름으로 치유될지어다"라고 믿음의 기도를 하며 다른 이들에게 손과 마음을 뻗기를 원하시는 성령님이 계신다. 더 많은 이들이 그렇게 할 때, 더 많은 기적이 우리 가운데 일어날 것이다. 캐더린이 말한 대로 치유의 은사는 우리의 능력에 달린 것이 아니라 하나님의 능력에 달린 것이다.

현실을 넘어서인가 그렇지 않은가?

예수님께서 병든 자를 치유하고, 마귀를 쫓아내며, 죽은 자를 살리신 것처럼 우리도 똑같은 기적을 행할 수 있다면, 예수님께서 행하신 기이한 일들은 어떠한가? 우리도 그런 것들을 할 수 있을까? 우리는 영 혹은 부활하신 예수님의 몸이 닫힌 문을 통과할 수 있으리라고 기대한다(요 20:19, 26 참조). 그러나 영이 아닌 그분의 자연적인 육체가 눈에 보이지 않게 되어, 보이지도 않고 만질 수도 없게 군중을 통과하여, 아무도 그분의 육체를 보지도 느끼지도 못하는 것은 더욱 기이할 것이다. 그렇다면 과연 폭도가 우리를 잡아 죽이려 하는 극한 상황 가운데 있다면 우리도 그럴 수 있을까?

그분의 부활하신 몸이 알아볼 수 없는 다른 모양(막 16:12 참조)으로 땅 위에 다니실 수 있다는 것이 이상하지 않은가? 그리고 이 땅에 있는 인간의 몸에 들어가셔서 "예수 그리스도께서 우리 안에" 계시다는 것은 또 얼마나 희한한 일인가(고후 13:5 참조)?

베드로가 구명조끼도 없이 물에 걷게 하신 일은 또 어떤가(마 14:25-30 참조)? 우리도 그렇게 할 수 있을까? 그렇다면 주님께서 원하시기만 하는 경우, 비행기나 차 없이 한곳에서 다른 곳으로 날아가는 것은 왜 어렵겠는가? 출애굽기에 기록된 대로 하나님께서 홍해를 가르실 수 있다면, 왜 사람이 넘치는 강을 가로질러 물속으로 운전하여 강을 건널 수 없겠는가? 혹은 정글에서 테러분자들이 쫓아올 때, 오토바이를 타고 절벽을 뛰어내려 갑자기 기적적으로 안전하게, 멀리 있던 집 근처의 도로에 착륙하는 일은 왜 어렵겠는가?

예수님은 만유의 주님이시다(행 10:36 참조). 만물은 그분께 종속되어 있다(엡 1:22 참조). 기이한 일들, 심지어는 희한한 일들도 모두 그분께서 다스리시는 영역 내에 있다. 결국 그분은 우주의 창조주이시다. 우주는 여전히 그분의 뜻에 굴복한다.

하지만 당신은 그분의 뜻에 굴복하는가? 당신이 상상조차 할 수 없는 것들, 그렇게 큰 것들을 보고 받는 믿음을 갖고 믿기로 선택하라.

주석

1. Baker, *Always Enough*, 52.
2. Baker, *Always Enough*
3. 왕상 17장
4. 왕하 4장
5. 막 5장
6. 눅 7장
7. 요 11:25
8. 마 10:8
9. 막 11:24
10. 더 자세한 정보는 Christ for All Nations 사역에서 제작한 DVD를 참조
11. Julia Loren, "Anointed to Heal" Charisma Magazine, 2006년 1월호
12. Jamie Buckingham, *Daughter of Destiny* (Gainesville, FL: Bridge-Logos, 1999), 226-227.

12장

장차 올 일의 형상

줄리아 로렌

언젠가는 그리스도인이나 비그리스도인에게 똑같이 천국이 열릴 것이다. 교회나 컨퍼런스에서만이 아니라 길거리에도 천국이 열리게 될 것이다. 하나님이 임재하시는 증거가 너무나 확연하게 드러나며 사람들은 즉각적으로 치유가 되며 마귀들이 도망갈 것이다. 천사들이 나타나고 우리들 가운데 왔다 갔다 하며, 천국이 이 땅에 온 것에 놀라 우리가 입을 떡 벌리고 서 있는 동안, 말씀, 환상, 지시 등이 넘쳐날 것이다. 크리스천들이 자신의 직장이나 식당 등에서 하나님의 나라를 풀어놓을 때 하나님의 권능 아래 사람들은 떨게 될 것이다. 종합운동장이나 공공장소에는 치유하는 권능이 넘치고 말씀을 선포하는 사람들로 가득하게 될 것이다. 전 세계 관공서의 정책 입안자들은 사무실 문들을 활짝 열어젖히고 "크리스천을 이곳으로 데려오세요. 지혜의 예언 말씀이 필요합니다"라고 외칠 것이다.

천국의 초자연적인 영역이 이 땅에 밀어닥칠 때 정말 이런 일들이 있게 될 것인가? 아니면 극단적인 예언자들이 믿음을 감정적으로 선동하고 좀 더 큰 기대를 불러일으키고자 시끄럽게 떠벌리는 것뿐일까?

하나님의 나라가 아주 가까이 있다. 그것은 마치 우리의 심장박동만큼이나 가까이 있다. 여기 지금 언급한 일들은 이미 일어났고 일어나고 있다. 그리스도께서 우리 안에 계시며, 그분의 임재와 빛, 권위를 병자들과 질병들 위에 뻗치기 위해 우리는 그저 우리 내면을 살피면 된다. 그러면 이 땅의 모든 정사와 권세들을 그분께 엎드려야 함을 깨달을 것이다. 우리 안에 계신 하나님의 임재로 세상에 팔을 뻗치고 터치하면 된다.

그분의 말씀에 상응하는 믿음의 수준을 갖기 위해서 어떤 일이 일어나야 하겠는가?

하나님께서 갑자기 은사주의, 복음주의 집회 가운데 움직이셔서, 우리 모두에게 자아를 더욱 포기하게 하시고, 초자연적인 사랑과 권능으로 넘치도록 인도하시는 성령과의 연합이 일어난다면 어떨까? 우리가 만약 모두 불신자들을 위한 걸어다니는 영적 경험의 결정체가 된다면 어떨까? 우리가 어두운 세상에 그리스도를 발하고 하나님의 임재하심을 발한다면 어떨까? 당신이라면 이러한 움직임을 거부하겠는가? 아니면 붙잡겠는가?

전혀 생각지도 못한 영적인 경험들과 하나님 사랑의 모닥불 앞에 당신은 얼마나 가까이 가고 싶은가? 그것은 하나님 말씀의 권능에 대한 더 큰 계시를 받음으로 시작된다. 그리고 성령님과의 활기 있는 만남으로 들어가면서 성령께서는 우리가 스스로에게 덜 집중하고 하나님을 더 사모하는 능력을 세워주신다.

하나님 말씀의 권능을 통해 드러나는 초자연적인 경험

하나님과 즉시로 만나고 그분의 계시에 참예하기 위해 우리가 갈 수 있는 가장 가까운 곳은 하나님의 말씀이다. 그분의 말씀은 살아 있고 운동력이 있으며(active) 우리가 하나님의 말씀을 읽을 때 우리에게 역사하신다. 그분의 말씀은 어떤 날은 망치처럼 가장 딱딱한 마음도 깨부수지만 어떤 날은 감미로운 향유처럼 우리의 깊은 아픔까지도 위로해 준다.

내 친구 하나는 아내가 사망한 후 몇 달 동안 고요한 시간을 보내기 위해 수도원으로 들어갔다. 그가 만나는 사람이라곤 매일 아침 영적인 가이드를 해 주는 수사뿐이었다. 그 수사는 그에게 복음서의 어떤 장을 읽으라고 지시해 주면서 그 장을 읽을 때 상상력으로 그곳에 가라고 했다. "예수님과 함께 걸으세요. 그분께서 사람들에게 말씀하시는 것을 들으세요. 그 장면을 상상하세요. 그 광경과 그곳의 냄새, 사람들. 하나님께서 그분의 말씀을 더 깊이 계시해 주셔서 그 본문을 통해 당신에게 말씀하시는 것을 깨닫도록 기도하세요."

그 친구는 그 성경 본문을 읽고 매일 그것을 묵상했다. 처음에는 그 본문에서 발견되는 신학적 의미와 상징적 의미에 대해서 음미했다. 그 다음에는 좀 더 가까이 과감하게 나아가서 군중들을 치료하고 터치하시는 예수님이 어떤 모습이었을지, 그분 안에 어떻게 긍휼하신 마음이 생겼을지 생각했다. 그렇게 일주일이 지나자 그의 마음은 말씀으로 가득하여 움직이게 되었고 그 이야기가 생생하게 다가왔다.

그곳에서 나오기 전 마지막 날, 그 본문을 묵상하고 있는데, 그는 자신이 일종의 꿈 같은 상태에 빠지면서 주님이 돌아서서 그분의 따뜻한 품으로 자신을 안아주시는 것을 보았다. 갑자기 자신의 상상력이 환상으로 바뀌면서 거기서 예수님은 군중 가운데 있던 그를 골라내신 것이었다. 그는 그분의 어깨에서 하염없이 울었다. 그 후 그는 예수님께서 그를 위해 항상 거기 계실 것을, 그를 군중 가운데서 끄집어내시며 함께 시간을 보내시기 위해 항상 그를 기다리실 것을 깨닫게 되었다. 예수님은 이제 그에게 자신의 심장박동처럼 너무나 가까이 있는 듯했다.

하나님 말씀 가까이로 그렇게 가까이 다가갔을 때, 그는 하나님의 본성에 대한 다른 관점을 가질 수 있게 되면서 그러한 영적 경험을 하게 되었다. 그 관점의 변화란 예수님께서 자기가 사랑하던 아내를 앗아간 괴물이 아니었다는 것이었다. 오히려 그분은 그와 함께 울고 웃으시는 긍휼이 많으신 분이며, 그가 결코 혼자 있지 않도록 함께 동행하시고 말씀을 나누시는 친구와 같은 존재였던 것이다. 하나님은 언제나 계시며 항상 그분의 임재를 계시해 주시기 원하신다.

성령님은 하나님의 말씀을 통해서 말씀하시며 말씀 가운데 숨어 있는 깊은 진리를 우리에게 계시해 주신다. 우리가 하나님과의 진정한 만남과 영적인 경험, 계시를 정말 원한다면, 그분의 말씀으로 우리는 시간을 보내야만 한다.

켄달(R.T. Kendall)은 『The Anointing』(기름부으심)이란 저서에서 이렇게 말했다.

> 하나님은 어제 성경을 우리에게 주셨다. 하지만 성령님은 그것을 오늘 적용하신다. 성령님의 즉각적이고 직접적인 증거에 우리가 열려있다면 성경은 우리에게 배로 현실감 있게 다가올 것이다.
>
> 성령님은 계속해서 말씀하신다. 예언, 지식의 말씀, 환상, 가청(들릴 수 있는)의 음성을 통해 명확하고 직접적으로 그리고 즉시 말이다. 하

지만 그분은 절대, 절대, 절대로 성경에 있는 어떤 말씀과 모순되거나 맞지 않는 말씀은 하지 않으신다. 오직 성경을 더 명확하게만 하실 뿐이다!

　오늘날 말씀하시는 성령님은 새로운 계시 혹은 성경 말씀과의 경쟁을 하시는 것도 아니다. 성령의 음성이나 역사에 대한 증거라 한다면 그것이 성경 말씀을 옹호하고 높이는지를 보면 된다.[1]

성경 말씀을 묵상하는 데 시간을 들이며 성령님을 초청하여 하나님의 모습과 그분의 인격, 당신에 대한 그분의 생각을 계시해 주십사 기도하라. 오늘 그분이 당신에게 어떤 존재인지에 대한 특별한 환상에 사로잡히게 될지도 모른다.

하나님 영광의 계시를 통한 초자연적 경험

　모세는 회막을 둘러싼 영광의 구름 가운데 내려오신 하나님과 대면하여 만났다. 그의 얼굴은 결국 하나님의 임재와 사랑에서 나온 빛으로 빛나게 되었다. 수세기 후에 예수님은 영광으로 올라가셨다. 오늘날 그분은 그 영광을 놀랍게 나눠주시며 우리를 변화시키시고 그분을 더욱 알고 이해할 수 있게 해주신다. "우리가 다 수건을 벗은 얼굴로 거울을 보는 것같이 주의 영광을 보매 그와 같은 형상으로 변화하여 영광에서 영광에 이르니 곧 주의 영으로 말미암음이니라."[2]

　당신은 현재 영광을 얼만큼이나 다룰 수 있는가?

우리는 영광 가운데 정결해질 뿐 아니라(사 6:5 참조), 그분의 모습으로 변화되고 있다. 우리는 "영광에서 영광으로" 변해야 한다. 우리가 그분의 얼굴을 똑바로 바라보고 영광의 왕이라 경배할 때 우리는 변하게 되어 있다. 수년간 천천히 우리는 그분의 임재 가운데로 나아가며 우리의 옛 본성을 점점 버리게 되고 하나님께서 의도하신 모습으로 변화되어 간다. 하지만 가끔은 하나님께서 그 작업에 속도를 내시기 위해, 영광의 구름 가운데 내려오셔서 우리가 그분과 얼마간 만나게 하신 후 그분의 임재와 사랑으로 빛나게 만드신다.

캐나다의 부흥 운동가이며 프레시 파이어 미니스트리(Fresh Fire Ministries)의 설립자인 타드 벤틀리(Todd Bentley)는 다음과 같이 얘기했다.

'영광' 및 '거하신다' 라는 단어가 출애굽기에만 50회 이상 나오는데 매번 그것은 우리가 자연 상태로 만지고 맛보고 듣고 느끼고 경험할 수 있는 영광이 함께 하는 하나님의 시현(Shekinah)을 말한다. 모세가 회막에 들어갈 때마다 영광의 구름이 나타났고(민 20:6), 모든 사람들은 그 영광을 목격했다. 그들은 장막 위에 있는 구름과 불기둥을 볼 수 있었다. 우리가 하나님께서 기뻐하시는 방식으로 성소를 준비할 때 하나님께서 그분의 영광을 우리 가운데 부으셔서 우리가 아무 말도 할 필요가 없게 될 정도로 우리 가운데 강하게 거하시리라고 나는 믿는다. 우리는 그저 건물 안에 들어가 그분의 영광의 구름 가운데 있게 될 것이다. 어떤 곳은 하나님의 영광이 너무나 명백해져서 우리가 길을 걸어가다가도 병자가 치유되고 어디 공장에를 들어가도 불신자가 구원 받는 일이 있으리라고 나는 믿는다. 우리가 기차에 앉으면 그분의 임재와 영광이 임하여 기차 안의 전 승객이 구원을 받는 것이다.[3]

모세와 같이 우리는 그분의 영광을 옮기는 자가 되기 위해서 먼저 하나님의 영광을 경험해야 한다. 가장 위대하고 가장 순수한 계시적 만남 및 영적 경험은 우리가 하나님 영광으로 가득한 가운데에 있을 때 일어난다. 우리는 그분의 얼굴을 구하며 하나님 영광을 풀어주시기를 기도하고 그것을 주실 때 부둥켜안아야 한다. 그래서 우리가 그분의 영광 가운데 젖으면, 영광의 소망이신 우리 안의 그리스도께서, 우리를 통하여 온 세상에 넘쳐나실 것이다.

하나님 임재의 찬란함을 발하는 영적 경험

그리스도와 그분의 말씀은 결코 빛과 어두움에 따라 생기는 그림자처럼 변하는 일이 없으시다. 그분 안에는 빛이 있으시다. 그분은 세상의 빛이다. 그리고 우리는 세상의 빛이다. 우리는 걸어다니는 영적 경험체가 되어야 하며 세상이 우리 안에서 영광의 소망이신 하나님을 만나야 한다. 영광으로 흠뻑 젖은 회막에 서 있을 때 우리의 얼굴은 그분의 사랑으로 빛나며 천국이 우리를 통해 이 땅을 터치하게 된다.

우리 시대의 많은 사도적, 예언적 소리가 외치기를 우리는 이제 그분의 임재와 영광을 드러낼 수 있다고 한다. 우리가 어디를 가든지 그분의 임재를 드러내고, 걸어다니는 영적 경험체가 될 수 있게 해주는 열쇠는 다음과 같다.

짐 골: 한번은 내가 주님의 임재 안에서 '쉬고' 있을 때 성령께서 이렇게 말씀하셨다. "나는 네게 영적 전쟁을 위한 최고의 무기를 풀어 놓는 법을 가르쳐 주고 싶다." 나는 뭔가 더 있다는 것을 알았기에 계

속해서 들었다. "내 임재의 찬란함을 어떻게 발하는지 네게 가르쳐줄 것이다." 그때, 영적 전쟁에 관한 온갖 신학적 토론이 서로 답하는 듯했다. 최고의 무기는 무엇일까? 왜, 하나님께서…! 그분은 우리가 문지기가 되기를 원하시고 우리가 그분의 위대한 임재의 찬란함을 발할 수 있기를 원하신다![4]

마크 치론나(Mark Chironna): 우리는 지성소로 들어가려고 노력하지 않는다. 우리는 이미 거기 있다. 우리는 그것을 대기 가운데 드러내야만 한다. 우리의 삶에는 우리 속에 계신 분이 드러나는 것이다. 하나님을 더 이해할수록 하나님과 떨어져 있다는 생각이 적어진다. 나는 하나님의 영광을 지니고 다닌다. 하나님이 나타나시기를 기다린다기보다는 하나님을 드러낼 수 있는 것이다.[5]

킴 클레멘트(Kim Clement): 하나님과 사람이 합쳐지면 사람이 보이지 않는다. 오직 하나님과 그분의 영광만 보인다.[6]

빌 존슨(Bill Johnson): 예수님은 한 여인이 치유되고자 간절함으로 그분의 옷자락을 만졌을 때, 그분의 몸에서 능력(virtue)이 나가는 것을 아셨다. 미문에서도 베드로는 내게 있는 이것을 네게 주노라고 했다. 예수님도 제자들에게 거저 받은 대로 거저 주라고 하셨다. 무엇을 주라는 말씀인가? 예수님의 몸에서 여인에게 나간 것은 무엇이었는가? 그것은 기름부으심이었다. 이것은 성령의 명백한 임재하심이다.[7]

우리 생활 가운데 성령의 임재를 즐기는 기쁨 중 하나는 그분이 역사하시는 방법을 배우는 것이다. 우리를 통해 생명이 흘러가는 것을 깨닫고 배울 때, 우리는 상황마다 더 적절히 하나님의 임재를 드러낼 수 있다. 안수나 선포, 예언적 행위(성령의 감동으로 인한 것이지만 그 기적 자체만으로는 결과와 상관이 없는 것, 예를 들면 모세가 바위를 쳐서 바위에서 물이 나와 백성에게 마시게 한 사건)를 통해 의도적으로 할 수 있다. 상황 가운데 성령님을 드러내는 법을 배우면 하나님 아버지께서 어떤 일을 하시는지 우리가 더 쉽게 볼 수 있게 되고, 따라서 예수님께서 우리에게 보여주신 본을 따라갈 수 있게 된다.

즉 하나님은 우리 안에 계시며 그분은 나오기 원하신다! 하나님은 지금 우리 안에 계시며 그분은 어떤 때보다 강력한 영광으로 오셔서 우리를 푹 적시시며 하나님의 임재와 사람이 하나된 것처럼 보이게 될 것이다. 다른 이들에게 성령님을 드러내는 것을 배우는 것은 하나님 임재의 기름부으심이 우리 안에 흘러넘칠 때 더 쉬워질 것이다.

이것을 지금 경험하는 것은 가능하다. 지난 2년 동안 나는 이러한 예언적 소리들이 우리에게 설명하려고 하는 것을 더욱 많이 깨닫게 되었다. 그것들은 배운다기보다는 잡는 것이며, 그분의 임재 가운데 우리 존재가 푹 젖어 들어갈 때 더욱 가속화된다.

교회에서 사람들을 위해 기도할 때 하나님의 임재하심과 능력이 크리스천들 가운데서 움직이시는 것을 보는 것은 내게 너무나 정상적인 일이다. 하지만 1년 전쯤이었다. 직장에서였는데, 하나님의 임재가 드러나면서 멈출 수 없던 때가 있었다. 해외 근무 계약이 여러 번 생겨 일할 때였다. 직장에서의 기술 덕분에 하나님께서 부르신 곳에서 사역을 할 기회가 생긴 것이다. 우리 가정이나 교회와 같은 울타리 안에서만이 아니라 유럽과 아시아와 같은 아주 어두운 곳 가운데서 말이다. 나와 함께 이야기를 나누던 사람들이 구원받고 치유되며 축사되는 등 하나님의 뚜렷한 임재와 말할 수 없는 그분의 사랑으로 터치를 받았다.

대부분의 경우 그들은 내가 크리스천인지 몰랐었다. 그런데 갑자기 그들이 떨고 울면서, 우리 '사무실' 안에 느껴지는 이 이상한 느낌이 무엇인지 내게 묻는 것이었다. 하나님께서 나와 함께 동행하시고 나를 통해 움직이실 때 참 놀라운 것들을 보게 되었다. 그리고 나는 사람들에게 그분의 예언하시는 말씀과 권능을 전했다. 아니면 사람들이 그저 찾아와 '하나님의 임재가 있는 권능의 지역'으로 걸어 들어와서는 내 안에 계신 하나님의 임재에 반응했다.

해외에서 일하면서 나는 내 안에 계신 그분의 임재에 대하여 매우 민감하게 인식하게 되었고 그로 말미암아 내 주변의 환경도 확 바뀌는 것을 알게 되었다. 과거에는 이런 경험을 가끔 했었으나 이때는 일하러 갈 때마다 이 하나님의 임재하심이 없어지지 않는 것이었다. 그 결과 나는 직장에서 당장 해고될 수도 있는 불편한 상황에 있기도 했다. 하지만 하나님께서 시작하신 것은 하나님이 처리하신다. 사람들에 대한 하나님의 사랑은 너무나 커서 하늘과 땅이라도 움직이셔서 이 땅의 거인들을 무시하시며 사람들의 모든 습관을 깨고서라도, 그 날 붙잡으시려 하는 사람들의 마음을 터치하신다.

사람들이 내 곁에 와서 하나님의 임재를 느끼며 일이 일어나는 것을 본 이후부터 나는 내가 의도적으로 그분의 임재하심을 내가 원하는 사람에게 드러낼 수 있으며, 그분의 권능을 더 효과적으로 절제할 수 있다는 것을 배우게 되었다. 그러나 내게 그리고 나를 통해서 어떤 일이 일어나고 있는지 온전히 이해한 것은 오리건 주의 알바니에서 열린 퓨전 컨퍼런스(Fusion Conference)[8]에 참석했을 때였다.

그 컨퍼런스에서 랜스 월나우(Lance Wallnau)는 예언적 통찰력으로 나의 두려움을 없애고 명확히 깨닫게 하며 하나님 임재의 흐름 가운데 어떻게 더욱 효과적으로 방향을 잡는지 가르쳤다. 그때 배운 몇 가지 요점을 소개하 겠다. 앞으로 올 것에 대비하여 이것을 예언적 지혜의 말씀으로 배워보도록 하자.

- 하나님은 우리가 가고 싶지 않은 곳으로 보내셔서 사역이나 임무를 맡기실 것이다. 그분은 거기서 천국을 펼쳐 보이기 위해 우리를 부르신다. 전문직 종사자들은 이것을 별로 안 좋은 날에도 할 수 있다. 우리는 미래에 우리가 보는 것을 현재로 당길 수 있는 권위가 있다. 오늘날 이 땅 위에 더 많은 영광의 무게가 천국을 땅으로 당겨 내린다.
- 내 주변에 눈으로 보이는 것과 귀에 들리는 것에 의해서 내가 흔들리지 않을 곳으로 가라.
- 내가 옮기는 것은 내 주변의 환경을 바꾼다. 작은 권위가 큰 권위에 복종하게 되어 있다. 우세한 권위를 가진 사람이 그 공간 혹은 그룹의 주파수를 장악할 수 있다. 우울하거나 화난 사람이 그룹에 영향을 미치게 되지만 우리는 그들을 우리가 받은 기름부으심의 권위 아래 오게 만들 수 있다.
- 우리는 '천국 반경'에 들어가 있다. 그것은 한 뼘만큼 가까이 있다. 분위기는 내가 만드는 것이지 거기에 내가 반응하는 것이 아니다.
- 우리는 초자연적인 것을 펼쳐 보일 능력을 소지하고 있다. 우리는 우리 안에 의, 평강, 기쁨, 사랑, 능력, 권위의 힘으로 가득한 하나님 나라를 지닌 사람들이다.[9]

우리는 초자연적인 것을 펼쳐낼 능력을 지닌 사람들이다. 성령에 충만한 신자가 문에 들어오면 분위기가 바뀐다! 우리 속에는 하나님 나라가 있다. 그곳은 의와 평강과 기쁨, 사랑, 능력, 권위로 가득하다. 그것은 우리 안에서 흘러나와, 절망 가운데 있던 불신자들의 내적 외적 힘을 바꾸어 놓는다.

내 안에 계신 하나님의 임재와 내 주변의 천국 반경은 내가 집과 교회에 있는 동안 하나님의 강력한 임재로 흠뻑 젖어 강해졌었다. 그 해를 그렇게 해외에서 보내고 난 후 다시 집에 돌아와 재충전을 하고 몇 주 후에 유럽과 아시아로 다시 떠나 어둡고 배고픈 세상에 그분의 임재를 풀어냈다. 나는 하나님과 하나 되어, 그분의 영광을 스폰지처럼 쫙 빨아들인 후 주변의 사람들에게 짜주었다. 내 안의 그리스도는 더 강하여져서, 내가 의식적으로 동의하는 바에 상관없이, 사람들에게 영광의 소망을 주었다.

변하는 영광의 그림자에 대한 경고

당신은 현재 얼마나 많은 영광을 다룰 수 있겠는가? 하나님의 영광을 어떻게 다루는지 배울 때, 하나님의 영광을 조종하는 것이 얼마나 위험한 일이며, 그분의 임재와 능력을 풀어내는 우리의 권위를 우리가 사용할 때 우리 스스로를 영화롭게 하려는 시도가 얼마나 위험한지 알아야 한다.

예언 사역자 릭 조이너는 찬란한 하나님의 영광 위에 원수가 얼마나 쉽게 혼돈과 어두움의 그림자를 던질 수 있는지에 대해서 두 가지 경고를 해준다. 특히 그는 '은사주의 주술(charismatic witchcraft)'과 '종교의 영'에 대해 경고한다. 그는 그런 위험이 예언적 계시를 가지고 있거나 하나님의 임재를 내는 사람들에게서 오는 것이 아니라, 그러한 경험으로 우쭐해지거나 자만심을 갖게 된 사람들에게서 온다고 한다.

주술에 대하여 그가 쓴 책은 『마지막 시대에 악을 정복하는 법』(Overcoming Evil in the Last Days)이 있다.

> 교회 안에서 흔한 백주술의 한 가지 뚜렷한 형태는 '은사주의 주술'이라고 할 수 있다. 이것은 은사주의 운동과는 아무 상관이 없고 오히려 모조품일 뿐이다. 이것은 다른 사람들 혹은 어떤 상황을 통제하거나 영향을 미치기 위해 가장된 모습으로 나타난다. 이것은 교회를 결국 파괴하거나 무력하게 하거나 리더십이 거기에 너무 과민반응하게 하여 예언이라고 하면 다 경멸하게 만드는 많은 거짓 예언과 꿈, 환상의 출처가 된다. 이러한 형태의 주술을 사용하는 사람들은 자신들이 거의 항상 주님의 마음을 갖고 있으며, 그래서 더 큰 권위가 있다고 생각한다. 따라서 그들은 자신을 거스르는 사람은 누구든지 불순종을 한다고 생각한다.[10]

종교의 영의 변하는 그림자에 대해서 그는 이렇게 쓴다.

> 골로새서 2장 18-19절에서 종교의 영을 가진 사람은 자기 비하를 하며 즐기는 경향이 있고, 자신이 본 환상에 대해서 부적절하게 해석을 하거나 천사를 경배한다든가 한다. 종교의 영은 우리가 예수님 외에 무엇이든지 경배하기를 원한다. 천사를 경배하도록 하는 영은 사람들을 지나치게 높이게 만들기도 한다.
>
> 하나님의 종들이나 천사들을 과도하게 높이는 사람들이나 자신이

받은 환상을 교회에 나쁜 영향을 주기 위해 사용하는 사람은 조심해야 한다. 하나님은 우리가 남들에게 존경을 받으라고 계시를 주시는 것도 아니고, 우리 사역을 증명해 보이라고 주시지도 않는다. 참된 계시의 열매는 겸손이지 교만이 아니다."

앞으로 올 것들에 대한 광경

주님께 겸손히 자기를 포기해 가며, 그분께 모든 영광을 드리는 것을 목적으로 하는 이들은 성령의 기적과 치유의 은사가 넘치는 이 세기의 부상하는 교회가 된다. 이미 우리는 더 많은 사람들이 믿음에 자극을 받고 행동으로 옮기며, 더 많은 곳에서 하나님의 임재가 거하는 곳으로 알려진 모임이나 교회가 생기는 것을 보면서 앞으로 올 것들에 대한 광경을 보게 된다.

지난 수년간 하나님께서 내게 꿈과 환상들을 주셨는데, 그 결과 나는 당신에게 이런 질문을 던지고 싶다.

그저 빈둥거리며 서성이던 청년들이 하나님의 임재로 충만하게 되어, 지나가던 사람들에게 하나님의 권능을 행사하게 되었다면 어떨까?

10미터 떨어진 곳에서 걸어가던 사람과 갑자기 눈이 마주쳐, 그를 가리키며, 하나님의 권능을 내어 예언의 말씀으로 그 사람 마음속에 있던 일을 드러내고는, 이런 일은 항상 일어나기 때문에 아무 일도 없었던 것처럼 다시 그룹으로 돌아간다면 어떨까?

이 청년들이 교회 홀에 서성이며 하나님의 임재를 뿜어내고 하늘의 권능을 풀어내고 예언하고 치유하며, 이러한 '파워 존'에 너무 가까이 온 것을 모르던 교인들이 지나가다가 교회 바닥에 여기저기 쓰러지게 된다면? 혹은 이들이 동네 극장 밖에 서성이다가 지나가던 사람들을 우연히 사로잡아 구원에 이르게 한다면? 당신은, 아니면 당신의 자녀는 그들과 어울리겠는가?

당신이 만약 기차역에 서 있다가 갑자기 당신 주변에 있던 사람들이 하늘을 쳐다보며 놀란다면? 천국이 열리며, 믿는 사람이나 안 믿는 사람 모두가 동시에 볼 수 있는 충격적인 환상이 펼쳐지는 것이다. 수년간 초자연적인 경험을 많이 한 사람이 기차역사 안으로 들어가 침착하게 마이크를 잡고 거기 있는 모든 사람들을 기도로 인도하며 구원으로 이끈다. 그러고는 모든 사람들이 그 크고 두려운 공동 환상 때문에 무릎을 꿇고 울며 기도하는 것이다. 당신이라면 보통 무리와 같이 하늘을 쳐다보며 놀라운 쪽이고 싶은가 아니면 하루에 한 도시나 국가가 그리스도 앞으로 나오도록 담대하게 무리를 중보와 구원의 기도로 이끄는 쪽이 되고 싶은가?

하나님의 영광으로 빛나고 남들을 위해 영적인 경험 가운데 걸어가는 사람은 누구인가? 하나님의 임재 안에 있기를 갈망하며, 그분의 사랑에 푹 젖어, 자신의 영혼을 고요히 하고 주님께서 자신을 바꾸시도록 하는 사람들은 영광에서 영광으로 변화되어 갈 것이다.

일어나라, 독자들이여, 빛을 발하라. 당신의 빛, 하나님의 영광이 당신을 가득 채울 것이다!

주 석

1. R. T. Kendall, *The Anointing* (Nashville, TN: Thomas Nelson Publishers, 1999), 163.
2. 고후 3:18
3. http://www.freshfire.ca/teaching_details.php?Id=117
4. James Goll, *Revival Breakthough Workbook*, 73.
5. Mark Chironna, Fusion Conference, Albany, OR, 2006년 8월.
6. Kim Clement, Fusion Conference, Albany, OR, 2006 8월.
7. 이 장에 넣기 위해 빌 존슨(Bill Johnson)이 특별히 기고함.
8. Kim Clement, Mark Chironna, Lance Wallnau 등의 강사가 인도한 Fusion Conference. 더 자세한 내용은 www.fusionexperience.org 를 참조.
9. Lance Wallnau, Fusion Conference, Albany, OR.
10. Rick Joyner, *Overcoming Evil in the Last Days* (Shippensburg, PA: Destiny Image Publishers, 2003), 82-83.
10. Rick Joyner, *Overcoming Evil*, 153.
11. Rick Joyner, *Overcoming Evil*.

13장

초자연적 경험의 근원 분별

짐 골

    이제까지, 우리는 이미 기적과 앞으로 올 일들에 대해서 살펴보았다. 참으로 이것은 놀라운 탐구의 여행이었다.

    그러면 이제 본서를 마무리하면서 "우리는 이제 어떻게 할 것인가?" 이제 마지막으로 가장 중요한 문제를 살펴보도록 하겠다. 앞으로 있을 많은 경험의 현장에서 방향을 잘 잡을 수 있는 나침반을 드리도록 하겠다. 이 장에서 배우는 내용은 큰 위험을 당하지 않도록 도와주기도 할 것이며 여정을 성공적으로 마치도록 해줄 것이다.

    초자연적인 경험의 근원을 어떻게 분별하는지 기초단계를 처음부터 배워보도록 하자. 자, 준비가 되었으면 출발하자!

계시의 출처

성경은 영적 계시 혹은 교통이 세 가지 출처에서 온다고 말해준다. 그것은 성령, 인간의 마음, 악한 영의 영역이다. 그래서 그 출처를 반드시 분별해야 하는 것이다.

성령은 참된 계시의 유일한 출처이다(벧후 1:21 참조). 구약의 선지자들과 신약의 증인들을 '감동하신(moved)' 것은 성령님이셨다. 헬라어로 이 '감동하다' 의 단어인 페로(phero)는 '앞으로 나아가게 하다' 혹은 '바람을 따라 움직이다' 라는 뜻을 지닌다.

인간의 마음은 우리 감정의 성화되지 않은 부분에서 생각이나 아이디어, 영감의 소리를 자아낼 수 있다(겔 13:1-6, 렘 23:16 참조). 이러한 인간의 영감은 반드시 하나님께로부터 왔다고 할 수 없다. 선지자 에스겔은 그런 예언이 "자기 마음대로" 한 것이며 "주 여호와의 말씀에 본 것이 없이 자기 심령을 따라 예언하는 어리석은 선지자에게 화가 있을진저"라고 했다(겔 13:2-3).

악한 영은 그 주인과 같이 두 가지 특성으로 일한다. 그들은 '빛의 천사들 혹은 선한 음성' 으로 나타날 수 있으며 그들은 언제나 거짓말을 한다. 왜냐하면 그들은 거짓의 아비이며 거짓말쟁이 두목인 사탄을 섬기기 때문이다. 악한 영이 전달한 메시지는 하나님의 말씀을 잘 모르거나 분별하는 데 별로 경험이 없는 사람들에게는 특히 위험한 경우가 많은데 그 이유는 사탄이 속기 쉬운 사람들을 실제 내용이나 '진실' 을 적당히 섞어 거짓말로 속이는 데 능수이기 때문이다.

사도행전 16장 16-18절에는 제자들에 대해서 **사실을 말하는** 점술의 영을 가진 노예 소녀에 대해서 보여준다. 그 출처는 사탄이었다. 사도 바울이 끝내는 견디지 못하고 그 점술의 영이 소녀에게서 떠날 것을 명했다.

불완전한 사람들의 세계에서 하나님이 주신 계시는 하나님으로부터 오지 않은 다른 출처에서 나온 정보와 맞서게 될 수 있다. 예언적 대언자 혹은 환상을 보는 자로 기능하는 사람들은 오늘날 교회에 있어 지극히 중요하지만, 불완전한 도구이기도 하다.

우리 중 아무도 우리 삶에 바깥 영향력을 전혀 받지 않고 살 수는 없다. 하나님의 영이 우리 영과 함께 계시지만 우리의 영은 물리적 혹은 외적 환경이 주는 여러 가지 것들에 의해 영향을 받는다. 또한 우리 주변의 다른 사람들에게 영향을 받을 때가 많고 또한 사탄과 그 졸병들에게 영향을 받을 수 있다(삼상 1:1-15, 30:12, 요 13:2, 고전 15:33 참조). 해결책은 그것이 꿈이든, 유령이든, 말 혹은 어떤 형태이든지, 모든 계시의 출처와 양상을 **시험**하는 것이다. 먼저 우리는 다음과 같이 자기를 진단하는 질문으로 시험해 봐야 한다.

셀프 테스트

1. 내 삶에 성령님 외에 다른 어떤 영향력의 증거가 있지 않은가?
2. 계시나 '환상'의 본질이 무엇인가? (하나님의 글로 된 말씀과 비교할 때 어떠한가?)
3. 내가 환상을 받았을 때 성령의 통제 하에 있었는가?
    a. 나는 내 인생을 예수 그리스도께 산제사로 드렸는가?
    b. 나는 그분의 말씀에 순종했는가?
    c. 나는 그분의 영감으로 깨달았는가?

    d. 나는 무엇이든지 그분의 뜻을 행하는 일에 헌신되어 있는가?
    e. 내 삶은 하나님을 찬양하는 일에 바쳐졌는가 아니면 비판적인 말에 치우쳐 있는가?
    f. 나는 조용히 그분 앞에 기대하는 마음으로 기다리고 있는가?

출처 테스트

다음 단계는 받은 이미지나 예언 메시지 혹은 환상이 우리 자신의 마음에서 나온 것인지 사탄의 영역에서 온 것인지 아니면 하나님께로부터 온 것인지 시험하는 것이다. 마크와 패티 버클러 박사 부부는 뉴욕의 버팔로에 있는 크리스천 리더십 대학(Christian Leadership University)의 설립자로 그들의 획기적인 작품 『하나님의 음성을 듣는 방법』(*Communion with God*)에서 이 부분을 아주 잘 다루었다. 그들은 "우리 마음의 눈은 자아나 사탄 혹은 하나님으로 채워질 수 있다"[2]고 가르친다. 다음의 지침은 버클러 부부의 스터디 가이드에 있는 표에서 채택한 것이다.[3] 처음 세 개는 일반적인 지시사항이다.

    1. 예수님의 보혈을 사용하여 사탄이 내 마음의 눈앞에 둔 모든 장면들을 잘라낸다(마 5:28, 고후 10:5 참조).
    2. 내 마음의 눈을 주님께서 채우시도록 그분께 드린다. 이렇게 하여 나는 받을 준비를 한다(계 4:1 참조).
    3. 그러면 성령께서 그분의 원하시는 환상의 흐름을 내 마음의 내적 화면에 쏟아주실 것이다(계 4:2 참조).

이미지가 자아, 사탄, 하나님 중 어디서 온 것인지 분별하는 테스트

A. 영을 시험하여 그 출처를 찾는다(요일 4:1 참조).

    자아: 그것이 주로 마음(mind)에서 왔는가? 그것이 내 자존심을 세우는가 아니면 예수님을 높이는가? 어느 쪽에 가까운가?

    사탄: 이미지가 파괴적인가? 나를 유혹하는가?

    하나님: 내 안의 존재로부터 오는 '살아 있는 장면의 흐름'인가? 나의 내적 존재는 조용히 예수님께 집중하고 있었는가?

B. 그 생각을 시험하여 내용을 진단하라(요일 4:5 참조).

    자아: 그것이 자존심을 세우게 만드는가? 자아가 중심에 있는가 아니면 예수님이 높이심을 받는가?

    사탄: 부정적이고 파괴적이며 억지가 세고, 두렵게 하며 고소하는 성격인가? 하나님의 본성을 위반하는가? 하나님의 말씀을 위반하는가? 이미지가 시험받기를 두려워하는가?

    하나님: 권면하고 마음을 새롭게 해주며 위로가 되는가? 시험을 받아들이는가? 내가 하나님과 계속 동행하는 데 도움이 되는가?

C. 열매를 시험함으로 결과인 열매를 점검한다(마 7:16 참조).

    자아: 여기서 열매는 다양하지만 이것들은 그리스도 중심성과

반대되어 결국 사람을 높인다.

사탄: 이 경험 후, 내가 두려워지고 강박적이 되며, 묶이게 되고, 불안해지며 혼돈스러워지고, 우쭐해지는가?

하나님: 믿음과 권능, 평강, 선한 열매, 깨달음, 지식, 겸손의 영역에서 더 민감해지는가?

아홉 가지 성경적 테스트

다음은 우리가 받는 모든 계시의 정확도와 권위, 타당성을 시험할 수 있는 아홉 가지 성경적 테스트 목록이다. 다음의 진리는 우리가 인정받는 예언 사역자이든지 일반인이든지 상관없이 주 예수 그리스도 안에서 신자라면 누구나에게 적용된다. 우리 삶에 하나님의 말씀으로 된 다림줄을 내려보자!

1. 받은 계시가 유익하고 권면을 주며 위로하는가? "그러나 예언하는 자는 사람에게 말하여 덕을 세우며 권면하며 위로하는 것이요"(고전 14:3). 모든 참된 예언적 계시의 최종 목표는 하나님의 사람들을 세우고 교훈하며 격려하는 것이다. 이 목표에 어긋나는 것은 참 예언이 아니다. 선지자 예레미야는 부정적인 임무를 완수해야 했지만 그의 어려운 메시지에도 순종하는 이들에게는 강력하고 긍정적인 하나님의 약속을 담고 있었다(렘 1:5, 10 참조). 고린도전서 14장 26절은 이것을 가장 잘 종합해 준다. "모든 것을 덕을 세우기 위하여 하라."

2. 하나님의 말씀에 부합하는가? "모든 성경은 하나님의 감동으로 된 것

으로"(딤후 3:16). 참된 계시는 언제나 성경에 기록된 바와 성경이 말씀하는 바에 부합한다(고후 1:17-20). 성령께서 성경으로 "예, 아멘" 하시는 곳에는 성령께서 계시에서도 "예, 아멘" 하신다. 그분은 결코 자신과 모순되는 분이 아니시다.

3. 그것이 예수 그리스도를 높이는가? "그가 내 영광을 나타내리니 내 것을 가지고 너희에게 알리시겠음이라"(요 16:14). 모든 참된 계시는 궁극적으로 예수 그리스도가 중심이 되고 그분을 높이며 그분께 영광을 돌린다(계 19:10 참조).

4. 그것이 선한 열매를 맺는가? "거짓 선지자들을 삼가라 양의 옷을 입고 너희에게 나아오나 속에는 노략질하는 이리라 그들의 열매로 그들을 알지니"(마 7:15-16). 참된 계시 활동으로 인한 열매는 그 성격과 행위가 성령의 열매와 동의한다(엡 5:9, 갈 5:22-23 참조). 성령의 열매에 확실히 포함되지 않는 특징이나 행위가 있다면 자만, 거만, 자랑, 과장, 부정직, 탐욕, 재정적 무책임, 방탕, 부도덕, 중독적 욕구, 결혼 서약 파괴, 가정 파탄이다. 대개 이러한 결과로 인도하는 계시라면 성령보다는 다른 출처에서 온 것이다.

5. 계시가 미래 사건을 예언한다면 그것이 정말로 일어나는가를 본다(신 18:20-22 참조). 미래에 대한 예언을 포함하는 계시라면 모두 이루어져야 한다. 그렇지 않다면 거의 예외 없이 하나님으로부터 온 것이 아니다. 예외로는 다음 몇 가지가 있을 수 있다.

 a. 사람의 의지가 개입될 때.
 b. 국가적 회개의 경우-니느웨가 회개했을 때 말씀대로 심판이 일어나지 않음.
 c. 메시아에 대한 예언. (이 예언이 이루어지기까지는 몇백 년이 걸렸다.)

d. 하나님의 구원 계획과 관련된 예언을 한 구약의 선지자와 신약 선지자의 기준에는 차이가 있다.

6. 예언의 말씀이 사람들로 하여금 하나님께 향하게 하는가 아니면 하나님으로부터 멀어지게 하는가(신 13:1-5 참조)? 미래에 대한 예언이 이루어진다고 해서 반드시 그 사람이 성령의 영감으로 계시를 했다고 증명해 주는 것은 아니다. 만약 그 사람이 자기 사역을 통해 사람들을 참되신 하나님께 순종하지 못하게 한다면 그 사람의 사역은 거짓된 것이다. 아무리 미래에 대해서 정확한 예언을 한다 해도 말이다.

7. 자유함을 주는가 속박감을 주는가? "너희는 다시 무서워하는 종의 영을 받지 아니하고 양자의 영을 받았으므로 우리가 아빠 아버지라고 부르짖느니라"(롬 8:15). 성령으로부터 온 참된 계시는 자유함을 주지 속박감을 주지 않는다(고전 14:33, 딤후 1:7 참조). 성령님은 결코 하나님의 자녀들이 노예처럼 행동하게 만들지 않으신다. 또한 두려움이나 율법적인 강요로 우리를 움직이지도 않으신다.

8. 생명을 내는가 아니면 죽음을 내는가? "그가 또한 우리를 새 언약의 일꾼 되기에 만족하게 하셨으니 율법 조문으로 하지 아니하고 오직 영으로 함이니 율법 조문은 죽이는 것이요 영은 살리는 것이니라"(고후 3:6). 성령께서 주시는 참된 계시는 항상 생명을 낳고 죽음을 낳지 않는다.

9. 성령께서 참이라고 증거해 주시는가? "너희는 주께 받은바 기름부음이 너희 안에 거하나니 아무도 너희를 가르칠 필요가 없고 오직 그의 기름부음이 모든 것을 너희에게 가르치며 또 참되고 거짓이 없으니 너희를 가르치신 그대로 주 안에 거하라"(요일 2:27). 신자들 안에 계신 성령님은 항상 성령으로부터 온 참된 계시를 확인해 주신다. 성령은 "진리의 영"이시다(요 16:13 참

조). 그분은 참된 것을 맞다 확인해 주시며 거짓된 것은 거부하신다. 이 아홉 번째 테스트는 아홉 가지 중 가장 주관적인 것이므로 나머지 아홉 개의 객관적인 기준에 비추어 쓰여야만 한다.

하나님의 말씀은 우리가 모든 것들을 증명하고 선한 것을 붙들어야만 한다고 말씀하신다(살전 5:21 참조). 항상 우리는 주님의 **지혜**를 구하되 지혜를 두려움에 대한 변명으로 쓰지 말아야 한다. 우리는 성령께서 하고 계신 참된 일을 불쾌하게 생각지 않도록 조심해야 한다. 아무리 이상하게 보이는 경우에도 말이다. 하나님의 계시와 환상의 경험은 여러 가지 다른 모양으로 오기 때문에 참과 거짓을 분별하는 방법을 깨닫는 것이 중요하다.

이제 어떤 분들은 '뭔가 더 깊은 것들'을 듣기 원하실 것이다. 하지만 이 '신비의 여행'을 더 하기 전에 기초 진리를 잘 닦아 놓아야만 한다. 그래서 다음의 열다섯 가지 '지혜로운 전략'을 잘 연구해야 한다. 예수님과의 모험에서 우리가 경험하게 될 여러 가지 형태의 계시를 지혜롭게 판단하는 데 도움이 될 것이다.

열다섯 가지 지혜로운 전략

1. 적절한 해석 및 성경적 문맥을 찾는다. 지혜에 관한 가장 중요한 문제는 성경에 대한 해석 혹은 적절한 설명이다. '예언적 은사가 있는' 사람들은 성경의 부정확한 상징적 해석의 형태를 취하는 것처럼 보이는 경우가 현저히 많다. 해석의 방법이나 파가 달라도 우리는 성경이 말씀하고 있는 역사적 문

맥상에서 봐야 한다. 지혜는 계시의 은사를 가진 사람들이 성경적 해석을 더욱 명확히 하기 위해 교사, 사도, 목사와 상의를 해야 한다고 말한다. "너는 진리의 말씀을 옳게 분별하며 부끄러울 것이 없는 일꾼으로 인정된 자로 자신을 하나님 앞에 드리기를 힘쓰라"(딤후 2:15). 다른 사람들과 함께 걸어가라!

2. 예수님께 집중하라. 성령께서 드러난 것 자체가 중심이 되어서는 안 되고 예수께서 우리의 집중을 받아야 한다. 하나님의 목적과 성령의 움직이심 그리고 천국으로부터의 계시적 경험에 우리를 드리되, 아무 세력에나 뛰어들지 않는다. 때로 사람들은 적절한 성경적 기초와 안전감의 부족으로 인해 지나가는 것에는 무조건 뛰어드는 경향이 있다. 하지만 기억할 것은 "이 경험이 나를 예수 그리스도께로 가까이 가게 하는가?"이다.

3. 가장 '간단하고 중요한' 것에 집중한다. 성령의 역사 자체는 우리의 주요 메시지가 아니다. 복음주의 정통 주류에서 우리가 강조하는 것은 성경에서 가장 명확히 제시하고 중요하게 보여주는 것을 강조하는 것이다. 그것은 구원과 믿음에 의한 칭의 및 성화 등과 같은 내용이다. 또한 그에 수반하여 나타나는 경험들로서 그것은 사람들이 하나님과 믿음의 공동체와의 관계에서 어떻게 발전하고 있는지에 대한 간증에 나타난다.

4. 율법의 글자 자체가 아닌 성경적 원리를 따르라. 어떤 것들은 '비성경적인' 범주에 속한다. 그렇다고 해서 그것이 잘못되었거나, '마귀적'이거나 혹은 성경에 반대되는 것이 아니다. 단지 그 현상을 확인할 수 있는 확실한 '성경 증명 본문'이 없을 뿐이다. (예수님이 흙에 침을 뱉어 진흙을 만들어 그 장님의 눈에 바른 것을 정당화해 주는 '증거 본문'도 없지만 그것은 전혀 틀리지 않았다.) 뭔가를 확대 해석해서 끼워 맞추려고 하지 않는다. 모든 활동에 대해서 성경구절을 찾을 수가 없다는 것을 깨닫는다. 중요한 것은 우리가 하

나님 말씀의 명확한 원리를 따르도록 해야 하는 것이다.

5. 다리를 놓는다. '기운 나게 해주는 초자연적 경험의 시기'에는, 우리만큼 그렇게 흥분하지 않는 다른 신실한 신자들도 있다는 현실을 잊지 않는다. 이것은 지극히 정상이며 당연한 일이다. 도마와 같은 제자들은 다른 이들만큼 예수님의 부활에 대해서 흥분하지 않았다. 하지만 그들 모두가 결국에는 그리스도를 위해 섰다. 우리는 영적인 교만과 자만에 물들지 않도록 주의해야 하며, '좀 더 신중한' 우리 형제들에게 사랑과 용서, 이해, 친절함으로 다리를 놓아야 한다.

6. 리더들을 존중하고 그들을 위해 기도하라. 지역교회나 사역체의 모든 리더십 팀은 그 모임에 성령께서 자유롭게 역사하시도록 해야만 할 특권과 책임이 있다는 것을 깨닫는다. 하나님은 위임받은 권위자를 통해 일하신다! 하나님 앞에 깨끗한 마음과 태도로 권위자들을 위해 기도하라. 그들이 하나님의 타이밍과 지혜, 그리고 적절한 전략을 받을 수 있도록 구한다. (리더들에게 '통제하는 영'이나 비슷한 딱지들을 붙이지 않도록 주의한다! 대부분의 리더들은 신실한 신자들이며 그저 특정 양떼들을 돌보며 최선을 위해 두루 애쓰기 때문이다. 기억할 것은 그들이 하나님의 기름부으심을 받은 임명된 자들이라는 것이다.)

7. 때와 계절을 인식한다. 모든 것이 항상 일어나야만 하는가? 하나님의 주권적인 움직이심 외에는 그렇지 않다고 생각한다. 전도서 3장 1절은 이렇게 말한다. "범사에 기한이 있고 천하만사가 다 때가 있나니." 성경은 '오순절 모임'을 생생히 묘사한다. 그러나 동시에 '안 믿는 자나 은사를 받지 않은 자들이 있는 곳'에서 어떻게 처신해야 하는지 바울은 명확히 권면하고 있다. 우리는 고의로 남의 기분을 상하게 하기 위해 우리의 자유를 사용해서는 안 된다.

나는 개인적으로 예정된 목적을 위해 특정 모임을 갖는 것은 하나님의 말씀에 부합한다고 믿는다. 성령의 인도하심은 양쪽으로 다 통한다. 우리는 그분의 인도하심으로 어떤 모임이나 집회가 '예언적 혹은 성령의 충만한 모임'인지 판단할 수가 있다. 하지만 동시에 우리가 기대하거나 계획하지 않았을 때에도 명확히 성령의 임재가 드러나는 일이 생기도록 기대하며 환영해야 할 것이다.

8. 사랑이 다스리도록 하라. '특별하고 거의 드문' 일을 시종일관 우리의 식단으로 삼아서도 안 되고, 그런 일로 말미암아 우리가 매일 해야 할 그리스도인의 영적 훈련을 게을리 해서도 안 될 것이다. '개처럼 짖기만' 하고 성경 읽는 것이나 교회 사람들과 적절히 관계하는 것을 그만둔다면 다른 영이 들어와 일하는 경우일 가능성이 많다. 어쩌면 그 사람은 단순히 중심을 잃었으므로, 사랑의 말로 도와주어 쏟아지는 폭포 속에서 영적 균형감각을 찾도록 해주는 것이 필요한지도 모른다. 어떤 경우이든간에 사랑이 항상 다스리도록 한다.

9. 균형을 유지하라. 성령의 드러나는 역사를 모두 설명할 수 있는 정확한 과학은 없다. 뭔가 불분명한 경우에는 이해가 안 되는 것을 과도하게 규정하려고 하지 않는 것이 좋다. 주관적인 경험의 실재와 성경적인 교리 사이에는 하나님의 팽팽하게 맨 줄로 연결되어 힘센 장력이 있다. 우리의 균형을 유지하려고 노력하자! 거기에는 팽팽한 장력이 있고, 그렇게 있도록 되어 있다!

10. 하나님의 주도권과 인간 반응의 관계를 이해하라. 이렇게 드러나는 모든 활동이(웃음, 울음, 떨림, 쓰러짐 등) 반드시 하나님께로부터 온 것인가? 나는 이것을 '성령의, 성령에 대한 현현'이라고 부른다. 거기에는 그럴 만한 이유가 있다. 그렇게 눈에 보이게 혹은 눈에 들리게 외적으로 나타나는 기사들 중 어떤 것은 하나님이 주도하시긴 해도, 성령께서 우리 위에 혹은 가까이에 있는 남들에게 움직이실 때 우리가 반응하는 부분이 있음을 우리는 인정해

야 한다. 하나님께서 주도하신 일에 인간이 반응하는 것이다. 이것은 정상적인 일이다. 우리는 또한 하나님께 우리의 사랑을 표현할 때 다른 민족적 문화적인 방식으로 표현할 수 있는 공간을 만들어야 한다. 모든 선물은 하나님께로부터 오지만 다양한 토기를 통해 표현되는 것이다!

11. 열매가 말해 준다. 우리는 하나님 아버지께서 하시는 일을 보면서 찬양하되, 그 축복을 열매 있는 사역으로 돌려야만 한다. 우리가 참으로 성령님께 움직여진 것이라면 우리의 믿음을 표현하는 쓸모 있는 일에 소용이 있어야 한다. '내가 축복받으려는' 자세에서 '남을 축복하는' 쪽으로 방향을 바꾸어 배고픈 자들을 먹이며 가난한 자와 과부와 고아, 편부모 가정들을 사역하는 데 힘을 쏟는다. 계시의 축복으로 된 하나님의 강 수로를, 사람들을 향한 예수님의 긍휼하심과 열정을 표현해 주는 전도, 중보, 예배의 삶 쪽으로 뚫어준다.

12. 하나님의 역사와 사람의 동기를 인식하라. 교회 역사 가운데 예언적 경험들과 현현하는 현상들이 부흥 때마다 일어났지만, 그 어떤 부흥도 사람이 일어나게 한 적은 없었다. 이러한 경험은 하나님께서 사람을 변화시키시는 급진적인 수단이며 사역에 있어서는 능력을 부어주는 기름부으심을 받는 것에 필적한다.

13. 나 자신의 육을 통제하고 하나님과 연합한다. 자기절제는 성령의 열매 중 하나이다(갈 5:23 참조). 너무나 많은 이들이 이 점을 잊어버리거나 아니면 아예 무시를 한다! 성경 어디에도 우리가 '하나님을 통제하라' 고 나와 있지 않다. 우리는 '자신'을 절제할 줄 알아야 한다. 자기절제의 열매는 육의 행위, 즉 음란, 색욕, 탐욕 등을 정복하는 것이다. 우리는 육의 행위를 통제하고 하나님의 임재에 굴복하여 그분께 협력해야 한다.

14. 깨어 인식한다. 성경 말씀을 탐구하며 교회 역사를 돌아보며, 주님을

찾으며, 우리보다 경험이 더 많고 더 지혜로운 이들에게서 도움을 받는다. 잘 훈련된 신자들은 크리스천들이 영적인 경험 등을 한 후에는 원수가 언제나 그들을 내려쳐서 혼란케 하고 낙심케 하려는 것을 안다. 우리는 끊임없이 전쟁을 대비해 무장하고 있어야 한다. 이것은 진짜 전쟁이다. 이 놀라운 계시적 방문은 그저 '신나는 게임'이 아니다. 이것은 우리의 주인이신 하나님 앞에 우리가 더 효과적으로 준비되기 위한 것이다!

15. 영적 시궁창을 피하라. 우리가 피해야 할 깊은 시궁창이 두 개가 있다. 첫째는 분석적 회의론을 주의해야 한다. 이해가 안 가면 화가 나는 것이다. 또 다른 치명적인 것은 두려움(사람, 거절, 광신 등에 대한)이다. 이 두 시궁창 모두 공통되는 열매가 있는데, 이것은 비판이다. 내가 몇 년 전에 배운 이 지혜의 말씀을 잘 생각해 보도록 하자.

"그것을 다 받아들일 수 없다면 그것을 축복하라. 그것을 축복할 수 없다면 인내를 가지고 그것을 관찰하라. 그것을 참을성 있게 관찰할 수 없다면, 그저 비판하지는 말라! 이해가 되지 않는 것에 대해서 이러쿵저러쿵 혀를 놀리지 말라!"

성령님께서 내게 그런 말씀을 하셨을 때를 나는 너무나 잘 기억한다. 그래서 그때 나는 목숨을 건졌다. 당신도 그렇게 판단하고 비판적인 태도가 있다면 거기서 헤어나야 할 것이다. "이해가 되지 않는 것에 대해서 이러쿵저러쿵 혀를 놀리지 말라!" 이것을 다른 말로 한다면, "이해가 되지 않을 때야말로 아는 체를 하기에는 가장 안 좋은 때이다"가 될 것이다.

지혜의 말씀이라고 하는 성령의 은사에 대해서 하나님께 너무나 감사하다! 때에 따라 필요한 상식도 큰 도움이 될 때가 많다!

결론

이제까지 배운 것을 복습한 후 마지막 장으로 가보자! 이 장에서 우리는 계시의 출처와 아홉 가지 성경적 테스트, 열다섯 가지 지혜로운 전략을 살펴보았다. 이것을 그저 '해야 할 일' 정도로 읽지 않기를 바란다. 오히려 이 개념들을 곰곰이 생각하고 우리 영혼에 접목해야 할 것이다. 이 원리들은 하나님의 말씀으로 된 다림줄이 우리의 삶과 사역에 확실히 올바르게 드리워져 있는지 점검하기 위해 묵상할 만한 가치가 있는 것이다.

영구히 버틸 주님을 위한 집을 짓도록 하자. 비바람과 폭풍우의 때와 압박에도 불구하고 견딜 견고한 집을 말이다. 이제 재미와 지혜로 가득한 이 책을 마무리할 때가 되었다. 마지막 장은 **예수님만 바라보기**이다!

주석

1. James Goll, *Understanding Supernatural Encounters Study Guide*.
2. Dr. Mark and Patti Virkler, *Communion With God*
3. Dr. Mark and patti Virkler, Study Guide.

14장

예수님만 바라보기

집 골

이 마지막 장을 제자 마가가 기록한 말씀으로 시작해 보자. 그는 매우 많은 놀라운 영적 경험들을 보고 마가복음에 기록했다. 다음 본문은 마가복음 9장 1-8절이며, 변화산 상에서 일어난 내용이다. 이 사건으로 말미암아 그의 인생은 영원히 변화되었다!

또 그들에게 이르시되 내가 진실로 너희에게 이르노니 여기 서 있는 사람 중에는 죽기 전에 하나님의 나라가 권능으로 임하는 것을 볼 자들도 있느니라 하시니라(막 9:1)

엿새 후에 예수께서 베드로와 야고보와 요한을 데리시고 따로 높은 산에 올라가셨더니 그들 앞에서 변형되사 그 옷이 광채가 나며 세상에서 빨래하는 자가 그렇게 희게 할 수 없을 만큼 매우 희어졌더라 이에 엘리야가 모세와 함께 그들에게 나타나 예수와 더불어 말하거늘 베드로가 예수께 고하되 랍비여 우리가 여기 있는 것이 좋사오니 우리가 초막 셋을 짓되 하나는 주를 위하여 하나는 모세를 위하여 하나는 엘리야를 위하여 하사이다 하니 이는 그들이 몹시 무서워하므로 그가 무슨 말을 할지 알지 못함이더라 마침 구름이 와서 그들을 덮으며 구름 속에서 소리가 나되 이는 내 사랑하는 아들이니 너희는 그의 말을 들으라 하는지라 문득 둘러보니 아무도 보이지 아니하고 오직 예수와 자기들뿐이었더라(막 9:2-8)

몰락한 시온 이후

몇 년 전 나는 그 유명한 일리노이 주의 시온으로 여행을 갔다. 그곳은 1800년대 후반부터 1900년대 초까지 알렉산더 다위(Alexander Dowie)가 살면서 사역했던 곳이다. 다위는 놀라운 치유의 은사와 기적을 행하면서 주님께 대단히 쓰임을 받았다. 그는 일리노이의 시카고 외곽에 모형 도시를 세워 그의 전성기에 믿음을 위한 중심지가 되었었다. 그런데 일부 사람들이 다위가 하늘에서 내려온 엘리야라고 부르기 시작하면서 그 사역이 결국 잘못된 길로 들어섰음을 많은 이들이 알고 있다. 주님의 그릇을 떠받들면서, 교만과 교리적 오류가 자리잡았다. 이 몰락은 그 짧았던 성공의 높이만큼이나 엄청났다.

그 실패 직후, 주님께서는 예수님 임재의 현현을 구했던 조용한 증인들을 몰락한 시온 밭에서 들어올리셨다. 그 중 주요 리더는 마사 윙 로빈슨(Martha Wing Robinson)과 엘더 브룩(Elder Brooks)이라고 불리는 이들이었다. 그들은 다른 이들과 함께 시온 믿음의 가정들(Zion Faith Homes)이라고 알려진 곳을 만들었다.

나는 그곳을 방문했던 기억이 난다. 거기서는 우리 주 예수 그리스도의 임재를 여전히 느낄 수 있었다. 나는 그날 내 생이 은사가 아닌 예수님 중심이 되기를 원한다는 것을 다시 확인했다. 예수님이야말로 그리스도의 몸의 머리가 되시기 때문이다! 이 날까지 그것이 내 생의 목표이다. 예수님과 하나 되어 오직 그분과 연합되고자 한다면 이것이 목표가 되어야 할 것이다.

시온 믿음의 가정들을 방문하면서 1916년 존 G. 레이크가 엘더 브룩에게 쓴 편지와 브룩의 지혜로 가득한 답장을 보게 되었다. 이 편지들 가운데 담긴 교훈은 그 당시 너무나 놀라웠으며 어쩌면 오늘날 더욱 놀라울 것이다.

나는 이 중요한 책을 마감하면서, 다음의 내용을 우리의 삶에 새기는 것보다 더 좋은 길은 없다고 생각했다. 다음 편지를 읽으면서 여러분도 나처럼 속이 좀 쓰리기를 바라면서! 자, 숨을 깊이 들이마시고, 갑니다!

엘더 브룩에게 쓴 존 G. 레이크의 편지와 그 답신

다음 두 서신은 수년 전 기록되었다. 하나는 전설적인 기적의 사람 존 G. 레이크가 쓴 것이고 다른 하나는 일리노이 주 시온에 있는 시온 믿음의 가정들의 엘더 유진 브룩이 쓴 것이다. 이 두 편지를 여기 소개하는 이유는 크리스천 사역과 예수 그리스도를 따르는 모든 이의 삶 가운데 되풀이되는 문제를 다루고 있기 때문이다. 이 문제는 하나님께서 축복하시고 사용하시는 이들의 삶과 경험 가운데 잠복되어 있기에 그 필요가 너무나 크다. 하나님과 함께 어떻게 동행하는지, 어떻게 예수님과 함께 생을 살아가는지, 어떻게 그 안에서 성장하는지 깨달아야만 하는 이들이 너무나 많다.

이것은 특히 어떤 곳에서처럼 위대한 사역과 위대한 은사가 지나치게 강조되는 것처럼 보이는 오늘날에 있어서는 더욱 그렇다. 하나님의 자녀로서 매일의 생활 가운데 하나님 안에서 성장하는 것에 대하여, 우리 시대의 가장 뛰어난 지도자들까지도 무시하는 경향이 있기 때문에 내가 지나치게 강조한다고 말하는 것이다. 크리스천들과 크리스천 사역자들이 하나님의 충만하심 가운데로 어떻게 나아가는지 모르는 경우가 많다는 것은 놀라운 사실이다. 이것은 거의 믿겨지지 않는 너무나 흔한 실패이다! 그래서 자신의 개인적인 삶에서 하나님께 생생히 몰입되지 못하는 많은 이들이 '기도'에 대해서 이야기하며 가르친다! 아니면 그들은 '커지고' '더 위대해지려는' 노력 하에 벌어지는 많은 일에 치여 하나님과 동행하는 삶에서 점차로 벗어난다.

매일 하나님과 홀로 있어야 할 필요를 깨닫지 못하는 사람은 분명히 광야에 서게 될 것이며, 영적 손실과 공허함에 부딪히며, 이 세상의 영이 전진을 방해하고 열매 없는 삶으로 만들 것이다. 이것은 성령님의 권능을 불신하는 것에서 시작된 것이다. 이 두 서신은 영적 대비 연구를 위한 것이다. 이것을 기꺼이 읽으며 연구하고 진지하게 고민하고 소화하려는 이들에게는 큰 보람이 있을 것이다.

존 레이크와 엘더 브룩은 둘 다 위대한 하나님의 사람이었다. 편지에 분명히 나와 있듯이, 둘 다 각자의 부르심과 길을 따른 것이다. 이 두 사람을 잘 아는 사람들은 그들이 참으로 하나님의 사람들이었다고 증거할 것이다.

존 레이크 목사가 브룩 목사 부부에게 쓴 서신
-1916년 6월 16일

며칠간 저는 성령의 감동하심이 있어 목사님 내외분께 편지를 씁니다. 우리의 결혼식 때, 나는 하나님께서 하나님 안에서 내 필요의 짐을 목사님 내외분께 정말 주셨다고 느낍니다. 그 당시 믿음으로 한 걸음 내디디면서, 그분의 뜻을 이루려고 하늘에서 내리는 은혜와 가이드, 물리적인 힘을 위해 하나님을 신뢰하려고 애썼을 때, 그분은 내 영혼을 풍성하게 축복하셨고 우리의 일에는 성령의 권능이 함께 했습니다.

필라델피아에 있는 동안, 주 성령께서 내게 강하게 임하셔서 놀라운 치유들이 일어났습니다. 나중에 우리가 워싱턴 주 스포켄에 왔습니다. 하나님께서 거기서 처음 문을 여신 것은 이상하게도, 여기에서는 진리의 교회(Church of the Truth)라고 알려진 새로운 그룹이었습니다.

그들의 목사님은 이전에 보편구제설을 믿는 설교자였습니다. 그분은 크리스천 사이언스(미국의 Mary Baker Eddy가 조직(1866)한 신흥종교, 신앙의 힘으로 병을 고치는 정신요법을 특색으로 함, 공식명 the Church of Christ, Scientist-역주) 가르침을 통해 그리스도를 보았었습니다. 그분의 영혼은 갈급했습니다. 그분은 저보고 그 교회에서 설교를 해달라고 초청했습니다! 그래서 이렇게 말씀드렸지요. "제 메시지는 다릅니다. 저는 그리스도와 십자가에 못 박히신 그분을 설교합니다." 그분은 이렇게 대답하더군요. "형제, 자네 메시지를 설교하게나, 원하는 만큼 말이야. 당신은 성령의 손에 있지 않은가."

처음 설교 후 그분은 저를 초청하셔서 그 교회의 치유실에 와서 주중에 병자들을 위해 기도해 달라고 하시더군요. 하나님은 놀라운 치유를 주셨습니다! 그 교회는 놀랍게 움직였죠. 그들에게는 이렇게 하나님의 권능이 나타나는 것이 새로웠습니다. 또 주중에 성령세례라는 주제로 가르치기로 했습니다. 하나님은 그 당시 그 교회에서 침례 받을 네 사람을 보여주셨습니다. 우리는 거기서 약 6개월간 사역한 후, 1915년 2월 1일경 자체적으로 일을 시작했습니다.

진리의 교회에서 성령세례를 처음 받은 분은 P부인이었습니다. 우리 자체 홀에서 드린 처음 예배에서 받은 것입니다. 주일 아침 예배를 마칠 때, 성령께서 그 부인에게 내리셔서 그 부인은 회중 앞에서 세례를 받았습니다.

P부인이 내게 말하기를, 5년 전 마음의 큰 고통 가운데 무릎을 꿇고 구해 주시고 빛을 주시고 도와달라고 울부짖었답니다. "오 하나님, 내 영혼에 필요한 빛을 가져다줄 수 있는 사람이 아무데도 없단 말입니까? 제 영혼이 갈급하오니 제게 보여주시옵소서." 그리고 성령께서 그녀에게 이렇게 말씀하셨답니다. "그래, 그 사람이 남아프리카의 요하네스버그에 있다." 그녀가 성령의 권능에 사로잡혀 세례를 받던 날, 주님은 그 약속을 지켰다는 것을 그녀에게 상기시켜 주셨습니다. 왜냐하면 내가 바로 남아프리카의 요하네스버그에서 왔잖아요. 이것은 하나님을 필요로 한 영혼의 요청과 그 요청에 대한 하나님의 응답이었습니다.

진리의 교회 출신 중 또 한 분은 F부인입니다. 그분도 역시 성령세례를 받았습니다. 성령께서 그리스도와 그분의 보혈 그리고 그분의 정결케 하시는 권능을 보여주셨습니다. 이 두 부인은 참으로 아름다운 영혼들이었으며 다른 두 분도 마찬가지였습니다.

저희가 하는 일과 관련해서는… 힐링룸 사역(healing rooms, 치유 사역)을 매일 오전 10시부터 오후 4시까지 운영하여 병자들과 심령에 기도가 필요한 영혼들을 위해 기도해 주고 있습니다. 또한 힐링룸 사역과 연결하여 주중에는 낮 시간과 밤 시간에 집회를 열고 있습니다. 주일 예배는 오전 주일학교와 함께 프리메이슨 템플에서 11시에 드리고, 대예배는 오후 3시에 드립니다. 저희가 여기서 하는 주된 일은 놀라운 치유 사역입니다. 하나님께서 아프리카에서 행하시는 기이한 일들에 대해서 미국에 써 보냈을 때, 사람들은 대개 이렇게 말하더군요. "이것을 어떻게 믿소?" 사탄은 세상 사람들이 그것을 사실이 아니라고 믿게끔 하려 여러 가지로 애썼습니다. 하지만 여기서 우리가 하는 일은 신뢰할 만한 사람들이 그리고 또 너무나 많은 사람들이 눈으로 봤기에, 사탄은 더 이상 하나님께서 하신 일들을 부인할 수가 없습니다. 이 소식은 이 서부에서 저 동부까지 벌써 미쳤습니다. 사람들이 오고 있습니다. 아픈 사람들만 오는 것이 아니라 교사들도(특히 연안지방의 진리의 교회에서 온) 와서 이것이 어떻게 된 것인지 뭐가 다른 것인지 알고자 하며, 성령세례가 무엇이며 어떻게 받는지 알려고들 합니다.

1915년에만 약 8천3십 명이 치유를 받았습니다. 사역자이신 웨스트우드 씨가 저와 함께 일했고 함께 힐링룸 사역을 했습니다. 전 시온성 집사이던 포그월 씨도 저와 함께 있습니다. 그분은 하루 종일 포드차를 운전하며 도시에 사는 사람들의 집집마다 전화를 돌립니다. 저희는 하루에 보통 백 명 정도를 사역하고 있습니다.

정말 놀랄 만한 치유 사건들이 일어나는데, 최근에 일어난 세 가지 사례를 말씀드리고 싶습니다. 이 사례들은 치유 정도가 아니라 제 판단에는 거의 창조의 기적과 같다고 봅니다.

하나는 Pn부인의 사례인데, 이분은 밀워키의 트리니티 병원에서 학위를 받은 간호사입니다. 이 부인은 지난 7월 수술을 받아 생식기(자궁 및 난소)를 제거했습니다. 11월에는 또 담석 제거 수술을 받았습니다. 그 수술 후, 담즙이 엄청나게 흘러나와 거의 죽음에 다다랐습니다. 그분이 기도를 받는 동안 혼수상태에서 확실한 사망 상태가 되었습니다. 30분간은 생명의 흔적이 없었으며 숨이 멎었습니다. 웨스트우드 씨가 그분과 함께 있었습니다. 웨스트우드 씨는 밤새 그분 곁에 있었습니다. 새벽 4시경이었습니다. 성령님께서 권능으로 그녀를 점차로 붙잡으시더니 담석으로 인한 고통에서 완전히 치유되었습니다. 생식기관도 새롭게 생기고 지난달에는 완벽하게 그 부분이 회복되어 기능하게 되었습니다! Pn부인은 이제 하나님의 힐링룸에서 주멤버로 사역하고 있습니다.

두 번째 사례는 K양인데, 이 아가씨는 선결핵의 희생양입니다. 그녀는 26회나 수술을 받았고 56명의 의사에게 치료를 받았습니다. 결국은 다들 포기하고 죽음만 기다리고 있었습니다. 한번은 수술을 하다가 복부 아래쪽을 절개했습니다. 이것은 몸 안에 형성된 너무나 많은 고름을 제거하기 위해서였습니다. 그런데 앓고 있는 결핵 때문에 상처가 아물지도 않고 꿰맨 자국도 붙지 않았습니다. 세 번을 쨌다가 꿰매곤 했으나 되지가 않았습니다. 그 결과 정상적인 장운동을 할 수 없게 되었습니다. 이 상태는 6년 반이나 계속되었습니다!

시내에 있는 동안 그녀는 길에서 기절을 했습니다. 사람들이 그녀를 성누가 병원으로 데려가려고 하는 참에 그녀는 의식이 돌아와, 수술을 받으러 병원에 가기를 거절했습니다. 그녀는 우리 집에 와서 그 날 밤 우리와 함께 있었습니다. 우리는 그녀를 위해 기도했습니다. 다음 주일날, 그녀는 오후 예배 때 예배당에 앉아 있었고 회중 기도를 드리는 때였습니다. 그녀는 어떤 손이 뱃속에 들어온 느낌이었고 또 한 손은 머리에 있는 느낌이었다고 말했습니다. 성령의 음성이 그녀의 영혼 안에서 이렇게 말했답니다. "너는 치유되었다." 그녀는 의자에서 일어나 완벽하게 정상이 되었습니다!

세 번째로 L씨는 여기 메인가에 있는 어떤 상인의 부인인데, 이분은 10여 년 전에 층계에서 떨어져 위장과 창자, 생식기가 탈수되어(빠져쳐짐) 장애자가 되었습니다. 수년간 수술을 받고 고통의 시간을 보낸 후, 류머티즘에 걸려 다리까지 절게 되었습니다.

의사들이 이렇게 실패하자, 누가 워싱턴에 있는 온천 호수 중 하나인 솝 호수(Soap Lake)에 가서 목욕 치료를 받으라고 권했답니다. 이 솝 호수에는 물이 아주 뜨겁고 미네랄 양이 매우 높다더군요. 그런데 그 치료를 받은 후 이상한 반응이 일어났습니다. 앓던 질병은 없어졌는데 오른쪽 다리가 완전히 이상해진 겁니다! 오른쪽 다리 안쪽에 큰 오렌지만한 뼈가 튀어나오더니, 왼쪽보다 거의 8센티미터나 더 길게 자라게 되었고, 발도 왼쪽보다 2.5센티미터가 더 길어졌습니다!

그녀의 폐는 폐결핵으로 인해 거의 허탈(虛脫)한 상태가 되어 기능을 상실했습니다. 그녀가 하루는 힐링룸에서 기도를 받았습니다. 그녀가 차를 타러 나갔는데, 폐가 다시 부풀어 오르면서 속에서 차오르기 시작하여 깜짝 놀랐습니다. 그녀는 그때 즉시로 완벽하게 치유된 것이었습니다!

나중에 제가 그녀의 다리에 있는 혹을 놓고 기도하는데 성령께서 강하게 그녀에게 내리시더니, 그녀는 엄청나게 땀을 쏟아내기 시작하면서 땀이 온몸에서 흘러내려 신발 안으로까지 흘러들어갈 정도가 되었습니다! 당시 왼쪽보다 7.5센티미터 길던 오른쪽 다리는 일주일에 2.5센티미터씩 짧아지면서 3주 후에 완벽히 본래 길이로 돌아왔습니다! 발 또한 원래 길이로 짧아졌고 이제 그녀는 양쪽 발에 같은 사이즈의 신발을 신게 되었고, 양쪽 다리도 길이가 같아졌습니다!

하나님은 제 일과 관련하여 뭔가 새로운 것을 하기 원하십니다! 그것이 무엇인지는 아직 제 마음에 분명하지가 않습니다. 재정이 최근에 빡빡해졌습니다. 평소와 같이 재정적인 후원이 들어오지가 않습니다. 요 몇 주간 치유도 그렇게 강력히 일어나지 않았습니다. 제 마음이 괴롭습니다. 일과 사역의 성격이 바뀌기 전에 오는 그런 착잡한 상태인 것을 압니다. 그래서 목사님과 사모님의 기도가 필요한 것 같습니다. 저는 하나님께서 목사님과 사모님 마음에 저를 두신 것을 알고 있습니다. 제가 목사님과 사모님 가슴에 있고 앞으로도 언제나 그럴 것입니다. 왜냐하면 저는 하나님께서 귀한 두 분에게 제 인생을 위하여 중보의 부담을 주신 것을 믿기 때문입니다. 두 분께서 그러시듯이 제가 항상 하나님의 인도하심은 보지 못할지라도, 두 분에 대한 깊은 저의 사랑을 드리며, 두 분과의 성령 안에서의 강력한 연합을 확인하기 소원합니다. 저를 위해 기도해 주시면 감사하겠습니다!

저희 일은 국내 전역으로 퍼졌습니다. 저희는 이제 아이다호의 보빌에 모임이 있고, 주립대학이 있는 쪽으로 아이다호의 모스코에 또 하나 있습니다. 또 하나는 워싱턴 농업학교가 자리한 워싱턴 주의 풀만에 있습니다. 또 워싱턴 주 스포켄 북부에도 센터 모임과 따로 갖는 모임이 하나 있습니다.

사랑하는 목사님 내외분, 우리가 하나님께 순종할 수 있도록 필요한 훈련을 꼭 시키시는 그분을 우리는 신뢰할 수 있습니다. 지난날을 돌아보면 힘들어 보일지라도, 모든 단계가 내 영혼의 훈련에 필요했다고 봅니다. 하나님의 겸손이 나를 다스리시도록 할 뿐 아니라 하나님의 권능이 나를 통해 드러나고 내 믿음이 하나님 안에서 강해지기 위해서 말입니다.

하나님께서 저를 통해 원하시는 일생일대의 진짜 일을 성취할 수 있는 곳에 제가 도달했다고는 전혀 느껴지지 않습니다. 하나님께서 이루기를 원하시는 사역은 더 광범위합니다. 하나님께서 그것을 위해 저를 부르셨다고 느끼지만 아직까지 그 길은 전혀 열리지도 않았고 제 영혼도 그것을 위해 참으로 준비된 것처럼 느껴지지 않습니다.

저 존 레이크는 스스로 항상 부담을 가져왔기에, 제 소식을 자세히 전해드렸습니다. 저를 위해서 거룩한 믿음과 사랑 어린 기도를 부탁드립니다. 하나님의 참된 뜻이 하나님의 영광을 위하여 제 안에 그리고 저를 통해 이루어지도록 말입니다! 사랑하는 이들에게 저의 안부를 전해 주시기 부탁드립니다.

그리스도 안에서 형제 된 자
존 G. 레이크 올림

존 레이크의 서신에 대한 엘더 유진 브룩의 답신
-1916년 7월 1일

사랑하는 레이크 형제에게

자네의 길고 흥미로운 편지를 잘 받고, 아주 재미있게 읽었다네. 자네의 소식을 듣고 하나님께서 자네를 그렇게 축복하셨다니 우리 둘

다 얼마나 기뻤는지 모른다네. 하나님께서 그분의 백성들 안에 또 그들을 통해 하시는 모든 일로 인하여 하나님을 찬양하네.

우리는 몇 주간 일에 고되게 시달렸다네. 어떤 때는 하루에 열네 시간씩이나 일을 하기도 했지. 자네와 같은 경우는 우리가 짧은 기도로는 안 된다는 것을 알기 때문에, 자네의 기도요청이 응답을 받을 것처럼 보이지 않았지만, 주님께서는 우리가 자네를 위해 세 시간 동안 기도를 해야 한다고 말씀하셨어. 그래서 우리는 어젯밤 평상시의 모임을 없애고, 세 가정을 모아 세 시간 동안 아주 강력하게 기도했다네. 하나님께서 분명히 우리의 기도를 들으셨고, 하나님의 때에 그분의 뜻대로 응답하시리라 확신하네.

우리가 자네를 사랑한다는 것과 자네가 하나님의 필요조건에 맞아야 한다는 것은 말할 필요도 없으므로, 우리가 약간의 권면을 하더라도 미안하다는 말은 필요 없겠지. 내 마음에 자네 자신과 사역에 관하여 자네가 실수를 하고 있지 않나 하는 느낌이 든다네. 이 시점에서 내가 다 정확히 알고 있는 것은 아니지만, 내 느낌에 자네가 잘못된 곳을 보고 있다고 느껴지거든. 자네는 하나님께서 자네 일과 관련해서 뭔가 새로운 일을 하기 원하신다고 했지. 그 말이 틀리지 않다고 생각하네. 하지만 그게 뭐란 말인가? 확장인가? 발전인가? 침노인가? 은사와 통치권인가? 이 모든 것이 다일 수도 아무것도 아닐 수도 있지만 한 가지만은 사실이야. 자네가 이런 것들을 바라본다면 반드시 실패하게 될 걸세.

내가 이런 말을 한다고 해서 내가 지혜롭다는 얘기는 아니지만, 자네의 편지가 말해주는 것처럼 큰 위험을 겪지 않고 크게 쓰임받을 사람은 없다고 믿네.

그리고 더 위대한 정복과 확장, 통치 등이 주님께서 의도하신 바일 수도 있지만 이러한 승리가 계속되려면 한 가지가 확실해야 한다네. 그것은 참되고 깊이 그리고 끝까지 겸손해야 하지.

사람이 어떤 일을 위해 소명을 받고 크게 기름부으심을 받을 수 있지만, 그렇게 위대하게 소명을 받지 않은 다른 이들만큼 하나님 안에서 능력이 없게 될 수도 있다는 것을 자네가 알거야. 크게 부르심을 받은 사람도 하나님 안에서 은혜와 깊이를 찾지 않으면 자신의 위치를 잃고 명예와 사역에 먹칠을 하게 된다는 것을 말이야. 하나님은 어떤 일을 하셔야만 하고 그것을 하게 할 사람을 부르시지만, 하나님은 그 일꾼을 구하기 위해 일을 희생하신다네. 하나님께는 일꾼이 중요하고 사람에게는 일이 중요하지. 하나님은 그 사람에게 눈을 떼지 않으시고 사람은 일에서 눈을 떼지 못하지. 자네 편지를 읽어보니 자네 비전이 약간 뒤섞인 느낌이구만. 자네는 하나님을 보고 자네의 필요를 보지만 또한 자네를 필요로 하는 다른 것들도 보고 있네.

진짜 비전은 '오직 예수님만' 바라보고, 그 외에 다른 것은 아니야! 예수님과 그 외가 아니라 그저 예수님만이지. '바른 눈'은 예수님 외에 다른 것은 안 봐. 딴 마음이 있으면 예수님 그리고 무엇무엇… 한다네.

이것의 요점을 내가 말로 표현할 수 있다면, 자네는 깨닫고 그것을 전하려 할 텐데, 그것은 교리가 아니라 경험이라네. 그것은 모든 인간적인 노력의 완전 무용이자 동시에 예수님은 모든 필요에 대한 절대 충분이라는 사실이지. 우리 비전에 어떤 일들과 뭔가를 하는 것이 있는 한 예수님은 그렇게 힘 있게 드러나실 수 없다네. 그분만이 보일 때, 그분께서 그 일들과 사역들을 해결하시지. 우리는 우리가 할 수 없다는 것을 인정하고 기꺼이 포기할 때까지 시도하고 나서는 실패한 다음, 그제서야 그분께 돌아오곤 하지.

형제, 우리는 그분 없이는 완전히 무용지물이야! 우리가 조금 사용된다 해도 그때 우리가 그분을 못 알아본다면 어떻겠는가? 그것은 우리가 능력이 있음을 증명해 주는 것이 아니라 그분의 은혜를 확인해 줄 뿐이지. 그분은 우리가 눈먼 장님인 것을 아시기 때문에 오래 참으시지만 우리의 무지와 어리석음은 드러나야만 하고 우리는 실패하지. 그러면 깨어서 **우리의 샘은 언제나 그분 안에 있음을 알게 되지!** 육적 인간의 어리석음은 자신의 자만심이 드러날 때까지 그것을 **자신이** 한다고 생각하지만, 결국 하나님이 필요해서, 존귀하게 여기실 그릇을 하나님께서 만드신 것을 깨닫게 되지. 그릇이 자기 스스로를 위해 영광을 취하면 그분은 그릇을 깨뜨리시고 그것을 다시 만드실 걸세.

지금 자네는 내가 말하는 것들을 나만큼 잘 알걸세. 그런데 내가 왜 그것들을 말하겠는가? 그저 자네의 '순수한 마음'을 휘저으려는 것뿐이야.

하지만 그 원하는 목표를 실패하지 않고 달성하는 유일한 길에 대해서 자네가 어쩌면 나만큼 잘 아직 모르는 것이 한 가지 있어. 자네는 (그 필요 때문에) 자네 스스로가 그렇게 많이 노력하지 않고도 소명을 받고 준비된 거야. 나는 자네와 같은 소명을 받지 않았기에, 필요로 인하여 자네는 처음부터 받은 것을, 나는 십자가 발치에서 구해야 한다네. 그래서 하나님이 불의하신가? 전혀 아니지. 그렇다면 언젠가, 어디에선가는, 그 필요의 때에 주어졌던 것을 계속 유지하기 위해 자네도 십자가 밑으로 내려가야 할 걸세. 그렇지 않으면 언젠가는 '깨진 그릇'이 되고 마는 거야. 아니, 나는 결코 내가 하는 것처럼 자네가 해야 된다는 말을 하는 것도 아니고, 내가 가는 길을 택하라는 얘기도 아니지. 하지만 자네가 어떤 길을 가든지간에, 무릎으로 가야 한다는 말일세. 우리가 하는 것처럼 자네가 종일 기도하는 데에 시간을 보내야 한다고는 생각하지 않네. 왜냐하면 자네의 소명이 다른 것처럼, 해야 하는 일도 다르니까 말이야. **하지만 분명한 것은 일의 스트레스 때문에 기도 방이 무시되면, 하나님도 언젠가는 그 일을 무시하게 될 걸세.**

우리가 포도원에 정신이 팔려서 기도 생활의 내리막길을 가면 하나님께서 너그러이 봐주시겠지 하는 생각으로는 승리할 수 없다네. (사역을 받으러온) 무리를 버려두신 그분을 찾아 주님의 생명으로 돌아갈 때, 우리는 변명할 여지가 없을 거야.

내가 너무 지나치게 늘어놓은 것 같구만. 나는 그저 몇 마디 사랑의 말로 기억을 되살려주려 했을 뿐인데, 아니 이거 보게, 내가 너무 심하게 자네한테 설교를 했네 그려. 하지만 내가 말하고 싶은 내용을 다 말한 것이 아니라, 그저 내가 예수님을 들어올려서, 자네가 모든 각도에서 그분을 바라보게 하고, 그분이 얼마나 황홀하게 아름다우신지, 얼마나 그분만으로 충분한지, 모든 필요조건들을 얼마나 그분이 다 채우시는지, 모든 열망을 얼마나 만족케 하시는지, 모든 섬김에 필요한 것은 오직 그분뿐이심을 자네가 보기를 원했을 뿐이라네! 오, 존 레이크, 이 세상에 우리에게 필요한 다른 것은 없고 오직 예수님뿐이라네. 내가 완벽히 이것을 표현할 수는 없지만, 그럼에도 불구하고 이것은 사실이라네.

그래서 다른 데서 뭔가를 찾고 바라고 유혹당하는 것은 참으로 어리석다는 말이 **너무나** 진실이지. 그분이 '유일한 길'이라면, 우리는 길을 잃어버릴 수가 없는 거야. 그분께서 '유일한 생명'이시라면 마귀는 우리를 죽일 수가 없어. 그분께서 '유일한 진리'시라면 우리는 거짓에 속을 수가 없는 거야. 그렇다면 우리에게 예수님말고 뭐가 더 필요하단 말인가? 모든 것이 그분으로부터 생기고, 모든 일들이 그분 안에서 절정에 달하며 그분이 성육신이시고, 완성이시며, 모든 것의 극치라면 왜 우리가 다른 것을 구하거나 생각조차 해야 된단 말인가?

아니 내가 아직 자네에게 말하지 않았고 지금 나는 그렇게 하는 것을 단념한다네. 왜냐하면 예수님은 너무나도 무한히 놀라운 분이시라, 예수님을 언급할 때는 모든 단어가 희미해진다네. 오, 내 형제 존이여, 내가 한때는 권능을 찾았고 능력을 원했지. 은사가 저 멀리 있는 것을 보았고 유용성을 구했다네. 그 영역이 미래 어딘가에 있다는 것을 알았지만, 하나님께 영광, 할렐루야! 하나씩 하나씩 이런 것들이 희미해졌고 그렇게 사라져갈수록 어떤 형체가 보였는데, 이 형체는 이런 것들이 광택을 잃을수록, 어둠 속에서 점차로 명확하고 뚜렷하게 불거져 나왔어. 그 모든 것들이 다 지나가자, 나는 마침내 '예수님만'을 보게 된 거야.

주님께서 내 형제 그대를 축복하시고 그대를 향한 그분의 모든 목적을 이루시기를 바라네.

우리의 진심어린 사랑을 자네 부부에게 전하며.

온 성도들이 사랑 안에서 안부를 전하네. 내 아내와 나도 다시 사랑의 안부를 전하며.

그리스도의 끈 안에서
유진 브룩

서신을 상고하며

여러분이 만난 사람 중에서 예수님이야말로 가장 아름답고 놀라운 분이 아니신가? 여러분이 이 말에 동의하시리라 믿는다. 그렇지 않으면 이 책을 잡고 있을리도 없기 때문이다. 하지만 어쩌면 해야 할 너무나 많은 귀한 일들에 치여서 쩔쩔매면서 예수 그리스도 그분 자체의 기이하심을 바라보지 못하는 것은 아닌지 생각해 보자.

나는 때로는 길을 잃기도 하고, 어그러진 뼈를 제대로 맞추기 위해 척추 교정을 받아야 되는 때도 있었다. 우리는 너무나 쉽게 사역과 일, 이 세상의 염려에 사로잡히고, 사람들에게 인정받으려 애쓰면서, 처음 시작하게 된 바로 그 이유를 놓쳐버린다. 다 사랑하자고 하는 일이다. 주 예수 그리스도 그분을 통해 우리 하나님 아버지와의 열정적이고 활력적인 관계를 갖자고 다 하는 것이다! 나는 예수님을 더 원한다!

우리가 앞에서 읽은 세 제자들의 경험처럼, 엘리야와 모세가 어떤 최고의 영적 경험으로 내 앞에 나타난다고 해도, 나는 예수님만을 보기 원한다!

사실, 지금 당장, 나는 여러분이 주 예수님을 바라보도록 그 마음속을 조정하는 기회를 드리고 싶다. 정말 그렇게 하기 원하신다면 지금 나와 함께 이렇게 기도하시라.

하나님 아버지, 성령의 능력으로 제 마음을 바꿔주시옵소서! 제 눈을 다시 주님께로 맞춥니다. 예수님을 보고 싶습니다! 하나님이 원하시는 열정적인 예배자가 되기 원합니다. 은사와 사역에 맞춰져 있던 제 마음을 돌려 하나님의 아들 예수님께만 전념하기 원합니다. 예수님께 우선권을 드리지 못한 죄를 용서하여 주옵소서. 하나님의 영광을 위해 제가 더 예수님을 더 명확히 볼 수 있도록 도와주시옵소서. 예수님 이름으로 기도합니다. 아멘, 아멘! 할렐루야!

균형 잡힌 삶

고린도전서 14장 1절에는 우리가 사랑을 추구하되 또한 여전히 열심히 영적 은사를 갈망하며 특히 예언의 은사를 사모하라고 권면한다! 한 손에는 성령의 은사를 갖고 있고 다른 쪽에는 성령의 열매를 갖는 것이 아니다. 이 둘이 분리되어서는 안 된다.

하나님의 경제학에서는 "이 둘이 모두 필요하다!" 그래서 이 점을 분명히 명심하도록 하자. 우리는 영적인 은사들을 열정적으로 사모하며 추구하지만 동시에 우리의 목표는 계속해서 사랑하는 것임을 말이다! 우리는 그렇게 할 수 있다, 그렇지 않은가? 우리는 인생의 여정 가운데 은사와 지혜를 지니며 행할 수 있다. 하나님은 그 이하를 원하시지 않는다. 그렇다면 왜 우리가 능력 없는 기독교에 안주해야겠는가?

우리는 열매와 권능을 둘 다 가질 수 있다. 이 세대 가운데 이렇게 갑절의 삶을 살아보자. 변하는 그림자가 제거되는 것을 바라보고, 진정한, 권능으로 가득한, 사도시대 기독교의 빛 가운데로 걸어가자. 우리 놀라운 하나님과 구세주 주 예수 그리스도의 영광을 위해 물이 바다를 덮음같이 이 기독교가 이 땅을 덮는 것을 보자!

세상은 권능 있고 지혜로우며, 성숙한 그리스도 안에서의 진정한 신자들로 가득한 세대를 고대하고 있다. 그들은 그렇게 고대할 만한 가치가 있다! 예수님은 그렇게 고대할 만한 가치가 있는 분이시다! 하나님의 빛이 비추게 하여 유일하게 보이는 그림자는 그분의 것만 되도록 하자!

인 용 문 헌

Baker, H.A. *Visions Beyond the Veil*. Kent, England: Sovereign World, 2000.

Baker, Roland and Heidi. *Always Enough: God's Miraculous Provision Among the Poorest Children on Earth*. Grand Rapids, MI: Chosen Books, 2002.

Buckingham, Jamie. *Daughter of Destiny*. Gainesville, FL: Bridgelogos, 1999.

Clement, Kim. *Secrets of the Prophetic*. Shippensburg, PA: Destiny Image Publishers, 2005.

Crowder, John. *The New Mystics*. Shippensburg, PA: Destiny Image Publishers, 2006.

Davis, Paul Keith. *Books of Destiny*. North Sutton, NH: Streams Publishing House, 2004.

Goll, James. *Revival Breakthrough Study Guide*. Franklin, TN: Ministry to the Nations, 2000.

Johnson, Bill. *When Heaven Invades Earth*. Shippensburg, PA: Destiny Image Publishers, 2003.

Joyner, Rick. *Overcoming Evil in the Last Days*. Shippensburg, PA: Destiny Image Publishers, 2003.

Kendall, R.T. *The Anointing*. Nashville, TN: Thomas Nelson Publishers, 1999.

King, Patricia. *Spiritual Revolution*. Shippensburg, PA: Destiny Image Publishers, 2006.

Loren, Julia. *Shifting Shadows of Supernatural Power*. Shippensburg, PA:

Destiny Image Publishers, 2006.

Michaelson, Johanna. *The Beautiful Side of Evil*. Eugene, OR: Harvest House Publishers, 1982.

Morse, M.D., Melvin with Paul Perry. *Closer to the Light: Learning from the Near Death Experiences of Children*. New York: Villard Books, 1990.

Morse, M.D., Melvin with Paul Perry. *Transformed by the Light: The powerful Effect of Near Death Experiences on People's Lives*. New York: Villard Books, 1992.

Nee, Watchman. *The Latent Power of the Soul*. New York: Christian Fellowship Publications, 1972.

Otis, George. *The Twilight Labyrinth*. Grand Rapids, MI: Chosen Books, 1997.

Randolph, Larry. *Spirit Talk: Hearing the Voice of God*. Wilksboro, NC: Morning Star Publications, 2005.

Robinson, Mickey. *Falling to Heaven*. Cedar Rapids, IA: Arrow Publications, 2003.

Roundtree, Anna. *The Heavens Opened*. Lake Mary, FL: Charisma House Publishers, 1999.

Tari, Mel. *Like a Mighty Wind*. Green Forest, AK: New Leaf Press, 1978: permissions: newleafpress.net.

Walters, David. *Children Aflame*. Macon, GA: Good News Fellowship Ministries, 1995.

순전한 나드 도서안내　02-574-6702

No.	도서명	저자	정가
1	강력한 능력전도의 비결	체 안	11,000
2	거의 완벽한 범죄	프랜시스 맥너트	13,000
3	광야에서의 승리(개정판)	존 비비어	10,000
4	교회, 그 연합의 비밀	프랜시스 프랜지팬	10,000
5	교회를 뒤흔드는 악령을 대적하라	프랜시스 프랜지팬	5,000
6	교회를 어지럽히는 험담의 악령을 추방하라	프랜시스 프랜지팬	5,000
7	그리스도인의 삶의 비결	진 에드워드	8,000
8	기름부으심	스미스 위글스워스	8,000
9	꿈을 통해 말씀하시는 하나님	헤피만 리플	10,000
10	날마다 하나님께로 더 가까이	존 비비어	13,000
11	내 백성을 자유케 하라	허철	10,000
12	내게 신선한 기름을 부으셨나이다	허철	9,000
13	내면 깊은 곳으로의 여행	진 에드워드	11,000
14	내어드림	페늘롱	7,000
15	다가온 예언의 혁명	짐 골	13,000
16	다가올 전환	래리 랜돌프	9,000
17	당신도 예언할 수 있다	스티브 탐슨	12,000
18	당신은 예수님의 재림에 준비가 되어 있습니까?	메릴린 히키	13,000
19	당신은 치유받기 원하는가	체 안	8,000
20	당신의 기도에 영적 권위가 있습니까?	바바라 윈트로블	9,000
21	더넓게 더깊게	메릴린 앤드레스	13,000
22	동성애 치유될 수 있는가?	프랜시스 맥너트	7,000
23	두려움을 조장하는 악령을 물리치라	드니스 프랜지팬	5,000
24	마지막 시대에 악을 정복하는 법	릭 조이너	9,000
25	마켓플레이스 크리스천(개정판)	로버트 프레이저	9,000
26	무시되어 온 축복의 통로	존 비비어	6,000
27	믿음으로 질병을 치유하라(개정판)	T.L 오스본	20,000
28	병고침	스미스 위글스워스	9,000
29	부서트리고 무너트리는 기름 부으심	바바라 J. 요더	8,000
30	부자 하나님의 부자 자녀들	T.D 제이크	8,000
31	사도적 사역	릭 조이너	12,000
32	사랑하는 자가 병들었나이다	허 철	8,000
33	사사기	잔느 귀용	7,000
34	사업을 위한 기름 부으심(개정판)	에드 실보소	10,000
35	상한 마음을 치유하는 기도	마크 버클러	15,000
36	상한 영의 치유1	존&폴라 샌드포드	17,000
37	상한 영의 치유2	존&폴라 샌드포드	13,000
38	성령님을 아는 놀라운 지식	허 철	10,000
39	성령의 은사	스미스 위글스워스	10,000
40	성의 치유	데이빗 카일 포스터	13,000
41	세계를 변화시키는 능력	릭 조이너	10,000
42	속사람의 변화 1	존&폴라 샌드포드	11,000
43	속사람의 변화 2	존&폴라 샌드포드	13,000
44	신부의 중보기도	게리 윈스	11,000
45	십자가의 왕도	페늘롱	8,000
46	아가서	잔느 귀용	11,000
47	악의 속박으로부터의 자유	릭 조이너	9,000
48	어머니의 소명	리사 하텔	12,000
49	여정의 시작	릭 조이너	13,000
50	영광스런 교회에 보내는 메시지 1	릭 조이너	10,000
51	영광스런 교회에 보내는 메시지 2	릭 조이너	10,000
52	영분별	프랜시스 프랜지팬	3,500
53	영으로 대화하시는 하나님	래리 랜돌프	8,000
54	영적 전투의 세 영역(개정판)	프랜시스 프랜지팬	10,000
55	예레미야	잔느 귀용	6,000
56	예수 그리스도와의 친밀함	잔느 귀용	7,000
57	예수님 마음찾기	페늘롱	8,000

PURE NARD BOOKS

No.	도서명	저자	정가
58	예수님을 닮은 삶의 능력	프랜시스 프랜지팬	9,000
59	예수님을 향한 열정〈개정판〉	마이크 비클	12,000
60	요한계시록	잔느 귀용	11,000
61	우리 혼의 보좌들	폴 키스 데이비스	10,000
62	인간의 7가지 갈망하는 마음	마이크 비클	11,000
63	저주에서 축복으로	데릭 프린스	6,000
64	적의 허를 찌르는 기도들	척 피어스	10,000
65	조지 W. 부시의 믿음	스티븐 멘스필드	11,000
66	주님! 내 눈을 열어주소서	게리 오츠	8,000
67	주님, 내 마음을 열어주소서	캐티 오츠/로버트 폴 램	9,000
68	오중사역자들 어떻게 협력해야 하나?〈개정판〉	벤 R 피터스	9,000
69	지구상에서 가장 강력한 기도	피터 호로빈	7,500
70	지금은 싸워야 할 때	프랜시스 프랜지팬	8,000
71	찬양하는 전사들	척 피어스/존 딕슨	12,000
72	천국경제의 열쇠	샨 볼츠	8,000
73	천국방문〈개정판〉	애나 로운튜리	11,000
74	축사사역과 내적치유의 이해 가이드	존&마크 샌드포드	18,000
75	출애굽기	잔느 귀용	10,000
76	하나님과 동행하는 사람들〈개정판〉	샨 볼츠	9,000
77	하나님과 사람에게 더욱 사랑스러운 자	듀안 벤더 클럭	10,000
78	하나님과의 연합	잔느 귀용	7,000
79	하나님으로부터 오는 능력	찰스피니	9,000
80	하나님을 연인으로 사랑하는 즐거움	마이크 비클	13,000
81	하나님의 마음에 합한 사람	마이크 비클	13,000
82	하나님의 심정 묵상집	페늘롱	8,500
83	하나님의 아름다움을 바라보는 축복	허 철	10,000
84	하나님의 요새	프랜시스 프랜지팬	8,000
85	하나님의 음성을 듣는 방법〈개정판〉	마크&패티 버클러	15,000
86	하나님의 장군의 일기	잔 G. 레이크	6,000
87	항상 배가하는 믿음	스미스 위글스워스	10,000
88	항상 부족함이 없으리로다	하이디 베이커	8,000
89	혼돈으로부터의 자유	릭 조이너	5,000
90	혼의 묶임을 파쇄하라	빌&수 뱅크스	10,000
91	화 있을진저 외식하는 서기관과 바리새인들	존 비비어	8,000
92	횃불과 검	릭 조이너	8,000
93	21C 어린이 사역의 재정립	베키 피셔	13,000
94	금식이 주는 축복	마이크 비클&다나 캔들러	12,000
95	승리하는 삶	릭 조이너	12,000
96	부활	벤 R 피터스	8,000
97	거절의 상처를 치유하시는 하나님	데릭 프린스	6,000
98	그리스도의 제사장적 신부	애나 로운튜리	13,000
99	마귀의 출입구를 차단하라	존 비비어	13,000
100	통제 불능의 상황에서도 난 즐겁기만 하다	리사 비비어	12,000
101	어린이와 십대를 위한 축사사역	빌 뱅크스	11,000
102	알려지지 않은 신약성경 교회 이야기	프랭크 바이올라	12,000
103	빛은 어둠 속에 있다	패트리샤 킹	10,000
104	가족을 위한 영적 능력	베벌리 라헤이	12,000
105	목적으로 나아가는 길	드보라 조이너 존슨	8,000
106	예언사역 매뉴얼	마크 비써	12,000
107	추수의 천사들	폴 키스 데이비스	13,000
108	컴 투 파파	게리 윈스	13,000
109	러쉬 아워	슈프레자 싯홀	9,000
110	그리스도 안에 거하는 삶	앤드류 머레이	10,000
111	지도자의 넘어짐과 회복	웨이드 굿데일	12,000
112	하나님의 일곱 영	키이스 밀러	13,000
113	너희 지체를 의의 병기로 하나님께 드리라	허 철	8,000
114	신부	론다 캘혼	15,000

No.	도서명	저자	정가
115	추수의 비전	릭 조이너	8,000
116	하나님이 이 땅 위를 걸으셨을 때	릭 조이너	9,000
117	하나님의 집	프랜시스 프랜지팬	11,000
118	도시를 변화시키는 전략적 중보기도	밥 하트리	8,000
119	왕의 자녀의 초자연적인 삶	빌 존슨 & 크리스 밸러턴	13,000
120	초자연적 능력의 회전하는 그림자	줄리아 로렌 & 빌 존슨 & 마헤쉬 차브다	13,000
121	언약기도의 능력	프랜시스 프랜지팬	8,000
122	꿈의 언어	짐 골 & 미쉘 앤 골	13,000
123	믿음으로 산 증인들	허 철	12,000
124	욥기	잔느 귀용	13,000
125	포로들을 해방시키라	앨리스 스미스	13,000
126	나라를 변화시킨 비전: 윌리엄 테넌트의 영적인 유산	존 한센	8,000
127	세상을 다스리는 권세의 회복	레베카 그린우드	10,000
128	예언적 계약, 잇사갈의 명령	오비 팍스 해리	13,000
129	창세기 주석	잔느 귀용	12,000
130	하나님의 강	더치 쉬츠	13,000
131	당신의 운명을 장악하라	알렌 키란	13,000
132	용서를 선택하기	존 로렌 & 폴라 샌드포드 & 리 바우먼	11,000
133	자살	로렌 타운젠드	10,000
134	레위기/민수기/신명기 주석	잔느 귀용	12,000
135	그리스도인의 영적혁명	패트리샤 킹	11,000
136	초자연적 중보기도	레이첼 힉스	13,000
137	꿈과 환상들	조 이보지	12,000
138	나는 하나님의 음성을 듣는다	킴 클레멘트	11,000
139	엘리야의 임무	존 & 폴라 샌드포드	13,000
140	하나님의 초자연적인 능력	바비 코너	11,000
141	거룩과 진리와 하나님의 임재	프랜시스 프랜지팬	9,000
142	사랑하는 하나님	마이크 비클	15,000
143	천사와의 만남	짐 & 미쉘 & 골	12,000
144	과거로부터의 자유	존 & 폴라 샌드포드	13,000
145	일곱교회 이기는 자에게 주시는 축복	허 철	9,000
146	계시의 비밀	폴 키스 데이비스	11,000
147	은밀한 처소	데일 파이프	13,000
148	일곱산에 관한 예언	조니 앤로우	13,000
149	일터에 영광이 회복되다	리차드 플레밍	12,000
150	악의 삼겹줄을 파쇄하라	샌디 프리드	11,000

모닝스타 코리아 저널 morningstar

No.	도서명	저자	정가
1	모닝스타저널 제1호	릭 조이너 외	7,000
2	모닝스타저널 제2호	릭 조이너 외	7,000
3	모닝스타저널 제3호 승전가를 울릴 지도자들	릭 조이너 외	7,000
4	모닝스타저널 제4호 하나님의 능력	릭 조이너 외	7,000
5	모닝스타저널 제5호 믿음과 하나님의 영광	릭 조이너 외	7,000
6	모닝스타저널 제6호 성숙에 이르는 길	릭 조이너 외	7,000
7	모닝스타저널 제7호 마지막 때를 위한 나침반	릭 조이너 외	7,000
8	모닝스타저널 제8호 회오리 바람	릭 조이너 외	8,000
9	모닝스타저널 제9호 하늘 위의 선물	릭 조이너 외	8,000
10	모닝스타저널 제10호 천상의 언어	릭 조이너 외	8,000
11	모닝스타저널 제11호 신의 성품에 참예하는 자	릭 조이너 외	8,000
12	모닝스타저널 제12호 언약의 사람들	릭 조이너 외	8,000
13	모닝스타저널 제13호 열린 하나님의 나라	릭 조이너 외	8,000
14	모닝스타저널 제14호 하나님 나라의 능력	릭 조이너 외	8,000
15	모닝스타저널 제15호 하나님 나라의 복음	릭 조이너 외	8,000
16	모닝스타저널 제16호 성령 안에서 사는 삶	릭 조이너 외	8,000
17	모닝스타저널 제17호 성령 충만한 사역	릭 조이너 외	8,000
18	모닝스타저널 제18호 초자연적인 세계	릭 조이너 외	8,000
19	모닝스타저널 제19호 하늘을 이 땅으로 이끌어내다	릭 조이너 외	8,000
20	모닝스타저널 제20호 견고한 토대 세우기	릭 조이너 외	8,000
21	모닝스타저널 제21호 부서지는 세상에서 견고히 서기	릭 조이너 외	8,000
22	모닝스타저널 제22호 소집령	릭 조이너 외	8,000
22	모닝스타저널 제23호 성도들을 구비시켜라	릭 조이너 외	8,000

※**모닝스타 코리아 저널**은 한정판으로 출간되기 때문에 품절될 경우 구매하실 수가 없습니다. 그러므로 **품절 여부**를 확인하신 후 구매하시기 바랍니다.

PURE  NARD